天孫佺經
하늘사람

天孫佺經 하늘사람

초판 1쇄 인쇄 2005년 5월 20일
초판 1쇄 발행 2005년 5월 31일

지은이 정경대
발행인 김철환
발행처 이너북
편 집 이선이
마케팅 윤창국

등 록 제 313-2004-000100 호
주 소 서울시 마포구 서교동 354-11 대영빌딩 4F
전 화 02-323-9477
팩 스 02-323-2074
http:// www.innerbook.co.kr
E-mail: innerbook@naver.com

값 20,000원

天孫佺經
하늘사람

철학박사
정경대 지음

이너북

머리말

　천손전경은 한민족의 성서를 생각하고 쓴 글이다. 한단고기를 바탕으로 북경대학에서 상고대사(上古代史)를 공부한 바와 인도와 중국, 티벳, 몽골 등지에서 발견한 우리 문화에 대한 나름의 판단과 생각 그리고 평소에 사유해온 한민족관에 대한 소신을 아우른 것이다. 고대 왕조의 역대기를 근간으로 한민족의 종교성과 사상성 내지 철학성에 중점을 두었으며 특히 종교성에 있어서 한민족의 신관을 바르게 알리고자 하였다.

　한민족의 종교적 믿음의 대상은 환인이며, 환인이 곧 하느님이란 뜻이다. 삼신 일체로부터 힘을 받아 세상을 다스리는 인격신으로서 한민족 혼줄의 근원이며 천존(天尊)인 것이다.

　그리고 배달의 시조 환웅은 천제(天帝)라 불릴 만큼 대신선이었으며, 조선의 시조 단군 역시 대성인(大聖人)이시므로 마땅히 섬겨야 할 숭배의 대상이다. 다만 환인은 모습을 나타내지 않은 최고의 신이며 환웅과 단군은 사람의 모습으로 나타난 대신선이자 성인이란 점에서 차이가 있다.

이러한 사실적 근거를 역대기와 교훈기에서 밝혀 잊혀진 한민족의 종교관을 정립해 보고자 천손전경을 집필하였다. 내용을 한 줄 한 줄 읽어나가는 동안 한민족의 신에 대한 정성이 얼마나 지극하고 진실된 것이었는지 알 수 있을 것이며 신에 대한 그 지극하고 진실함으로부터 한민족 정신이 태동되었음을 알 수 있다. 또 그럴 때에 한민족의 국력과 문화가 세상을 크게 밝힐 수 있었던 것이다.

세계 종교의 온상이라 할만한 우리나라에 우리의 참 종교가 멸하고 없다는 것은 부끄러움을 넘어 민족정신의 쇠퇴라 아니할 수 없으므로 이 한 권의 책이 한민족의 찬란한 역사와 문화, 그리고 종교 부흥의 불씨가 되기를 기대하면서 머리말에 대한다.

철학박사　정 경 대

차 례

홍익세기

나는 읽고 배우고 사유하면서 이와 같이 깨달았다.

하늘이 아직 열리지 않았고 땅도 생기지 않았던 아득하고 아득한 저 때에 어둠도 없었고 밝음도 없었으며 보고 듣고 냄새 맡고 소리 나고 감각 되는 그 어떤 것도 없었다. 오직 적막하고 적막할 뿐이어서 마치 깊은 잠 속의 무의식계처럼 무엇이 있다고도 말할 수 없고 없다고도 말할 수 없는 불가사의한 이치가 있었다.

이렇게 인식으로 이해할 수 없는 현묘한 그것에서 어느 때 무엇으로부터 태어나지도 않았고 만들어지지도 않은 이치에 의해 한 의식(意識)이 홀연히 스스로 태어났다. 그러자 적막하고 적막함이 혼돈을 일으켜 어둠을 휘몰고 광명한 빛을 쏟아내기 시작했다. 그리고 천지만물의 씨알이 저절로 잉태되니 비로소 하늘이 열리고 땅이 생겨났으며 초목과 동물과 사람이 차례로 지어져 한없이 번식하니 지금의 천지자연의 비롯됨이 그와 같았다.

이에 말하기를 홀연히 스스로 나타난 의식(意識)을 하느님의 지극한 사랑이라 하고, 빛은 그 사랑을 나타내 한량없는 지혜와 능력으로 천지와 만물을 지어내신 하느님의 모습이라 한다. 그리고 씨알은 하느님의 성스러운 사랑의 성품과 끝없는 생명과 한량없는 힘으로서 하느님의 세 가지 쓰임으로 나투심이니 이를 삼신(三神)이라 하는데 천지만물은 모두 삼신으로부터 태어난 것이다.

하느님께서 삼신이 되시어 하늘을 열고 땅을 만들어 초목과 동물과 사람을 지어내시고 무한히 번식시키시는 큰 지혜와 능력은 이러하다.

처음 스스로 의식을 나투시어 어둠을 휘몰아 1기(氣)를 낳으셨는데 이 1기가 바로 이 세상을 지어낸 첫 물질로서 북방과 어둠과 추위를 주관하는 수기(水氣)이며, 그 수리를 1이라 한다. 다음은 빛을 쏟아내므로써 2기(氣)를 낳으셨는데 이 2기가 두 번째 물질로서 남방과 밝음과 열(熱)을 주관하는 화기(火氣)이며 그 수리를 2라 한다.

이렇게 수기(水氣)와 화기(火氣)를 낳으심에 두 기(氣)가

결합한 결과로써 세 번째 물질인 목기(木氣)를 낳으셨는데 동방과 태어남과 따뜻함을 주관하며 그 수리를 3이라 하고 이 3수 목(木)이 삼신의 세 가지 물질적 작용으로서 천지만물의 씨눈이 된 것이다.

그리고 수화목기(水火木氣)에 하느님의 의식이 자리 잡으시니 삼신의 쓰임에 의해 네 번째로 금기(金氣)를 낳아 만물의 골격을 이루게 하시고 다섯 번째로 土氣를 낳아 만물의 모습을 만들게 하셨는데 이로써 천지만물의 질적 요소를 모두 이루셨으며 이에 수화목금토(水火木金土)를 신령한 오령(五靈)이라 한다.

신령한 오령이 처음으로 생겨났을 때는 태극 속에 모습 없는 기운으로서 하나의 덩어리로 엉켜 있었다. 그러나 그 기운의 양(量)이 점점 불어나 더욱 뭉치고 단단해져 몸체가 가득하게 팽창 되었을 때였다. 드디어 대 폭발을 일으켜 몸체를 분리시키니 무겁고 모습 있는 오령의 물질 기운은 땅이 되고 별이 되고 태양이 되었으며 모습 없는 오령의 물질 기운은 하늘이 되어 아득하고 아득한 허공을 이루었던 것이니 비로소 지금의 하늘과 땅의 모습이 되었다.

그리고 모습 없는 하늘 기운 다섯 가지와 모습 있는 땅의 기운 다섯 가지가 쉼 없이 교류해 일체 중생이 탄생되었던 것이며, 삼신의 영기로운 혼이 그 생명의 뿌리가 되고 하늘과 땅의 물질 기운은 모습이 되니 지금의 중생이 다 이런 이치에서 비롯되었던 것이다.

그런데 부모로부터 자식이 태어나듯 삼신 하느님의 뜻에 따라 태어난 중생이 마땅히 지극한 사랑과 바른 도리와 한량없는 지혜와 능력, 그리고 무궁한 생명력을 지녀야 함에도 먹고 입고 잠자야 하는 번거로움 때문에 땅에서 타락하여 하느님의 이치를 따르지 아니하므로써 고통스러운 삶과 질병과 늙음과 죽음의 윤회(輪廻)를 끝없이 거듭하는 괴로움에 빠지고 말았으니 다 육신의 쾌락에 젖어 버리고 만 어리석음 때문이었다.

하느님은 본래 바라는 바 없이 오직 베풀기만 하시어 홍익(弘益; 널리 인간을 이익되게 함)의 도만을 펼치실 뿐 선악을 분별하여 상을 주고 벌을 주지 않으신다. 중생이 원하는 대로 태어나게 하시고 길러만 주실 뿐 온갖 중생이 즐거워하거나 괴로워하거나 돌아보지 않고 내버려 두시고 관여하지 않으시니 참으로 인자하지 않으신 것 같다.

그러나 바라는 바 없이 오직 홍익의 도만 펼치시는 하느님의 무한한 사랑의 의미를 어리석은 중생이 어찌 알 것이며 하느님을 대신해 이 세상을 실제 다스리시는 한님(환인)으로 하여금 온갖 삶과 온갖 질병과 늙음은 물론 죽음까지 주관케 하시어 인과응보의 천리를 시행케 하심을 어리석은 중생이 어찌 알리요!

한님은 하느님의 의식의 빛이 홀로 변신해 모습을 나투시는 하느님이시다. 신령한 의식의 빛으로 혼(魂)이 되시어 하늘 꼭대기 높은 자리에 계시는데 모습 없는 물질과 모습 있는 물질에 거하시면서 천하를 다 굽어보시고 천지의 운행과 자연의 모든 것을 말씀 없이 뜻대로 이루시고 주관하시니 그 큰 덕과 큰 지혜와 큰 능력을 측량할 길이 없다.

한님께서는 대지혜로 화신해 모습없이 빛으로 그 모습을 나타내시는데 계시는 곳은 북두칠성이다. 일곱 별 자리에 동시에 의식으로 계시면서 천만 억 국토를 다스리시며 천지 간의 일을 일곱 번씩 돌아가며 변화시키신다. 이에 후일 신시(神市) 개천(開天) 시기에 7일간 제사지내는 법이 있었으니 이를 칠회제신제(七回祭神祭)라 하는데 오늘날의 1주일이 그로부터 유래된 것이다.

제신(祭神)의 법은 첫 회 날에는 밝은 태양(日)신에 제사지내고, 둘째 회 날에는 달(月)신에 제사지내고, 셋째 회 날에는 수신(水神)에 제사지내고, 넷째 회 날에는 화신(火神)에 제사 지내고, 다섯째 회 날에는 목신(木神)에 제사 지내고, 여섯째 회 날에는 금신(金神)에 제사지내고, 일곱째 회 날에는 토신(土神)에 제사지냈는데, 이 행사의 법이 책력으로 엮어져 오늘까지 전해졌으니 곧 달력의 원류이다.

이러한 제사의 법은 모두 하늘 꼭대기에 계시면서 칠성(七星)에 분화해 거하시어 천지만물을 주관하시는 한님께 올리는 예였는데 한 분 한님께서 크게 일곱 가지 역할을 동시에 나투어 계심을 감사하고 찬양함이었다.

그러나 이것은 다 후일의 일이고 한님께서 천지만물을 주관하신 뒤로 하느님의 이치대로 홍익의 법도를 끝없이 펼치셨으나 하늘과 땅에서 중생이 날이 갈수록 더욱 타락해감에 한님께서 보시기에 그 안타까움을 차마 금할 수가 없으셨다.

사람은 본래 하느님의 어진 성품과 무한한 생명과 무량한 힘을 동시에 가졌으나 물질에 의해 모습을 갖추자 육신의 욕망을 이기지 못해 탐욕을 부리고 뜻대로 아니되면 성내고 시기하며, 미워하고, 증오하는 등 이기심에 가득 차서 이치와 도리에 벗어난 어리석음을 함부로 저질러 세상을 혼란에 빠뜨리고 스스로 저지른 응보를 살아 생전에 고통스럽게 받음에 한님께서 보시기에 크게 마음이 아프셨던 것이다.

이에 한님께서 친히 사람의 모습으로 분화(分化)해 나투시어 중생을 널리 이익되게 하시고자 탐욕과 성냄과 어리석음에서 벗어나 하느님의 이치와 도리를 깨닫는 법을 몸소 실천해 보이셨다.

BC 7197년 북두칠성의 제 1성에 계시면서 대지혜로 천지만물을 조화롭게 하시는 한님께서 조용한 은둔의 땅 가야에 내려오시어 환국(桓國; 밝은 땅의 나라라는 뜻으로 '한국'이란 말로 변음되었다)을 세우시고 자신의 자손 한민족을 위해 널리 덕을 베푸시면서 천지만물을 주관하시었다. 이 분이 바로 한국 1세 천존 환인(桓因) 한님이시며 이름을 안파견이라 한다. 안파견은 아버지란 뜻으로서 오늘날 한민족의 제일 윗분 조상이신 아버지 한님 즉 아버지 하느님이시자 전 인류의 하느님 아버지이신 것이다. 그리고 환인 한님을 천존(天尊) 또는 부처님이라고도 부르니 바로 인간 세상의 제1세 천존이시자 제1불(一佛)여래이시기도 하다.

1세 환인 천존께서 지상에 내려오시어 대 지혜를 펼치시어 치우침이 없는 조화의 법을 널리 알리신 뒤 나투신 육신을 벗으시고 하늘에 오르시어 다시 칠성의 제 1성에 머무시고 그 해에 다시 제 2성에 계시면서 선악을 주관하시는 한님께서 한국에 내려오시니 이 분이 제 2세 천존이신 혁서 환인으로서 제 2불(佛)여래이시다. 선악을 주관하시면서 선(善)은 덕이 되고 악은 재앙이 됨을 널리 알리시고 나투신 육신을 벗고 하늘에 오르셔서 본래 계시던 제 2성에 거하시었다.

제 2세 환인께서 하늘에 오르시자 그 해에 제 3성에 계시면서 일체 중생의 영혼을 주관하시던 한님께서 내려오시니 이 분이 제 3세 천존이신 고시리 환인이시며 제 3불(佛)여래이시다. 뭍 중생의 영(靈)과 혼(婚)이 하나 되면 복이 되고 떨어지면 재앙이 됨을 널리 알리시고 나투신 육신을 벗으신 뒤 하늘에 오르시어 제 3성에 거하시었다.

제 3세 환인께서 하늘에 오르시자 그 해에 제 4성에 계시면서 중생의 평화로운 삶을 주관하시던 한님께서 내려오시니 이 분이 제 4세 천존이신 주우양 환인이시며 제 4불(佛)여래이신데 뭇 중생이 싸우면 해가 되고 평화로우면 복이 됨을 널리 알리시고 나투신 육신을 벗으신 뒤 하늘에 오르시어 제 4성에 거하시었다.

제 4세 환인께서 하늘에 오르시자 그 해에 제 5성에 계시면서 중생의 의식주를 주관하시던 한님께서 내려오시니 이 분이 제 5세 천존이신 석제임 환인이시며 제 5불(佛)여래이시다. 역시 일체중생의 의식주를 주관하시며 탐욕이 지나치면 고초와 시련이 있고 만족하면 복이 됨을 널리 알리시고 나투신 육신을 벗으신 뒤 하늘에 오르시어 제 5성에 거하시었다.

제 5세 환인께서 하늘에 오르시자 그 해에 제 6성에 계시면서 일체중생의 성(性; 태어남과 죽음)을 주관하시던 한님께서 내려오시니 이 분이 제 6세 천존이신 구을리 환인이시며 제 6불(佛)여래이시다. 성(性)을 함부로 남용하면 일찍 죽고 성스러운 의식(儀式)으로 행하면 오래 삶을 널리 알리시고 나투신 육신을 벗으신 뒤 하늘에 오르시어 제 6성에 거하시었다.

제 6세 환인께서 하늘에 오르시자 그 해에 마지막으로 제

7성에 계시면서 암컷과 숫컷, 남성과 여성의 마음을 주관하시던 한님께서 내려오시니 이 분이 제 7세 천제이신 지위리 환인이시며 제 7불(佛)여래이시다. 암컷과 숫컷, 남자와 여자가 지극한 사랑으로 하나의 몸과 마음이 되면 영원한 쾌락을 누리고 둘로 갈라지면 원한에 쌓여 화가 미침을 널리 알리시고 나투신 육신을 벗으신 뒤 하늘에 오르시어 제 7성에 거하시었다.

이렇게 일곱 분의 한님께서 차례로 한국 땅에 계시면서 3301년간 홍익의 법도를 펼치셨다. 그러므로 한님의 자손 한민족의 첫 나라였던 한국의 역사는 BC 7197년부터 BC 3896년까지 3301년간이었다.

환인천존 하느님 아버지에 의해 이 세상에 가장 먼저 세워졌던 한국의 역사 시기에는 사람들은 지혜로웠고 착했으며 영과 혼이 하나되어 큰 깨달음을 얻었음은 물론 싸우는 일 없이 늘 평화로웠으며 먹고 입고 잠자는 일에 구애됨이 없었다. 태어남을 기뻐하고 죽음을 무서워하지 않았으며 부부는 일심동체가 되니 세상은 이치로웠다. 이 때를 광명이세(光明理世), 이화세계(理化世界)라 하고 불교에서는 불국토(佛國土) 또는 상세칠불(上世七佛) 시대라 하는데 인도의 석가모니 불 이전 세상 최초의 부처님 법이 물 흐르듯 하던 시대였다.

예로부터 칠성님께 빌어 훌륭한 자식을 낳게 하고 온갖

재앙과 질병에서 구원받아 항상 복덕이 충만하도록 소원한 풍속이 오늘날까지 전해져 오는데 바로 북두칠성에 계신 환인 천존님이시자 상세칠불님이신 한님의 한량없는 은덕을 입고자 함이며 사람이 죽으면 칠성판을 깔고 몸에 일곱 매듭을 짓는 것도 환인 하느님께 그 영혼을 구원받게 하려는 의식(儀式)인 것이다.

3301년간 환인 천존 부처님께서 땅에서 친히 세상을 다스리실 때는 중생이 한뜻으로 착하고 평화롭게 홍익의 법도를 지켰으나 지상을 떠나 칠성에 돌아가시어 모습 없이 세상을 다스리시자 하늘과 땅의 중생이 또 다시 타락하기 시작했으며 천존 환인 하느님이 계시는 것조차 잊고 온갖 죄악에 물들어 갔으니 참으로 중생의 간교함이 이를 데가 없었다.

이에 한님께서 천지를 굽어 살펴보시면서 다시 한 번 홍익인간하실 마음을 가지셨다. 그때 한님을 받드는 여러 신(神)들 중에서 큰 지혜와 용맹함을 두루 갖춘 가장 뛰어난 한 분이 계셨으니 늘 홍익인간 할 마음으로 중생계를 지켜보고 계셨다. 어느 날 한님께서 백두산을 내려다보시고 "가히 홍익인간 할 곳이로다"하시며 "누가 저 곳에 내려가 홍익인간의 법도를 펼칠 것인가?" 하고 물으시자 여러 신(神)들이 한 뜻으로 그 분을 추천해 말하기를 "그를 보내시어 홍익인간으로 세상을 다스리게 하소서."하였다.

이에 한님께서 천부인(天符印; 하늘의 뜻을 나타낸 것으로 북, 칼, 거울 세 가지를 가리키는데 북은 널리 알림이고 거울은 자신을 반추해 봄이며 칼은 그릇된 것을 잘라내는 것을 의미한다) 세 가지를 내려 주시고 "그대는 수고로움을 아끼지 말고 무리 3000을 이끌고 내려가 하늘의 뜻을 열고 가르침을 세워 세상에 있으면서 잘 가르쳐 만세의 자손들에게 모범이 되게 하라"하고 말씀하시었다.

BC 3898년 드디어 한님의 명을 받고 사람의 몸으로 변화하신 신(神)께서 역시 사람으로 변신한 여러 작은 신들 3000의 무리를 이끌고 백두산 아래 신단수(神壇樹; 신령한 나무로서 박달나무이다. 박달나무는 밝은 땅의 나무라는 뜻이며 단은 박달나무 아래 단을 쌓고 득도함을 의미하며 오늘날 탑의 원류이다.)에 내려오시어 신시(神市; 신령스러운 나라)를 개천(開天; 하늘의 뜻을 열어 보임. 즉 홍익인간의 법도를 펼침을 의미한다.)하시고 나라이름을 배달(倍達; 밝은 땅이란 뜻)이라 하시니 이 분이 바로 배달국 1세 천황이신 환웅(桓雄)이시며 이름을 거발환(居發桓; 크게 밝은 진리를 앉아서 설파한다는 뜻)이라 한다.

한민족을 배달민족이라 하는 것도 환웅 천황께서 신시를 개천하시어 환인 한님께서 세우신 환국(桓國; 한민족의 나라)의 맥을 이으셨기 때문이다.

1세 환웅 거발환 천황께서 배달국을 세우시고 제 18대 까지 황위를 전했는데 BC 2333년까지 1565년간 역사가 이어졌다. 그리고 이 때부터 1세 환웅 천황께서 완전한 사람으로서의 일생을 보내시어 혼인도 하시고 자식을 낳아 대를 이어 황위를 잇게 하시었다. 천황의 아들을 모두 단웅(檀雄)이라고도 하는데 단(檀)은 밝은 땅을 의미하고 군웅(君雄)은 용맹하게 다스리는 자이니 홍익인간의 도를 펼쳐 광명이세(光明理世)하게 온 누리를 다스리는 제왕이란 뜻이다.

　처음 1세 환웅 천황께서 배달나라를 세우시고 홍익의 도를 펼치심에 교화(敎化)로서 만백성을 깨우쳐 온갖 질병과 삶의 고통으로부터 구제하시는 일에만 열중하시어 얼마동안은 환인 천존 때처럼 백성은 평화롭고 짐승들까지 서로 싸우지 아니하고 화목하여 하늘나라처럼 중생계도 낙원을 이루는 듯 했었다. 그러나 이민족(異民族)이 다투어 일어나 전쟁을 일으키고 부녀자를 납치하고 재물을 약탈하는 일이 잦아지는 등 점점 사람들이 사악해져 감을 어찌할 수 없었다.

　그러므로 배달국 마지막 천황이신 제 18대 거불단(居佛檀) 환웅의 아드님이신 단군 왕검(王儉)께서 BC 2370년 5월 2일 인시(寅時; 아침 3~5시 사이)에 태어나시고 14세 되시던 BC 2357년에 웅족(熊族; 여자 부족)의 왕위에 오르셨다가 BC 2333년에 아사달에 도읍을 옮기시고 나라 이름을 조선이라 고치신 다음 1세 환웅의 가르침을 숭상하고 친히 치화(治化; 국법에 따라 나라를 다스려서 천하를 평화롭게 함)로써 홍익인간 하시기에 이르렀다.

단군 황조는 BC 295년 제 47대 고열가 단군까지 2038년 간 이어졌는데 모든 단군 황제께서 힘과 덕으로 나라를 다스리셨으나 인간의 분탕질이 갈수록 더해져서 더 이상 홍익인간 할 수 없는 지경에 이르자 이에 더 이상 한님께서 중생계를 안타까워하며 돌아보지 않으시고 자신의 백성 한민족마저 외면하시었다.

그리고 후천세계에 악한 이들은 다 멸망케 하시고 자신의 백성 중에서 착한 이들만을 한데 모아 새 나라를 세울 계획을 세우시고 선인(仙人)들로 하여금 한님의 계획을 예언케 하시었다. 그러므로 이제 천손전경(天孫全經)에서 전세(前世)와 현세(現世)와 후세(後世)의 일을 다 밝히려 하는 것이다.

이 세상을 낳으신 하느님의 뜻이 홍익인간에 있었고 하느님의 뜻에 따라 홍익인간을 국시(國是)로 삼아 세운 나라가 우리 한민족이었으니 지금 우리 대한민국의 국시 역시 반공도 아니요 자유 민주주의도 아니며 사회주의도 아니다. 오직 이화세계(理化世界; 세상을 이치롭게 변화시킴)를 건설하여 홍익(弘益) 함에 있는 것이니 장차 후천세계에 다시 세워질 새 나라가 홍익의 역사를 이어가야 할 것이다.

인류세기

나는 이와 같이 듣고 배워서 깨달은 바가 있었다.

하늘이 열리고 땅이 생기자 수화목금토기(水火木金土氣) 다섯 가지 물질이 그 기운을 혼돈스럽게 서로 엉키고 뒤섞이면서 수(數)도 없고 양(量)도 없는 혼(魂)들이 하늘에서 저절로 생겨나 제각기 인연 따라 땅에 있는 생명들의 몸 안에 자리 잡으니 알에서 태어나고 태(胎)에서 태어나고 습(濕)한 것에서 태어나고 씨알에서 태어나고 변화해서 태어나는 온갖 중생들이 가득해지기 시작했다. 그것들은 모습이 있는 것도 있고 없는 것도 있으며, 생각이 있는 것도 있고 없는 것도 있으며, 생각이 있는 것도 아니고 없는 것도 아닌 것도 있으며, 감각이 있기도 하고 없기도 한 것이 있으며, 감각이 있는 것도 아니고 없는 것도 아닌 것이 있는 등 헤아릴 수 없이 많았다.

이렇게 땅에서 물이 흐르고 숲이 우거지고 여러 짐승들이 태어나 자유롭게 노닐자 하늘에서 자생(自生)한 수준 높은 혼(魂)들이 땅의 아름다움을 동경하고 땅의 모든 것들을 지배하고 싶은 욕망이 끓어올라 사람의 형상으로 태어나기 시작했다. 그들은 우주 공간을 휘젖고 다니던 무리들인데 약 18만 년 전 숲이 가장 많이 우거지고 열매가 풍성한 땅 아프리카에 태어나 집단을 이루니 이들이 최초의 지구인들이다. 그들은 점점 진화해 땅의 모든 것들을 지배해 나갔다. 그러는 동안 그들은 자연히 선과 악을 구별할 줄 아는 지혜가 생겨났으며 어느 때부터인가 악을 저지른 정도에 따라서 인간보다 낮은 짐승으로 다시 태어난다는 종교심을 갖게 되었다. 특히 여러 짐승들 중에서 가장 혐오스러운 뱀으로 다시 태어나는 것을 두려워했다. 뱀이 매우 오랜 시간 성(性; 섹스)을 즐기는 것을 보고 성욕을 참지 못하고 남용하면 뱀으로 다시 태어난다는 믿음이 있었던 것이다. 그러나 세월이 갈수록 선악에 깊이 물들어감에 따라 그런 마음도 점점 사라져 가고 오히려 뱀처럼 강한 성(性)적 능력을 갖고자 노력하였으며 뱀을 숭배하는 풍속까지 생겨났다. 뿐만 아니라 뱀보다 더 음탕한 육체의 쾌락에 빠져드니 인간이 아닌 동물들과의 섹스도 마다하지 않았다.

이때 칠성(七星)에서 하늘과 땅을 다스리시던 환인 한님께서 우주 공간의 수 많은 땅 중에서도 가장 아름다운 지구성(地求星)의 중생들이 육신을 지닌 뒤로 온갖 죄악에 물들어감을 보시고 그들을 깨우쳐주기 위해 하느님의 자손으로 환인 한님의 백성이 되어 있는 천계(天界)의 신선(神仙)들을 지구 세계에 내려 보내 하늘의 이치와 도리로 살아가는 모습을 보여주고자 하시었다.

이에 북두칠성의 의식(意識)으로 계시는 환인 한님의 뜻에 의해 두 남녀 신선(神仙)이 깊은 잠 속에 든 채 지구성에 사뿐히 내려앉았다

그들이 내려온 곳은 세상에서 가장 아름다운 곳이었다. 높은 산꼭대기에는 맑고 푸른 호수가 있고 사방으로 물이 흘러 강을 이루는 곳이었다. 그들이 잠에서 깨어났을 때는 이미 사람의 육신을 가졌으므로 신선이었던 혼(魂)은 육신 깊숙이 감추어져 있어서 과기를 기억해내지 못했다. 그러나 그 정신은 맑고 청정해 간절한 기도로 원하면 언제든 한님을 볼 수 있었으며 한님의 말씀을 듣고 하고 싶은 말을 한님께 할 줄도 아는 지혜와 능력이 있었다.

다만 마음을 닦은 청정한 의식이 아닐 때는 자신들이 과거세에 한님의 백성인 신선이었음을 알지 못했다. 오직 육

신의 능력에 의해 사물을 보고 느끼고 생각하고 판단하고 행동하고 의사를 표시할 줄 아는 완전한 육체 인간이 돼 있었다. 그들이 처음 잠에서 깨어나 서로의 존재를 확인하고 숲속을 이리 저리 거닐며 천진난만하게 지내던 어느 날 밤이었다. 꿈에 천신(天神)이 내려와 혼례에 대한 가르침을 내리자 비로소 하늘과 땅에 제사지낸 뒤 스스로 혼례를 이루어 자식을 낳으니 이름지어 말하기를 남성을 나반이라 하고 여성을 아만이라 하였으며 그 후손들을 한민족이라 하였다. 그러므로 한민족은 모두 나반과 아만의 후예이며 나반과 아만이 하느님의 자손으로서 신선이었으므로 한민족을 일컬어 천손(天孫)이라 하고 또 신선족(神仙族)이라 하는 것이다.

나반과 아만이 처음 혼례를 올리고 많은 자식을 낳자 북두칠성에서 환인 한님의 백성으로 있던 다른 신선들이 나반과 아만의 자식들의 혼(魂)이 되어 사람으로 변신하기 시작했다. 그리고 그들은 서로 혼인해 계속해서 자식을 낳으니 1만5천년이 지날 무렵에는 그 수가 수백만 명으로 불어났다. 그런데 북두칠성의 환인 한님의 의식계(意識界)에 속해 다스림을 받고 있던 다른 별들의 의식계에서 평범하게 살아가던 혼(魂)들이 자신들 보다 몇 단계 위의 신선 혼들이 사람의 육신을 가지고 평화롭게 살고 있는 것을 보자 그들도 지구성에서 육신을 가지고 싶은 욕망이 끓어 올랐다.

그들 혼들은 나반과 아만의 자손들이 혼례를 올리고 초야를 보내는 날 밤 마치 먹이를 노리는 표범처럼 재빠르게 달려들어 순수한 신선의 혼들을 밀어내고 새로 잉태되는 나반과 아만의 자손으로 둔갑해 태어나기 시작했다. 그 때가 BC 49000년 경이었다. 그러자 우주 공간을 유행하는 여러 별들의 의식(意識)으로 자리잡고 있던 혼(魂)의 무리들이 수도 없이 내려와 나반과 아만의 후손으로 둔갑해 태어났다. 그들 무리들은 우주 공간을 휘젖고 다니던 사악한 혼들이었으며, 그들 혼들이 깃든 나반과 아만의 후예들의 육신은 사악함에 물들어 북두칠성의 한님과 교통하는 혜안이 완전히 닫혀버리고 말았다. 특히 애틀랜티스 대륙에 사자좌의 의식(意識)의 혼(魂)들이 나반과 아만의 후예들의 육체를 빌려 태어나 집단을 이루었을 때부터는 인간세상이 혼란에 휩싸이기 시작했다. 그들은 끓어 오르는 물욕(物慾)과 지배욕 그리고 성(性)적 욕망을 채우기 위해 끊임없이 전쟁을 일으켰던 것이다.

그린 때에 히늘로부터 큰 재앙이 내렸으니 대지진과 거대한 홍수였다. 무우 대륙과 애틀랜티스 대륙이 바다 속으로 가라앉고 무수한 인간들이 죽어갔다. 간신히 살아남은 여러 혼들을 가진 인간들은 인연이 있는 것들끼리 한데 모여 뿔뿔히 흩어져 아프리카로 인도로 이집트로 유럽으로 흩어져 갔다. 이때 나반과 아만의 순수 혈통을 가진 신선족(神仙族)

은 중국 대륙과 시베리아와 백두산 근처 만주 대륙과 한반도로 모여들었다.

이처럼 나반과 아만의 후예요 환인 한님의 백성인 신선족들이 제각기 자리를 잡자 BC 7197년 북두칠성에 계시던 환인 한님께서 지상에 내려오시어 한국(韓國)을 세우시고 수행의 법도로써 깨달음을 얻도록 몸소 실천해 보이시니 세상 최초의 부처님이 되시었던 것이다.

후일 신시(神市)를 개천하신 환웅 거발환 천황께서 환인 한님의 법도를 말씀으로 가르치실 때는 세상의 욕망에 탐착하지 않은 신선족들 모두가 백두산 근처로 모여들었으며 그로부터 배달민족의 역사가 시작되고 단군 조선족의 역사가 또한 이어졌던 것이며 부여, 고구려, 백제, 신라, 발해, 고려, 조선, 대한민국으로 오늘날까지 나반과 아만의 후예들의 역사가 이어져왔던 것이다.

그런데 환웅 천황 이래로 배달나라의 백성들은 부유하고 지극히 평화로웠으며 기도로 한님과 교통하는 능력까지 갖추고 있었으므로 흑백의 다른 인간들이 배달국의 신선족과 함께 살기를 애원하기에 이르렀다. 이에 아시아대륙 전체에 12연방국으로 나뉘어져 있던 신선족의 나라에 특히 백색 피부인들이 적극적으로 모여들었는데 홍익의 도로 살아가던 신선족들은 그들의 소원을 차마 내칠 수 없었다.

이에 일부 신선족들이 그들을 선택해서 혼인한 다음 아이를 낳으니 오늘날의 유대인이 그들의 후예라 한다. 후일 그들은 메소포타미아에 있던 신선족의 나라 스밀왕국 근처에 마을을 이루고 별도로 그들 토속신 야훼를 두고 살아가다가 메소포타미아 왕에 의해 추방되니 이때부터 땅이 없었던 것이라 하였다. 그 외의 인간들은 제각기 지구성 각 처에 자리 잡고 집단을 이루어 지역마다 하나의 민족을 이루어 살게 되었으니 오늘날 여러 갈래로 나뉘어진 민족이 그래서 정해졌던 것이다.

환인 환국 역대기

나는 환국(桓國; 한국)의 역대기를 이와같이 생각하고 해석하였다.

환인(桓因)은 한님이신데 한님은 하느님의 준말이다. 그러므로 환인은 하늘에서 가장 존귀한 천존(天尊)으로서 여래(如來)이시며 사람의 모습으로 변화하시어 법을 설해 중생이 깨우치도록 덕을 베푸셨으므로 상세칠불(上世七佛)이라고도 한다. 그리고 자신의 백성 신선족들이 모여 살고 있는 곳에 내려오시어 환국을 세우시고 다스리셨으므로 인간 세상 최초로 나라를 세운 제왕(帝王)의 명칭이기도 하다.

환인 제국의 역사는 BC 7197년부터 BC 3897년까지 3301년간이며 북두칠성에서 각각 다른 의식(意識)으로 천지만물을 주관하시던 한 분 한님께서 일곱 번 각기 다른 사람의 몸으로 나투시어 7대까지 위(位)를 전하시고 하늘에 오르시었다.

1세 환인을 안파견 여래라 하고 2세 환인을 혁서 여래라 하며, 3세 환인을 고시리 여래라 하고 4세 환인을 주우양 여래라 하며, 5세 환인을 석제임 여래라 하고 6세 환인을 구을리 여래라 하며, 7세 환인을 지위리 여래라 하는데 과거와 현재와 미래에 영원히 살아 계시면서 천지만물을 주관하신다.

한편 환인(桓因)이란 뜻을 풀이하면 환(桓)은 크고 밝고 원대함이며 인(因)은 그것으로 말미암아 다스린다는 뜻이다. 크고 밝고 원대함이란 대우주이자 진리를 일컬으며, 하늘과 땅과 중생 일체를 한량없이 넓은 마음으로 보듬고 바라는 바없이 베풀기만 하는 홍익인간(弘益人間)의 큰 도를 펼치는 이를 환인(桓因)이라 한다.

그러므로 1세 환인 안파견 여래께서 세우신 환국(桓國; 한국)은 빛의 땅에 진리가 가득한 나라이며, 그 백성은 본래 신선들로서 한님의 자손이었으며 후손들을 천손민족(天孫民族) 또는 한민족(韓民族)이라 한다.

하여 BC 2600년경 인도의 대각자 석가모니 부처가 말하기를 해중유처(海中有處; 바다가 둘러싸고 있는 나라 한반도 즉 한국)가 있는데 금강(金剛; 금강산)에는 오랜 옛날부터 보살(菩薩; 신선의 불교식 언어)이 살고 있어서 법이 물처럼 흐르는 곳이다. 지금도 법기(法起)라는 보살이 '천이백 권속을 거느리고 법을 설하고 있다' 라고 말하였으며 옥룡집(玉龍集) 자장전(慈藏傳)에서는 '신라의 월성 동편 용궁 남쪽에 가섭불(迦葉佛; 인간이 세상에 존재한 이래 2만 년이 지난 뒤에 세상에 태어났다는 부처로서 제 3불(佛)이며 3세 환인 고시리 여래이시다)의 연좌석(宴坐石)이 있으니 그곳은 전불시대(前佛時代) 즉 일곱분의 환인 한님이신 상세칠불(上世七佛)시대의 절터이다' 라고 기록으로 남겼던 것이다.

한민족의 혈통과 역사가 이러하므로 마땅히 그 후손들은 한님께 제사 올리고 경배하던 옛 풍습을 이어받아야 함에도 환웅 배달국과 단군 조선국 이래로 차츰 그 풍습이 사라져 갔으니 천손들의 정신은 하늘과 단절되고 한님께서도 돌아보지 않으셨다. 이에 재앙을 자초한 한민족의 역사는 수난이 끊이지 않았던 것이다.

그러나 한님께서 어찌 그 자손을 잊을 리가 있으리요. 마치 불효한 자식을 어찌하지 못해 내버려 두기는 하지만 늘 안타까운 마음으로 돌아오기를 기다리는 아버지처럼 한님께서 말씀으로 교훈을 남기시고 사람을 통해 예언으로 경고하셨으니 지금이야 말로 수천 년 닫혔던 귀를 열어야 할 때가 온 것이다.

근자에 수십 년간 환인 한님의 이끌림을 받아온 한 진녀 (眞女)가 비로소 한님을 인정하고 정성으로 받들어 모심에 한님께서 자기 자손들을 일깨울 말씀을 내리고 계신다는 사실을 알 수 있었다. 나중에 진녀로부터 들은 한님의 말씀을 널리 알리려 하거니와 귀를 기울여 믿고 따르는 자는 복을 받을 것이요, 듣지 않고 오히려 비방하고 광란을 일으키며 욕하는 자들은 재앙을 입을 것이니 믿고 믿지 아니하고는 모두 그들의 운명인 것이다.

환인 교훈기

나는 이와 같이 사유하고 생각하였다.

한민족의 국시(國是)는 홍익인간(弘益人間)인데 홍(弘)은
광대하게 넓음이고 익(益)은 이익됨이니 세상의 모든 인간
을 이익되게 하는 것이 홍익인간의 참 뜻이다.

이익이란 무엇인가?

흔히들 경제적으로 덕을 보거나 삶의 편의와 가치를 따져
서 덕이 되면 이익이라 하고 덕이 되지 않으면 손해라 한다.
그러나 홍익의 이익은 세속성을 배제하지 않으면서도 초월
적이며 또 보편적이어서 인류가 추구해야 할 최선의 이상향
이라 할 것이다.

한단고기 조대기(朝代記)에서 이르기를 환인(桓因)께서 하

늘에서 내려오시어 백성의 목숨을 정하시고 모든 일을 두루 다스리셨는데 들에 계실 때는 곤충과 짐승의 해와 독이 없어지게 하셨으며 사람 무리와 함께 계실 때는 원한을 품거나 배반하는 일도 없게 하셨느니라.

또한 가까운 관계라 하여 은덕을 베풀고 먼 관계라 하여 미워하는 일이 없도록 하시고 윗사람과 아랫사람, 남자와 여자를 차별하지 않게 하시어 권리가 평등하도록 하셨으며 나이 많은 사람과 젊은 사람을 구별하시니 질서가 저절로 서고 만 가지 일이 순리대로 조화로웠도다. 온갖 질병을 없게 하시고 원한을 가진 자는 서로 풀어 화해하게 하시었으며 어려운 자와 약한 자는 함께 도와서 구제하시니 하늘의 이치에 어긋나는 일이 하나도 없었도다. 이에 백성은 풍족하고 근면하여 스스로 굶주림과 추위와 더위를 없게 하였도다.

이는 환인 한님께서 사람이 할 바 다섯 가지 일을 가르치므로써 가능한 일이었다. 다섯 가지 일을 오훈(五訓)이라 하는데, 첫째 성실하고 믿음으로써 거짓됨이 없어야 하고, 둘째 사람을 공경하고 근면하게 처신하여 게으르지 않아야 하며, 셋째 부모에 효도로서 순종하고 어긋남이 없어야 하고, 넷째 염치가 있고 의리를 저버리지 말며 음란하지 않아야 하고, 다섯째 겸손하고 화목하여 다툼이 없어야 한다는 것 등이다.

이와 같이 가르친 다섯 가지 사람이 할 바의 일은 세속적 홍익의 법도이다. 이 법도를 지키고 따르면 이화세계(理化世界)의 이상은 자연히 실현되는 것이니 하늘 신들의 삶이 그와 같다.

이처럼 다섯 가지 일로써 질서와 평화가 구현될 수 있었던 것은 하늘의 법도가 그러하기 때문이다. 자연의 모든 것들이 수화목금토(水火木金土)라는 다섯 가지 질적 요소들에 의해 생겨나고 생명을 유지하므로 다섯 가지 기운이 흩어지면 질서와 평화도 무너지기 마련이다. 따라서 다섯 가지 하늘 기운은 땅의 질서와 평화에 교훈적 의미를 갖는다. 하므로 땅에서의 바른 행은 하늘의 법도를 따름이니 유교의 이상이 환인 한님의 오훈에서 비롯된 것이다. 즉 오륜(五倫)에 있어서 군신유의(君臣有義)는 오훈에서 가르친 바 성실하여 거짓 없는 믿음이며, 장유유서(長幼有序)는 공경하고 근면하게 처신함이며, 부자유친(父子有親)은 효로서 순종하고 어긋남이 없어야 함이며, 부부유별(夫婦有別)은 염치가 있고 음란하지 말아야 함이며, 붕우유신(朋友有信)은 겸손하여 화목하고 다툼이 없어야 함인 것이다.

그런데 이러한 인간사의 일을 지킴에 있어서 반드시 진실이 전제되어야 한다는 사실을 유념해야 한다. 군신(君臣)간에 성실하여 거짓 없는 믿음을 말과 행동으로서 보일 때 충신이라 하지만 그 마음에 불충을 숨기고 있다면 언젠가는 반역의 본색이 드러날 것이며, 노인에 대해 겉으로는 예를 다하지만 그 마음에 깔보거나 무시하는 마음을 숨기고 있다면 언젠가는 노인을 내다 버릴 것이며, 타인이 보기에 부모에 대해 효로써 순종하고 어긋남이 없이 받들지만 그 마음에 귀찮다거나 부모의 재산을 노리는 욕심을 숨기고 있다면 언젠가는 불효하게 될 것이며, 부부간에 염치가 있고 음란하지 않은 행동을 몸으로 실천하고 있다 해도 그 마음에 음란한 기운을 가지고 있고 부끄러움을 모르는 뻔뻔함을 숨기고 있다면 언젠가는 몰염치하고 음란을 저지르고 말 것이며, 겸손하고 화목하게 군자의 모습을 보인다 해도 그 마음에 교만하고 타인을 능멸하는 간교함이 숨겨져 있다면 언젠가는 타인을 누르고 불화를 자초하게 될 것이기 때문이다.

그리되면 자연히 질서와 평화가 깨지고 혼란이 올 것이니 서로를 이익되게 하기보다 뺏고 빼앗기는 먹이 사슬의 광란 속에서 살아가야 하는 것이다. 실제 환인 한님의 시대가 지난 뒤로부터 그런 역사는 시작되있으며 지금은 한계에 이를 정도에 이르렀다.

그러면 오훈에 벗어난 행위로 살아가는 인간의 인과(因果)에 대한 응보는 무엇인가? 먼저 윤회고(輪廻苦)를 들 수 있다. 죽인 자는 죽음을 당하는 응보를 받을 것이며, 빼앗은 자는 빼앗기는 응보를 받을 것이다. 또 사람으로서의 도리에 벗어난 행위를 하였다면 짐승으로 태어나는 응보를 받을 것이며, 부를 누리고 베풀지 않은 자 하늘과 땅에서 배고픔을 견디지 못할 것이며, 씻지 못할 악업을 지은 자는 지옥에서 영원한 고통을 받을 것이다. 원인은 반드시 결과를 낳는 법이라 스스로 저지른 일은 반드시 받기 마련이니 만약 이러한 하늘의 법이 없다면 진리가 없을 것이며 종교가 무의미할 것이다.

그러므로 환인 한님께서는 세속적 홍익의 법도를 펼친 한편 초월적 홍익의 법도를 잊지 않고 가르치셨으니 바로 마음 닦는 공부인 것이다.

하늘에서 사람의 몸으로 변화해 처음 땅에 내려오셨을 때 몸소 행하신 법이 조식(調息)이셨다. 조식이란 숨을 가늘고 부드럽게 고르는 법이다. 사람의 목숨이 한 번 들이쉬고 내쉬는 찰라에 달렸는데 들 숨에서 맑고 청정한 기운을 받아들이고 날 숨에서 탁한 기운을 내보내며 집중에서 죄가 침범하지 않도록 한다는 인도의 현자 석가모니 부처의 교설 안반수의(安般守意; Anapanasaty)를 환인 한님께서 먼저 실천해 보이셨던 것이다.

조식(調息)은 일체 번뇌를 여의게 한다. 마음이 숨을 따르고 숨이 마음을 따르므로 몸 밖으로 뛰쳐나가서 육신의 욕망을 채워줄 인연을 찾아가고자 요동하는 마음을 숨에 일치시키므로써 마음을 고요하게 다스려 죄를 짓지 않게 하는 것이다. 뿐만 아니라 고요한 마음 가운데 하늘 신들(桓因; 한님과 神仙들)과 교통할 수 있으며 삶과 죽음의 고통이 없는 곳에 태어나 영원한 복락을 누리게 될 것이니 이에 더한 홍익의 법은 없으리라.

그 때문에 인도의 석가모니 부처는 여러 가지 방편으로 고요한 마음의 경지에 드는 법과 그 이익 됨을 팔만대장경이라 할 만큼 방대한 내용으로 모두 설명하였으며, 중국의 노자는 도덕경에서 혼백(魂魄)을 하나로 일치시켜 한 마음 한 뜻으로 도에 이르기를 설파하였던 것이다.

그러므로 홍익인간은 모든 종교의 궁극이며 사상과 철학의 시원인 까닭에 인도의 시성 타고르가 한국을 '진리의 깊음 속에서 말씀이 솟아나오는 곳'이라 읊었던 이유이다.

한민족의 정신적 뿌리가 이와 같음에도 오늘날 홍익이념은 국시에서도 사라지고 개개인의 정신에서도 사라져 서로 돕는 우리가 아니라 너와 나라는 서구적 차별심으로 갈라져 있으니 어디에서 한민족의 혼줄을 붙잡을 수 있으리요!

환인 한님의 탯줄을 끊어 버리고 멸망할 것인가 아니면 환인 한님의 혼줄을 부여잡고 다시 한 번 농방의 밝은 빛으로 그 등불 심지에 불을 지필 것인가를 깊이 사유해 보아야 하리라.

환웅 배달 역대기

　나는 배달국의 역대기에 대해서 이와 같이 생각하고 해석
하였다.

　배달은 밝은 땅이란 옛 언어인데 해가 가장 찬란하게 먼
저 떠오르고 늦게 지는 땅이란 뜻이다. 그리고 밝음은 환
(桓)이니 한님의 나라 환국(桓國; 한국)을 계승한 나라임을
의미한다.

　하므로 한민족을 배달민족이라고도 한다. 한님이신 환인
천존께서 세우신 나라 백성이므로 '하늘나라 민족' 이란 뜻
에서 한민족이라 하였던 것이며, 환웅 천황께서 사람의 몸
으로 신단수에서 득도하여 세운 나라 백성이므로 '밝은 땅
의 나라 민족' 이란 뜻에서 배달민족이라 하였던 것이다.

그런데 배달민족의 나라 배달국이 지리적으로 동북방에 위치하여 가장 찬란하게 해가 먼저 떠오르고 지는 곳이기는 하지만 배달이란 말 뜻 속에는 진리가 충만한 땅이란 의미가 더 짙게 머금어져 있다.

환인(桓因) 한님의 뜻을 받들어 세상에서 가장 위대한 진리라 할 홍익인간 이념을 이어 받아서 세운 나라가 배달국이고 또 1565년 동안 환웅 천황께서 가르치신 바 진리의 말씀이 한량없이 깊고 넓었으며, 그 백성 배달민족은 천황의 교화(敎化)에 순응하므로써 '동방의 군자국' 이라고도 하고 '신선들이 사는 나라' 라고도 하였던 것이다.

환웅(桓雄)이란 말은 배달국 역대 제왕의 명칭이다. 환(桓)은 환인 한님의 환으로서 밝은 진리이며 웅(雄)은 크고 넓고 용맹함이니 환웅은 '밝은 진리를 용맹하게 설파하는 자' 라는 뜻이다.

그러므로 배달국의 역대 제왕은 모두 진리로서 교화(敎化)하여 나라를 디스린 분들이시다. 환웅을 또 천황(天皇)이라고도 하는데 비록 사람으로서 일생 마치셨으나 득도(得道)하신 뒤 그 행하심이 신(神)과 같아서 옛 후손들이 지극히 높임말로 받들어 모셨던 최상의 존칭어이다.

옛 사람들은 환웅을 천황 외에도 부처님이라고도 불렀다. 신단수 아래서 대각(大覺)을 얻으시고 교(敎)를 세워 일체

중생을 교화(敎化)하셨으므로 환인 한님 뒤를 이어 나타나신 부처님이라 믿었던 것이다.

하여 1세 환웅 천황께서 열반에 드신 뒤 나라 곳곳에 절을 세우고 대웅전(大雄殿)에 박달나무로 환웅 천황의 상(像)을 세워 경배하였는데 후일 인도 불교가 전래된 이래 대웅전 뒤 산신각으로 모셔져 산신으로 비하되고 말았다. 그러나 오늘날까지 부처를 모신 곳을 불교식 명칭인 사찰(寺刹)이라 하지 않고 그 때의 말 그대로 '절'이라 부르고 있고, 부처를 모신 전각을 옛 말 그대로 대웅전(大雄殿)이라 하는데 대웅은 곧 환웅을 일컬음이니 대(大)는 환(桓)의 한자어 표현이다. 그러므로 대웅전은 천황이시자 부처님이신 제1세 환웅 상을 모셔야 하는 곳이다.

대웅전에 모셔진 환웅 부처님을 산신으로 비하시켜 대웅전 뒤로 밀어낸 이는 누구인가? 불교가 중국으로부터 전래되면서 사대모화에 물든 소위 귀족이란 자들에 의해 그리된 것이니 예나 지금이나 민족정기를 진정으로 지키는 이는 민초들인 듯하다. 따라서 외래된 것에 혼을 빼앗겨 진실이 왜곡되고 있는 이 시대에 환웅상을 다시 세워 그 분의 진리를 되새기고 정신을 이어받아 동방의 등불이었던 옛 영광을 되찾아야 하지 않겠는가!

환웅께서 다스리시던 배달국 역사 1565년간은 실로 광대한 것이었다. 그 땅이 동서 3만리요 남북 5만리라 하였으니 12연방을 거느린 대제국이었으며 백성은 교화되어 진실하고 의식주는 풍족하였다.

그러했던 배달국의 역사는 이렇게 전개 되었다.

1세 환웅 존명(尊名)을 거발환(居發桓)이라 한다. 거발환이란 '앉아서 진리를 설파한다'는 뜻이니 교화(敎化)의 신(神)으로 받들어진다.

거발환께서 배달국을 세우시고 1세 환웅이 되신 것은 환인 한님의 명에 의해서였다. 한님께서 자기 백성 한민족이 살고 있는 땅 중에서 백두산을 내려다보시고 '가히 홍익인간 할 곳이로다' 하시고 여러 신선(神仙)들 중에서 가장 용맹하면서도 홍익인간 할 뜻을 늘 품고 계시던 환웅께 천부인(天符印) 세 가지를 내려주시며 말씀하시기를 '그대 무리 3000을 이끌고 땅에 내려가서 수고로움을 아끼지 말고 교(敎)를 세워 세상을 이치롭게 하여(理化世界) 만세의 자손들에 천지의 대법을 깨우치도록 하라' 하고 명하셨던 것이다.

천부인(天符印)은 하늘의 징표인데 북, 칼, 거울 세 가지이다. 북은 교화(敎化)를 위해서 널리 알리는 도구이며, 거울은 자기 자신을 반추해봄이며, 칼은 그릇됨을 잘라내 깨달음을 얻으라는 뜻이다. 그리고 무리 3000은 환인 한님의 백성들 중에서 환웅께서 거느리시던 신선(神仙)들이었다.

환웅께서 3000의 신선들을 이끌고 백두산 기슭에 내려오실 때는 신령한 혼(魂)이셨으나 땅에 내려오심과 동시에 주술로서 사람의 몸으로 변화하시고 몸속에 신령한 혼이 거하시니 그 신통한 능력은 말로 표현할 수 없었다. 그러나 환웅께서는 세속의 옷이라 할 육체를 가지셨으므로 육신의 오염을 깨끗이 닦아내야 할 필요가 있었으니 오염된 육신이 신령한 혼을 가리고 우매해질 염려가 있어서였다.

이에 신단수(神壇樹)아래에 고요히 앉으셔서 육신의 욕망을 모두 버리시고 득도(得道)하신 뒤 BC 3898년 음력 10월 3일 하늘에 제사를 지내시고 비로소 왕국을 세우시니 나라 이름을 배달이라 선포하셨으며 역시 사람으로 변신한 3000의 신선들을 신하로 삼으셨다.

신단수(神壇樹)는 하늘에 제사지내는 곳인데 신단(神壇)은 제사 지내는 터로서 돌로 쌓은 단상(壇床)이며 수(樹)는 박달나무이다. 그 당시에는 박달나무라는 명칭이 없었으나 환웅 거발환께서 그 나무 아래서 득도 하셨으므로 밝은 땅의 나무라는 뜻에서 박달나무라 하였다. 후일 수두, 소도, 서낭당이란 이름으로 마을마다 신(神)을 모셨는데 모두 환웅을 모시던 절에서 유래된 것이며 탑(塔)역시 신단(神壇)으로부터 시원한 것이다.

거발환 환웅께서 나라를 세우신 것을 신시개천(神市開天)

이라 한다.

신시(神市)는 신령한 나라이며 개천(開天)은 하늘의 진리를 열어 보인다는 뜻이자 하늘나라를 땅에서도 세운다는 뜻이기도 하다. 즉 신령한 신선의 나라 배달에서 홍익인간의 대 진리를 펼치시어 이화세계(理化世界)를 건설하시고자 교화(敎化)를 시작하신 것을 개천(開天)이라 하는 것이다.

오늘날 신시개천의 주인공을 단군이라 하는데 단군은 기원전 2333년 아사달에서 조선을 세우신 분이시지 신시개천을 한 분은 아니시다. 그러므로 개천절(開天節)은 배달국의 시조이신 환웅 거발환을 기리고 경축하는 날인 것이다. 또 개천절은 양력 10월 3일이 아니라 음력 10월 3일임을 알아야 한다. 들기로 기독교인인 이승만 전 대통령이 음력을 양력으로 바꾸었다 한다. 한민족이요 배달민족인 우리의 역사가 또 한 번 왜곡된 비극이라 아니할 수 없으니 반드시 시정되어야 할 과제이다.

BC 3898년 음력 10월 3일 신시를 개천하신 뒤 1세 환웅 거발환께서는 나라 이름을 배달이라 하시고 천하를 어떻게 다스리실까를 생각하시며, 고요히 눈을 감으시고 천안(天眼)으로 천하를 둘러보시니 사람들은 제각기 서저힐 집을 마련하고 나는 새와 기는 동물들도 그 성질대로 제 자리를 잡아 생활하고 있음을 확인하시었다.

옛 사서(史書) 신시본기(神市本記)에 환웅 천황께서 세상을 살펴 사람과 만물이 제 자리에 있음을 보시고 고시례(高矢禮)로 하여금 일체 중생을 먹여 살리는 임무를 맡기셨는데 이를 '주곡(主穀; 곡식을 주관하는 주인이란 뜻으로서 천황의 신하인 고시례 님의 직책)'이라 한다고 기록되어 있다. 고시례는 '음식을 베풀어 주는 존귀한 자'라는 뜻이다. 그러니까 이 세상 최초의 농림부 장관이라 할 수 있다. 땅을 주관하여 농사가 잘 되게 하는 신(神)으로서 오늘날 들에서 "고시례!"하고 음식을 땅에 먼저 뿌린 뒤에 음식을 먹는 풍속이 있으니 배달국 신하였던 고시례님을 기리고 항상 먹을 것이 풍성하게 해달라는 기원의 의미가 있다.

환웅 천황의 명을 받은 고시례님께서 백성들의 생활을 두루 살펴보시니 아직 농사짓는 법도 잘 모르고 음식을 조리해 먹지 않고 날 것으로 먹는 것을 보았다. 이에 농사짓는 법을 가르치시고 음식을 날 것으로 먹는 것에 대해 몹시 걱정스러워 하셨다. 늘 깊은 생각에 잠기시던 어느 날이었다. 우연히 산에 들어가 큰 나무들이 여기 저기 어지럽게 넘어져 있는 것을 조용히 보시면서 침묵에 잠기셨다. 그 때 홀연히 큰 바람이 숲을 휩쓸며 불어왔다. 무성한 나뭇가지들이 서로 비벼대고 부닥치면서 번쩍 번쩍 하고 불빛이 잠깐 동안 일어났다가 사라지는 것이 보였다.

침묵하시던 고시례님께서 문득 깨달은 바가 있으시어 번쩍 고개를 드셨다. "이것이로다! 이것이로다! 바로 이것이 불을 얻어 음식을 익혀 먹는 법이로다!" 하고 말씀 하시고는 궁으로 돌아오시어 횃나무 가지를 모아다가 서로 비벼 불을 만들어 보았다. 연기가 나고 불이 붙는 듯 하였으나 완전하지 못해 불편한 생각이 들었다. 다음날 보다 편리하게 불을 얻는 지혜를 얻기 위해 다시 산으로 들어가 깊은 생각에 잠기셨다. 나뭇가지가 부딪히며 바스락대는 소리에 귀를 기울이며 유심히 살펴보시던 그때였다. 어디서 왔는지 줄무늬가 선명한 호랑이 한 마리가 갑자기 나타나 우렁차게 포효하며 달려들었다. 순간 고시례님께서 한 마디 노성을 터뜨리시고 돌을 집어 달려드는 호랑이를 향해 내리치셨다. 고시례님의 노성에 겁을 낸 호랑이가 날아드는 돌을 피해 재빠르게 도망가고 빗나간 돌맹이는 근처 바위 한쪽 귀퉁이를 강하게 때리고 튕겨 나갔다.

　그 순간 바위에서 불빛이 번쩍 하고 일어났다가 사라지는 것을 보았다. 마침내 고시례님께서 크게 기뻐하시며 "저것이 쉽게 불을 얻는 법이로다." 하시고는 돌을 쳐서 불씨를 만드시니 '부싯돌'이 그로부터 유래되어 온 세상에 알려지게 되었다. 그리고 백성들은 그때부터 음식을 날 것으로 먹지 않고 익혀 먹게 되었으며 겨울을 따뜻하게 보내고 후일

쇠를 녹이는 기술도 터득할 수 있었던 것이다.

이렇게 먹고 사는 일을 걱정 없게 하신 환웅 천황께서 이번에는 신지(神誌) 혁덕(赫德)에게 명하시어 "그대는 문자를 만들어 나의 가르침을 멀리 있는 백성들까지 알게 하고 만세에 전할 수 있도록 하라."하고 말씀하시니 이 세상 최초의 문자가 이렇게 해서 태동되었던 것이다.

신지(神誌)는 환웅 천황의 명령과 가르침을 널리 전하고 백성의 어려움과 나라 다스림에 덕이 되는 계책을 올리는 직책이다. 혁덕은 밝은 덕을 베푸는 자로서 환웅 천황의 신하 이름인데 이 분이 세상에서 처음으로 문자를 만들어낸 분이시다.

천황의 명을 받은 혁덕님께서는 여간 걱정이 아니었다. 목소리에만 의존해 듣기만 하니 후세까지 천황의 가르침을 멀리까지 전할 수 없고 또 나라 일을 일일이 기록으로 남겨야 했으므로 그 방법을 몰라 고심하던 참이었다.

그러던 어느날 여러 신하들과 더불어 사냥을 나갔는데 암사슴 한 마리가 날쌔게 지나가는 모습이 보여 급히 활을 들어 화살을 날리려 했으나 화살을 겨냥도 하기 전에 암사슴의 종적을 놓치고 말았다. 이에 사방을 샅샅이 수색하면서 암사슴의 뒤를 쫓다가 들판 한 곳 평평한 모래밭에 이르러 비로소 사슴 발자국을 발견할 수 있었다. 발자국이 어지럽게 흩어져 있었으나 어디로 갔는지 분명하게 짐작이 갔다. 그때 번개처럼 머릿속을 스치는 것이 있었다. 혁덕님이 고개를 숙이고 깊이 생각하시다가 문득 머릿속을 환히 밝히는 큰 깨달음이 있어 고개를 번쩍 들었다. 사슴 발자국을 보고 사슴이 어디로 갔는지 알 수 있다는 사실에서 문자를 만들 수 있다는 가능성을 발견했던 것이다.

"기록으로 남기는 법이 이것이로다." 혁덕님의 목소리는 확신에 차 있었다. 사냥을 마치고 돌아와 사슴 발자국 모양을 되풀이해 생각하고 또 만물의 모양을 관찰하여 연구한 끝에 드디어 문자를 만드는 법을 깨달았다. 그리고 한 자 한 자 사람의 말을 글자로 나타내기 시작했다.

드디어 문자가 모두 완성되자 조용히 천황께 나아가 아뢰었다.

"명하신 문자를 모두 완성했나이다."

혁덕님이 만든 문자를 공손히 천황께 올리자 이를 받아보신 천황께서 매우 기뻐하시며 "그대 수고하였노라. 나의 명과 가르침을 멀리 떨어져 살고있는 백성들에게 문자로 전하고 기록으로 남겨서 만세의 후손들도 읽고 깨우치게 하라." 하시었다.

이때 혁덕님께서 만드신 문자를 녹도(鹿圖)의 글이라 하고 태고문자(太古文字)의 시작이라 하는데 5000여 년이 지난 지금은 전해지지 않으나 인류 최초의 문자라 한다. 신시본기 기록에 의하면 남해도(南海道) 낭하리(郎河里) 계곡과 경박호(鏡珀湖)의 선춘령(先春嶺) 오소리(烏蘇里) 사이 암석에 범자(梵字)도 아니고 전자(篆字)도 아닌 해석하기 어려운 문자가 발견되었는데 신지(神誌) 혁덕(赫德)이 남긴 태고문자가 아닌지 모르겠다라고 하였다.

환웅 천황께서는 문자 만드시는 일에만 그치지 않고 천상(天上)에서 함께 거느리고 오신 풍백(風伯) 석제라(釋提羅)를 불러 백성들에게 새와 짐승과 벌레와 물고기의 해가 없도록 하라고 명하시었다. 풍백(風伯)은 예로부터 전해지는 풍속과 현재의 새로 생겨난 풍속을 주관하는 우두머리이며, 석제라는 당시 풍백 직위에 있던 분의 이름이다.

또 천황께서는 우사(雨師) 왕금영(王錦營)으로 하여금 동굴이나 흙구덩이 속에서 살고 있는 백성들이 편안하게 살수 있도록 집을 지어주고 소, 말, 개, 돼지, 독수리, 범 등의 짐승들을 모아 목축업을 관장하도록 명하시었다.

우사(雨師)는 천황께서 천상(天上)에서 함께 거느리고 오신 신하로서 날씨와 경제를 주관하는 우두머리이며, 왕금영은 당시 우사의 직위에 있던 분의 이름이시다.

또 천황께서는 천상(天上)에서 함께 거느리고 오신 신하 운사(雲師) 육약비(陸若飛)로 하여금 남녀의 혼례 법을 정하도록 명하시었다. 운사(雲師)는 법을 주관하는 우두머리이며 육약비는 당시 운사 직위에 있던 분의 이름이시다.

천황께서 이렇게 농사짓는 법을 가르치시고 집을 지어 목축을 기르게 하여 배고픔을 면하게 하시는 한편 문자를 만들어 법을 세우고 하늘의 진리를 가르치시니 백성은 교화되어 이화세계(理化世界)가 저절로 펼쳐져 다른 민족들이 배달국을 신선의 나라라 하고 함께 살기를 소원하며 혼인하여 그 씨를 받고자 하였다.

천황께서 교화하신 진리의 말씀은 녹도의 글이나 혹은 구전으로 전해져 오늘날에는 한자어로 정리되어 널리 알려져 있다. 옛 사서 조대기(朝代記)에서 이때의 생활에 대해 말하기를 "신시(神市; 신령한 나라, 배달국)가 개천되자 만물과 짐승 무리들은 서로 어울려 싸우는 일이 없었으며 배고프면 먹고 목마르면 마실 수 있었다. 옷감을 짜고 농사일을 해 먹을 것을 경작함에 뜻대로 다 되었으니 천황의 지극한 덕(德)이 세상에 가득하였도다. 백성은 아무 곳에서나 살아갈 수 있었고 길을 가도 두려움없이 편안했으며 물건이 떨어진 것을 보아도 욕심을 내지 않았노라. 먹을 것이 많아서 배부르게 먹고 해가 뜨면 일어나고 해가 지면 쉬었나니 하늘의 덕을 입어 어려움을 알지 못하였도다."라고 하였다.

그런 때에 신시개천 이전부터 신시(神市) 땅에서 부족을 이루고 살고 있던 남성들 무리가 있었다. 그들은 우사(雨師) 왕금령(王錦鸄)님의 가르침을 받아 목축업 중에서도 범을 잡아 기르는 것을 좋아해 범족이라 불렀다. 그들은 길들인 말을 타고 활을 잘 쏘아 사냥에 능숙했으며 힘도 세고 매우 용감한 무리였다. 그런데 본시 순수하고 선량했던 그들은 사냥을 즐기면서 피를 보는 것을 좋아했으며 범을 기르는 동안 범의 성질을 닮아가 점점 포악한 성정으로 변해갔다. 이에 천황께서 친히 그들을 교화했으나 말씀을 들을 때만 순종하는 듯했을 뿐 한 번 빠져든 나쁜 습성을 쉽게 고치지 못하였다. 오히려 날이 갈수록 그 정도가 심했다. 특히 이웃 해 부족을 이루고 단란하게 살고 있는 여성들을 납치해 강 제로 추행하고 노예로 삼는 일까지 예사로 저질렀다. 여성 들만 모여 사는 부족은 신시개천 이후에 다른 곳에서 거주 하다가 천황의 가르침을 사모해 이주해온 무리였다. 그녀들 역시 우사 왕금영님의 가르침대로 목축업을 했는데 곰을 잡 아 기르는 것을 좋아했다. 그래서 그녀들을 곰족이라 불렀 는데 하늘에 제사지내는 풍습을 잊지 않고 오직 천황의 가 르침대로 살고자 했으므로 세상일에는 어리석을 만큼 순박 했다. 범족 남성들이 혼인하고자 했으나 듣지를 않았으며 어려운 일이 있어 도움을 청해 와도 돕지 않았다. 그것은 여 성들만의 부족을 고집했기 때문이었다.

이에 범족 무리들은 그 포악성을 드러내 곰족 재산을 약탈하고 여성들을 납치해 강제로 자식을 낳게 하고 노예처럼 일을 시키기 시작했던 것이다.

이 소식을 들으신 천황께서 저들 두 종족을 깨우쳐 하늘나라 백성으로서 홍익의 법도를 따르게 하실 마음을 가지시고 한 곳에 모이도록 명하시었다. 그리고 쑥 한 다발과 마늘 스무 개를 각각 내리시고 조용히 말씀하시었다.

"너희 무리들은 이 쑥과 마늘을 먹으면서 백일동안 햇빛을 보지 않고 수련하면 평등함을 깨우쳐 만물을 구제하고 사람을 교화하여 신계(神界)로 이끄는 도리를 터득할 것이니 신선의 모습이 이와 같으니라." 하시었다.

여기서 쑥과 마늘은 예로부터 귀신을 쫓는 영물(靈物)로 알려져 있다. 쑥 연기는 음습한 기운을 몰아내고 정신을 맑게하며 마늘은 한자어로 대산(大蒜)이라 하는데 대(大)는 밝음이고 산(蒜)은 풀(草) 밑에서 보고 또 본다(示)는 뜻이므로 역시 영적 정신을 일깨워주는 성분이 있다.

그러므로 천황께서 쑥과 마늘을 먹으라는 것은 사기(邪氣; 음습하고 삿된 기운을)를 몰아내고 정신을 맑게 하는 뜻도 있지만 그 독한 맛을 이겨내는 수행심을 동시에 가지라는 뜻도 있다. 그리고 백일 동안 햇빛을 보지 말라는 말씀은 집에서건 동굴 속에서건 밖에 나오지 말고 백일동안 수행하

51

라는 의미이다.

이에 범족과 곰족 양가(兩家)는 천황의 명을 따라 모두 쑥과 마늘을 먹으면서 근신하고 삼가면서 3·7일 동안 수련에 정성을 쏟았는데 곰족은 몸과 마음을 깨끗이 해서 근신하고 잡된 것을 삼가면서 추위와 굶주림과 심신의 고통을 끝까지 견뎌냈다. 그러나 범족은 천황의 명이 두려워 수련을 하는 척했을 뿐 몰래 게으름을 피우고 부정한 것을 삼가지도 않았다. 잡된 것을 함부로 취해 배고픔과 추위를 견뎌내지 못했다. 그나마 3·7(21일)일도 견디지 못하고 뛰쳐나가고 말았으니 도무지 교화되지 않은 그들을 천황께서 괘씸하게 여기시고 즉시 사해(四海) 밖으로 추방하시었다. 사해(四海)란 동서남북 사방 바다 너머 배달국 땅이 아닌 모든 곳이란 뜻이다. 말을 타고 활을 잘 쏘며 용맹한 그들은 대륙을 떠돌며 중국 서부 코카사스 산맥에서 한동안 머물렀다. 그리고 히말라야 산록을 거쳐 한 무리는 인더스와 갠지스 강을 따라 내륙 깊숙이 마치 누에가 뽕잎을 먹듯 지배해 들어가면서 새로운 문명을 태동시키니 이를 인더스문명이라 한다. 인더스 문명의 뜻을 한마디로 요약하면 '강가 문명' 혹은 '흐르는 강' 이라 하는데 범족이 강을 따라 내려가며 토착민들이었던 드라비디안족과 문다족을 지배하면서 문명을 발생시켰으므로 그렇게 풀이한 것이다.

인도의 지배계급인 바라문이 곧 범(梵)이며 범족을 천계(天界)의 자손이라 하여 범천족(梵天族)이라 한다. 대성자 석가모니 부처가 바로 범천족으로서 바라문이며 석가(釋迦)란 석씨(釋氏) 가문(家門)을 일컬음인데 석(釋)은 밝음을 의미한다. 그리고 모니(牟尼)는 신선(神仙) 혹은 현자(賢者)란 뜻이니 바로 배달의 후예로서 신선족인 것이다. 하므로 석가모니 부처님은 생전에 조상의 땅이자 진리의 본체(本體)이신 상세칠불(上世七佛)께서 계셨던 환국 가야에 오셨으니 지금도 경상도 밀양 등지에 그 발자취가 남아 있다.

또 범천족을 아리안족이라고도 하는데 한 무리의 아리안 즉 범족 무리가 인더스 문명을 태동시키고 인도에 정착했었으나 또 다른 무리는 티그리스와 유프라데스강을 건너 사막을 지배하고 메스포타미아 문명을 발생시켰다. 그곳에는 나중에 스밀국이라는 환국의 제후국이 있었으며 유대인들은 스밀국 근처에 작은 부족을 이루고 있었다. 그들은 애틀랜타인들이 신선족과의 혼인을 소원해서 그 청을 거절하지 못해 신선족 일부가 혼인해주므로써 태어난 이들인데 늘 신선족 곁을 떠나지 않으려 했으나 나중에 추방당하고 말았다.

한편 범족의 그러한 활동과는 반대로 곰족의 여인들은 천황께서 말씀하신 100일 수련을 끝까지 지켜냈다. 그리고 수련이 끝난 뒤에 부족의 추장이자 제사장이신 웅녀(熊女)님

께서 부족을 이끌고 신단수에 나아가 천황께 간절하게 빌어
말씀하시기를 "천황이시여, 바라옵건데 저희들을 불쌍히 여
기시고 하나같이 신의 백성이 되게 해 주소서." 하시고 또
"신(神)의 아이를 가져 낳게 해 주소서." 하였다.

　이에 천황께서 가엾게 여기시고 마침내 웅녀(熊女)와 혼인
할 것을 허락하시니 이때가 BC 3805년 1세 환웅 거발환 천
황의 세수(世壽)가 93세 되시던 해였으며 27세 때인 BC
3898년에 천위(天位)에 오르신지 67년째 되던 해였다. 이듬
해에 아들을 낳으시고 26년을 더 계시다가 세수(世壽) 120
세 되시고 천위에 오르신지 94년만인 BC 3804년에 열반에
드신 뒤 하늘에 오르셨다.

　환웅 거발환 천황께서 천위에 계시면서 94년간 설한 진리
의 말씀이 오늘날까지 전해지는데 이것을 천부경(天符經)과
삼일신고(三一神誥)라 한다.

　1세 환웅 거발환께서 열반에 드신 그해 2세 환웅께서 천
위(天位)에 등극하시니 이 분이 거불리(居佛理) 천황이시다.
BC 3804년에 등극하시니 세수(世壽) 17세 때였다. 거불리
란 말은 '앉아서 밝은 이치를 설하는 이' 라는 뜻이므로 대각
을 얻으시고 아버지 거발환 천황의 가르침대로 널리 교화에
힘쓰셨으며 사람으로서 두 번째 부처님이 되신 분이셨다.

천위에 계신지 86년 만에 열반에 드시니 세수(世壽)가 102
세 였다.

 2세 환웅 거불리께서 열반에 드신 그 해 3세 환웅께서 천
위에 오르시니 이 분이 우야고(右耶古) 천황이시다. BC
3718년 36세 때 등극하시고 99년간 나라를 다스리셨으며
사람으로서 세 번째 부처님이 되시어 널리 교화하시며 135
세까지 사시다가 열반에 드시어 하늘에 오르셨다. 우야고
천황 역시 교화로 천하를 다스리시니 복종해 따르지 않는
자가 없었다.

 3세 환웅 우야고 천황께서 열반에 드신 그 해 4세 환웅께
서 천위에 오르시니 이 분이 모사라(慕士羅) 천황이시다. BC
3619년 22세 때 등극하시고 107년간 나라를 다스리셨으며
사람으로서 네 번째 부처님이 되시어 널리 교화하시며 129
세 까지 사시다가 열반에 드시어 하늘에 오르셨다. 모사라
천황 역시 대대로 전해진 1세 환웅 거발환 천황의 가르침대
로 널리 교화에 힘쓰시니 천하 만민이 따르지 않는 이가 없
었다. 모두 홍익인간의 법도를 행하였으므로 세계는 이화(理
化)되어 남녀가 평등하였으며 욕심내 다투는 일도 없었다.

4세 환웅 모사라 천황께서 열반에 드신 그 해 5세 환웅께서 천위에 오르시니 이 분이 태우의(太虞儀) 천황이시다. 태우의 천황께서는 늘 가르치시기를 '숨을 고르게 쉬고 정(精)을 보전하라' 하시었으며 '그러므로 오래 살고 먼 곳까지 볼 수 있는 혜안이 열린다' 라고 말씀하시었다. 이는 오늘날 불교에서 깨달음의 경지에 오르는 중요한 수행법이며 또한 도교의 수련법이기도 하다. 이와같이 교화하신 천황께서는 BC 3312년 20세 때 등극하시고 95년간 나라를 다스리셨으며 사람으로서 다섯 번째 부처님이 되시어 널리 교화하시며 115세 까지 사시다가 열반에 드시어 하늘에 오르셨다.

생전에 태우의 천황께서는 자식을 모두 열두 명을 낳으셨는데 맏이는 후일 제 6세 환웅에 등극하신 다의발 천황이시고 막내를 복희라 한다. 복희 님은 처음에는 아버지 태우의 천황의 신하로서 기후와 나라 경제를 주관하는 우사(雨師) 직위에 계셨다. 늘 1세 환웅의 가르침을 지키고 연구하기를 좋아하시어 어느날 꿈 속에서 신룡(神龍)의 변화를 보고 괘(卦)를 그리시니 이것을 선천팔괘(先天八卦)라 한다.

그러던 어느날 서쪽(지금의 중국 대륙) 땅에 살고 있는 신선족들의 수가 불어나고 다른 여러 소수 민족들도 점차 그 수가 많아져서 멀리서 다스리기가 어려웠다. 이어 태우의 천황께서 막내 아들 복희를 불러 명하시었다.

"그대는 우사의 벼슬에서 물러나 서쪽 봉토를 받아 다스려라. 배달 백성의 수가 많아지고 여러 소수 종족들이 제 나름으로 터를 잡고 하늘의 가르침을 따르지 않으니 그들을 교화하고 배달 백성을 보호하도록 하여라." 하시었다.

이에 "부황(父皇)의 명을 새겨 봉토를 잘 다스리겠나이다."하고 말씀하신 복희님은 즉시 서쪽으로 가셔서 임금이 되시고 왕조의 이름을 하(夏)라 하시었다. 하(夏)는 화(火)이니 황하(黃河) 이남(지금의 산둥반도 일대) 지역의 더운 날씨 때문에 부른 이름인 듯하다. 옛 사서 대변경(大辯經)에 '복희의 능은 지금의 산동성 어대현 부산의 남쪽에 있다.' 라고 기록되어 있으며 밀기(密記)에 '복희는 신시(神市)에서 태어나 우사(雨師)의 자리를 세습하고 마침내 서쪽에서 이름을 빛냈다. 나중에 패씨, 단씨, 임씨, 기씨, 포씨, 사씨, 팽씨 등의 성으로 갈라졌다.' 라고 기록되어 있다.

복희의 다스림은 무기를 쓰지 않고서도 교화로서 감화시켰으니 환웅 거발환 천황의 가르침을 펴신 덕이라 마치 봉화를 올려 빛을 내는 것처럼 나라 밖에까지 널리 알려지고 명령에 복종했다.

5세 환웅 태우의 천황께서 열반에 드신 그 해 6세 환웅께서 천위에 오르시니 이 분이 다의발(多儀發) 천황이시다.

BC 3419년 12세 때 천위에 오르시고 98년간 나라를 다스리셨으며 사람으로서 여섯 번째 부처님이 되시어 널리 교화하시며 110세까지 사시다가 열반에 드시어 하늘에 오르셨는데 특히 다의발 천황께서는 예(禮)를 세워 나라를 다스리신 분으로 실질적인 유교의 종조(宗祖)라 할 수 있다. 후일 공자가 예(禮)를 중시하였던 것도 다 옛 가르침을 따른 것이니 그 가르침의 시원이 다의발 환웅이신 것이다.

6세 환웅 다의발 천황께서 열반에 드신 뒤 그 해 7세 환웅께서 천위에 오르시니 이 분이 거련(居連) 환웅이다. BC 3321년 67세 때 천위에 오르시고 81년간 나라를 다스리셨는데 사람으로서 일곱 번째 부처님이 되시어 널리 교화를 펴시며 홍익의 법도를 지키는 일에만 열중하시다가 140세에 열반에 드시어 하늘에 오르셨다.

7세 환웅 거련 천황께서 열반에 드신 뒤 그해 8세 환웅께서 천위에 오르시니 이 분이 안부련(安夫連) 천황이다. BC 3240년 19세 때 천위에 오르시고 75년간 나라를 다스리셨는데 사람으로서 여덟 번째 부처님이 되시어 널리 교화함에 게으름이 없으시니 이치로운 세상은 여전했다. 94세에 할 바를 다 하시고 열반에 드시어 하늘에 오르셨다.

8세 환웅 안부련 천황께서 열반에 드신 그 해 9세 환웅께서 천위에 오르시니 이 분이 양운(養雲) 천황이시다.

BC 3167년 33세 때 천위에 오르시고 96년간 나라를 다스리셨는데 사람으로서 아홉 번째 부처님이 되시어 널리 교화를 펼치시다가 139세에 열반에 드시어 하늘에 오르셨다.

9세 환웅 양운 천황께서 열반에 드신 그 해 10세 환웅께서 천위에 오르시니 이 분의 존명(尊名)을 갈고(葛古) 또는 독로한(瀆盧韓) 천황이라 한다. BC 3071년 25세 때 천위에 오르셔서 100년간 나라를 다스리셨는데 복희의 왕조 하(夏)를 이어받은 염제신농(炎帝神農; 중국의 삼황 가운데 두 번째 황제로서 농사와 의약의 시조로 불리며 환웅조의 신하였다)의 봉토와 처음으로 나라 경계를 정하셨으며 사람으로서 열 번째 부처님이 되시어 널리 교화를 펼치시다가 125세 때 열반에 드시고 하늘에 오르셨다.

10세 환웅 갈고(葛古; 독로한) 천황께서 열반에 드신 그 해 11세 환웅께서 등극하니 이 분이 거야발(居耶發) 천황이시다. BC 2971년 57세 때 천위에 오르셔서 92년간 나라를 다스리셨는데 사람으로서 열한번째 부처님이 되시어 교화로서 천하를 다스리시다가 149세 때 열반에 드시고 하늘에 오르셨다.

11세 환웅 거야발 천황께서 열반하신 그 해 12세 환웅께서 천위에 오르시니 이 분이 주무신(丹武愼) 천황이시다. BC 2879년 18세 때 천위에 오르셔서 105년간 나라를 다스리셨는데 사람으로서 열두 번째 부처님이 되시어 천하 만백성을 교화하시다가 125세 때 열반에 드시고 하늘에 오르셨다.

12세 환웅 주무신 천황께서 열반에 드신 그 해 13세 환웅께서 천위에 오르시니 이 분이 사와라(斯瓦羅) 천황이시다. BC 2774년 33세 때 천위에 오르셔서 67년간 나라를 다스리셨는데 사람으로서 열세 번째 부처님이 되시어 천하 만백성을 교화로서 다스리심에 이화세계(理化世界)가 여전하게 이어졌으며 100세 때 열반에 드시어 하늘에 오르셨다.

13세 환웅 사와라 천황께서 열반에 드신 그 해 그 아드님께서 천위에 오르셨는데 처음으로 무력에 의해 천하를 다스리시니 그 존명을 저 유명한 자오지(慈烏支) 천황 또는 치우(蚩尤) 천황이라 한다. BC 2707년 42세 때 천위에 오르셔서 도읍을 청구(靑丘; 산동 부근)로 옮기시니 여러 종족들이 세력을 결집해 대륙을 지배하고 평화롭게 살고 있는 배달민족을 침략해 괴롭힘을 더 볼 수 없으셔서 였다.

특히 황제(黃帝) 헌원(軒轅)이란 자가 있었다. 그는 중국이 자랑하는 태호 복희와 염제 신농과 더불어 삼황(三皇)의 한 사람으로 BC 2692~2592년까지 생존했던 것으로 전하는데 여러 종족을 모아 배달민족을 괴롭히는지라 이에 치우천황께서 그를 여러차례 크게 무찌르시었다. 그러나 제 버릇을 고치지 못하고 천황께 계속해서 항전하므로 탁록(지금의 하북성 탁록현 동쪽)에서 그를 생포하시고 크게 꾸짖어 말씀하시기를 "네 어찌 천신의 자손들을 괴롭히는가. 당장 참할 것이로되 너 역시 배달의 씨를 받았음이라 차마 죽이지 못하고 놓아줄 것이니 이제부터 근신하고 참 마음을 갖도록 하라." 하시었다.

이에 황제 헌원은 천황께 무릎을 꿇고 "천황께 반역한 죄 죽어 마땅한데 이렇게 살려 주시니 참으로 감읍할 따름이옵니다. 명하신 말씀 깊이 새겨 참 마음을 갖도록 하겠나이다."하고 감격하여 눈물을 흘렸다. 후일 그는 도읍지 청구로 가서 천황의 신하이신 자부선생을 만나 의술을 배우니 오늘날 전해지는 황제내경이 그리하여 전해졌던 것이다.

황제 헌원은 본래 종족이 다른 아버지가 배달 신선족의 여식과 혼인해서 낳은 자식인데 염제 신농씨의 왕조 세력이 약화된 틈을 타서 여러 종족을 모아 감히 천자라 자칭하고 천황께 반역하여 천하를 지배할 심산이었던 것이다.

하므로 치우천황께서는 황제를 용납하지 않으시고 100여 차례나 전쟁을 일으킨 그를 무찌르고 마침내 사로잡고도 참하지 않으시고 용서하시니 교화로써 천하를 다스리셨던 환웅조의 전통을 이으시고자 하심이었다.

그러나 시대가 흐를수록 사람도 많아지고 야심을 품은 자들이 암암리에 세력을 모아 계속해서 반역을 도모하는지라 천황께서는 더 이상 교화로서 다스리실 수 없다는 것을 깊이 통탄하시고 드디어 무력으로 다스리실 결심을 하셨던 것이다. 이에 세상에서 처음으로 쇠로 만든 갑옷과 투구를 만들어 쓰시고 전쟁에 나아가 한 번 노성을 터뜨리시면 마치 천상에서 하강한 신의 위풍처럼 위엄이 사방에 퍼져 산과 들이 떨고 기는 짐승과 나는 새 마저 숨을 죽이고 살곳을 찾아 숨었다.

하여 치우천황을 동방의 군신(軍神)이라 하는데 옛 사서 대변경(大辯經)에서 우리 치우천황께서는 "옛 환웅 거발환께서 개천하신 신시(神市)의 힘을 이어 받으시니"라 하므로써 역대 환웅과 마찬가지로 득도(得道)하시어 홍익의 법도를 펼치실 진리를 깨우치시고 또 대각(大覺)을 얻은 자만이 할 수 있는 신령한 능력을 갖추셨음을 말하였다. 하여 대변경에서 "천하를 다스리심에 있어서 하늘에 제사지내시고 개천(開川)의 뜻으로 백성을 진리롭게 하시고 땅을 개척하여 그 업으로 삶을 윤택하게 하시었다. 또한 일체 중생과 사물의 원리를 빠짐없이 친히 살펴보시니 그 덕이 미치지 않는 곳이 없었으며 지혜와 힘은 한량없이 뛰어나셨다."라고 기록되어 있다.

그럼에도 반역하는 무리가 계속해서 일어났는데 대변경에서 전하기를 처음에는 1세 환웅 거발환 천황의 노여움을 사서 쫓겨난 범족 무리들이 그 버릇을 고치지 못함을 보시더니 같은 배달의 자손으로서 신선족인 그들을 차마 멸하지 못하시고 따로 모아 하삭(河朔; 어느 지역인지 알 수 없으나 중국 서쪽의 코카사스 산맥쪽이 아닌가 여겨진다. 그리고 이들이 나중에 인더스 문명과 메소포타미아 문명을 태동시켰을 것으로 추증된다. 그리고 또 일부는 동남아쪽으로 지배해 갔는데 지리적으로 가까운 동남아에서 메소포타미아 문명보다 빠른 문명국이 있었을 것이다. 물론 황하 문명 역시 배달국 백성인 신선족에 의해서 태동된 문명이다.)에서 살도록 하시었다. 그런 다음 안으로는 병사를 모아 용감하게 기르고 밖으로는 세상의 돌아감을 살피시면서 천황의 종족 중에서 뛰어난 장수 81명을 여러 부대의 대장으로 임명하시고 갈로산(葛盧山) 쇠를 캐내 칼과 창과 큰 활의 화살을 만드시어 사방으로 반역하는 무리를 무찌르셨다. 싸우면 이기는 그 질풍 같은 위세는 천하를 떨게 하니 천황님의 명성은 사해(四海) 밖에까지 떨쳐지니 이에 복종하지 않던 환국 12 제후국들도 숨을 죽이고 굴복하였다. 굴복하지 않은 제후국은 가차없이 징벌하셨는데 한 번 출동하시면 쓰러진 시체가 산과 들을 가득 메울 정도였다. 후일 중국 춘추전국시대 제나라 재상 관중(官中)이 치우천황에 대해 말하기를 "천하의 천황이 전장에서 한 번 노하면 시체가 들판에 가득했다."라고 하였다.

치우천황께서 이렇게 무력으로 천하를 굴복시킨 것은 환웅조 대대로 교화로서 천하를 다스려 이화세계(理化世界)하였던 그 평화로움을 깨뜨리는 무리들 때문이었다. 교화되지 않으므로 힘으로써 간교한 무리들을 응징해 참답게 살아가는 배달의 백성들을 보호하려 하심이었다.

천황께서는 천하를 평정하신 뒤에 히말라야로 가셔서 동·서의 환국 땅을 굽어보시며 천하를 다스리시면서 고요히 수행하시다가 118세에 열반에 드시어 하늘에 오르시니 천위에 계신지 89년이었다.

14세 환웅 치우 천황께서 열반에 드신 뒤 그 해 15세 환웅께서 천위에 오르시니 이 분이 치우 천황의 큰 아드님이신 치액특(蚩額特) 천황이시다. BC 2598년 29세 때 천위에 오르셔서 나라를 다스리셨는데 아버지 치우천황께서 천하를 평정하신 뒤라 옛 법대로 조용히 교화로써 다스리시니 전쟁이 없는 평화가 온 누리에 깃드는지라 이화세계가 다시 펼쳐져 천하가 편안하였다. 천위에 오르신지 89년 되던 해에 사람으로서 열다섯 번째 부처님으로 열반에 드시어 하늘에 오르시니 세수가 118세였다.

15세 환웅 치액특 천황께서 열반에 드신 그 해 16세 환웅께서 천위에 오르시니 이 분이 축다리(祝多利) 천황이시다. BC 2509년 43세에 천위에 오르셔서 아버지 치액특 천황의 교화하심을 본받아 득도하시어 홍익인간하심에 천하가 계속해서 평화로웠다. 사람으로서 부처님이 되신 천황께서 천위에 오르신지 56년 되던 해 열반에 드시어 하늘에 오르시니 세수가 99세이셨다.

16세 환웅 축다리 천황께서 열반에 드신 그 해 17세 환웅께서 천위에 오르시니 이 분이 혁다세(赫多世) 천황이시다. BC 2453년 25세 때 천위에 오르셔서 널리 교화로써 천하를 다스리시다가 사람으로서 열일곱번째 부처님이 되시어 열반에 드시니 친위에 오르신지 72년이었으며 세수는 97세였다.

17세 환웅 혁다세 천황께서 열반에 드신 그 해 18세 환웅께서 천위에 오르시니 이 분이 바로 후일 조선국을 세우신 단군 왕검의 아버지이신 거불단(居弗檀) 천황이시다. 이때부터 환웅을 단웅(檀雄)이라고도 하였는데 단(檀)은 밝은 땅 또는 진리의 땅이란 뜻이므로 환(桓)과 그 뜻이 같다. 거불단 환웅께서 천위에 오르시던 때가 BC 2381년 24세 되던 해였다. 천위에 계시면서 교화로 천하를 다스리신지 48년만에 사람으로서 부처님이 되시어 열반에 드시니 세수 82세였으며 역대 환웅조에서 가장 일찍 열반에 드셨다.

그런데 거불단 환웅께서 천하를 다스리실 때쯤에는 또 다시 환국 각 처에서 야심을 품은 자들이 무리를 모아 반역을 꾀하는지라 이때부터 이화세계의 평화는 깨어지고 홍익인간의 법도가 점차 사라지게 되였던 것이다. 이에 단군 왕검께서 도읍을 청구에서 아사달로 옮기시고 나라이름을 조선이라고 고친 뒤 천하를 평정하시니 때로는 교화하고 때로는 무력으로 정벌하셨으므로 단군 왕국을 치화주(治化主)라 한다.

환웅 배달국의 역사가 18대 1565년간 이어지는 동안 치우 천황 시대 한 때를 제외하고 그야말로 진리가 물 흐르듯 하던 시대였으며 사람과 하늘이 서로 통하고 중생은 홍익하였으므로 이때까지를 선천(先天)의 이화세계라 한다. 이후로 전쟁을 일으켜 남의 땅과 재산과 부녀자를 빼앗고 남자는 노예로 삼는 등 신시개천의 하늘 뜻을 거스리고 인륜과 천륜을 배반한 역사가 전개됨에 한님께서는 사람을 돌아보지 않으셨다. 특히 한민족이요 배달민족이며 신선족인 우리 천손들마저 환인 한님을 잊어버리고 환웅 천황을 외면하고 산신으로 비하하더니 단군 제왕까지 천대하여 아예 잡귀 취급하는 자들이 있어 한님의 노여움이 여간 크지 않으셨다. 하여 나라에 변란이 일어나게 하고 질병과 굶주림을 내리셨으나 그래도 깨닫지 못하는지라. 이즘 한 예언가를 통해 나라를 아예 다른 나라에 주어 천손 무리를 없이할 마음까지 가지셨다 하였다.

그러나 자신의 백성을 어찌 내치리요! 예언가를 통해 말씀하시기를 '지금은 사악한 무리가 나라를 어지럽히고 있으나 장차 일만 이천 명의 도인들로 하여금 백성을 깨우치게 하여 따르는 자, 히늘나라로 이끌 것이요, 반하는 자 씨도 없이 멸할 것이라 말씀하시고 천하를 다시 바로 잡을 계획을 세우고 계신다 하였다.

환웅 교훈기

나는 이와 같이 환웅의 가르침을 깨닫고 해석하였다.

"일찍이 아시아의 황금시기에 빛나는 등불의 하나였던 한국, 그 등불 다시 한 번 켜지는 날에 너는 동방의 밝은 빛이 되리라. 진리의 깊음 속에서 말씀이 솟아나오는 곳, 내 마음의 고향이여 깨어나라 깨어나라!"

이 글은 역사학자요 철학자이며 종교가로서 또 문학가로서 노벨상을 받은 인도의 시성(詩聖) 타고르가 우리 한국을 바라보고 쓴 시(詩)이다.

암울했던 일제 식민 시기에 현해탄 배 위에 서서 한국을 바라보고 읊은 글 한마디 한마디가 가슴을 저리게 하는 안타까움이 서려있다.

　아시아의 황금 시기는 바로 환웅 배달국 시대의 찬란한 문화와 이화세계가 펼쳐져 있던 때를 말함이며 빛나는 등불의 하나였던 한국이라 함은 밝은 진리가 온 세상을 밝혔음을 말한 것이다. 그 등불 다시 한 번 켜지는 날에 너는 동방의 밝은 빛이 되리라 함은 환웅께서 가르치신 바 진리의 말씀으로 암울한 세상을 밝힐 것이란 예언이니 반드시 배달 땅에 옛 성인이 다시 나타나 천하를 평화롭게 할 것이란 바람이요 예언인 것이다. 그리고 진리의 깊음 속에서 말씀이 솟아나오는 곳이라 한 뜻은 이 세상의 모든 종교와 철학의 원류로서 최초로 진리의 말씀이 있었다는 말이다. 내 마음의 고향이라 한 것은 타고르 자신이 성자(聖者)로서 그 영혼의 진실한 고향을 말함이니 곧 진리의 나라요 신선의 나라 백성임을 말함이며, 그 자신 바라문 계급이었고 바라문이 범족이므로 몸은 인도인이지만 그 영혼의 고향은 한국임을 말한 것이다. '깨어나라 깨어나라' 하고 절규하듯 외친 것은 하늘과 통하던 신선의 영혼을 일깨워 옛 영광을 되찾으라는 목메임인 것이다.

　제 것을 천대하고 남의 것을 숭상하여 민족정체성을 잃어버림으로써 어지러워진 나라를 등지고 훌훌 가야산 속으로 종적 없이 사라져간 신라의 대학자 최치원 선생께서는 난랑이란 화랑이 선도(仙道)를 닦다가 일찍 요절하자 그 비문을 친히 지어 남기니 삼국사기에 전하는 바, 나라에 현묘한 도가 있으니 풍류라 하고 선(仙)의 역사에 실려 있는 것을 보면 유교, 불교, 도교가 모두 선(仙)에 포함되어 선(仙)에서 갈라져 나간 것이 삼교(三敎)라 하였다.

풍류(風流)란 전해지는 풍속을 말함인데 환웅께서 행하시고 말씀하신 바대로 하늘에 제사 지내고 조식(調息; 숨을 고르게 쉼)으로 마음을 닦으며 절에 가서 환인 한님과 환웅께 경배하는 풍속이니 곧 풍류가 바로 선(仙)에 이르고자 한 한민족이요 배달민족인 우리 한국의 참된 종교인 것이다.

하므로 참됨을 왜곡해 혼란에 빠트리는 잡된 종교들에 현혹되지 않아야 하며 풍류정신을 되살리게 될 때 진실로 하늘과 통하는 신선의 영혼을 되찾아 우리의 영혼을 구원받을 뿐만 아니라 살아서는 그 옛날의 찬란한 등불처럼 밝은 빛이 되어 다시 한 번 세계를 밝히게 될 것이다.

그런데 신선(神仙)이란 마음이 맑고 깨끗해서 언제든 하늘신(神)과 교통할 수 있고 걸림이 없어서 유유자적할 수 있음인데, 조선조의 사대모화에 빠진 선비란 자들이 신선에 이르는 풍류 의식(儀式)을 기생집에서 천하태평으로 술 마시고 노는 것에 비유해 버림으로써 오늘날 풍류가 술 잘 마시는 바람둥이를 대변하는 말로 굳어져 버렸으니 참으로 안타까운 일이 아닐 수 없다.

그러면 풍류(風流)의 진실한 뜻은 무엇인가? 이제부터 환웅께서 가르치신 바 진리의 말씀과 그 시대의 풍속에 대해 말하고자 한다.

환웅 거발환 천황께서 신시(神市)를 개천(開天)하실 때 제일 먼저 행한 의식(儀式)이 하늘에 제사지내는 것이었다. 제사 의식은 그 이전부터 있어 왔던 풍속인데 신단수 아래 신단(神壇)이 제사 터인 것이다. 신단(神壇)은 오늘날의 서낭당 돌무지에서 그 자취를 찾을 수 있고 신단수는 돌무지 뒤에 서있는 나무인데 세상에서 가장 여물고 단단한 박달나무이다.

박달나무는 밝은 땅의 나무이니 해가 떠서 일찍 비추이고 또 늦게 지는 높은 곳에 신단이 있었다. 그리고 밝음은 진리이므로 조식(調息) 수련으로 득도한 곳도 신단수 아래이며 하늘에 제사 지냈으니 마땅히 신(神)의 영기(靈氣)가 어린 신령한 곳이 신단인 것이다. 하여 돌을 쌓아 올린 우리의 옛 풍속이 오늘날 탑(塔)으로 진화되어 온 세상에 퍼져나갔던 것인데, 두 손 모으고 탑돌이 하는 예배 의식은 탑에 신의 영기가 어려 있는 것으로 믿고 행한 옛 사람들의 풍속을 계승한 것이다.

그리고 신단에서 제사올린 대상은 삼신(三神) 하느님이었다. 하느님은 하나의 몸이고 삼신은 그 몸의 세 쓰임이니 하느님과 삼신은 둘이 아니라 하나이다. 천지만물을 낳고 기르는 분이 삼신이시므로 삼신께 제사 올리는 것을 제일 덕목으로 여겼던 것이다. 다음으로 제사 올린 대상은 환인 한님이셨다. 환인 한님은 삼신의 힘을 그대로 받아 하늘과 땅을 다스리시는 분이시니 일체중생의 생노병사를 실질적으로 주관하신다. 그러므로 오늘날 서낭당에 제사 지내는 의식은 마을을 수호하는 신이 그 대상이 아니라 삼신이며 환인 한님인 것이다. 그리고 그 의식이야말로 세상의 모든 종교의 원류이다.

그런 의식이 원시(原始)적이요, 비문명적인 것으로 생각할지 모르나 오늘날같이 훌륭한 건물 속에서 행해지는 종교의식보다 순수하다. 웅장한 건물과 현란한 장식이 사람의 마음을 현혹시켜 줄지 모르나 고대의 신단은 자연에서 자연의 것을 그대로 이용해 의식을 행했으므로 그 무엇에 현혹됨이 없이 진심이 울어나왔을 것이니 지금보다 높고 훌륭한 종교의식이 아니겠는가.

이토록 1세 환웅 거발환 천황께서 자연의 한 곳 신단수 아래서 하늘에 제사지낸 까닭은 한님께 정성으로 예를 올리고 한님의 뜻을 펼치기 위함이었다.

한님의 뜻은 홍익인간으로 요약된다. 홍익인간 할 때 세상은 자연히 이치로워지는 것이니 싸우고 미워하는 일도 없고 삶에 고통도 받지 않는다.

한민족의 언어 중에 참으로 진리가 담긴 언어 하나가 있다. 자신을 '나'라 말하지 않고 '우리'라 하는 말이다. '나'는 서양인들이 자신을 일컬어 하는 말인데 '너'라는 상대적 개념이다. 즉 너와 나를 확연히 분별하는 용어인데 대단히 이기적일 수밖에 없는 의식(意識)이 자리 잡고 있는 말이다. 그들의 종교 역시 '나'이어서 너는 나의 뜻에 반하면 적이 된다는 의미가 짙게 배여 있다. 하므로 너와 나라는 차별의식은 가장 작은 집단인 가정에서부터 사회와 국가와 나아가서는 세계의 평화에 지극히 해가 되는 것이다.

그에 반해 '우리'라는 말은 너와 내가 포함된 한 울타리 안의 하나이니 자식도 내 자식이 아니라 우리 자식이요, 집도 내 집이 아니라 우리 집이며 강아지 한마리 까지 내 강아지가 아니라 우리 강아지이다. 이렇게 너와 나의 것이 차별되지 않고 공유하는 의식(意識)의 발로가 우리이므로 홍익인간의 법도가 우리나라는 말 속에 모두 담겨져 있는 것이다.

진실로 '우리'가 되면 서로 돕는 하나가 되니 세상에 싸울 일도 미워할 일도 없는 이화세계가 바로 우리라는 언어에 모두 있는 것이다.

환웅 거발환 천황의 가르침이 바로 이 우리라는 말에 있다. 홍익인간 해 이화세계가 펼쳐지기 위해서는 '나'를 버리고 '우리'가 되어야 하는데 문명이 발달해 갈수록 '나'라는 이기적 속성에 빠져 들 수밖에 없는 인간의 마음이 문제인 것이다.

이에 천황께서 인간의 마음에 대해 가르치신 바가 있었다.

어느 해 천황께서 신단에 앉으시어 사람과 만물에 대해 가르치시고자 하시었다. 말씀 하실 때 천황 옆에 북과 칼과 거울을 든 시종이 기립해 서고 신단수 아래에는 풍백 석제라, 우사 왕금영, 운사 육약비, 신지 혁덕, 주곡 고시례 등 다섯 신하들이 맨 앞줄에 공손히 앉아 천황의 말씀을 듣고자 하였다. 다섯 분을 우가(牛加), 마가(馬加), 구가(狗加), 저가(豬加), 양가(羊加)의 우두머리라고도 한다. 우가(牛加)는 천황의 신하로서 목축업 중에서도 소를 전문으로 기르는 부족 가문의 대표인데 농사를 주관하는 분이시고, 마가(馬加)는 목축업 중에서도 말을 전문으로 기르는 부족 가문의 대표인데 천황의 명령을 알리고 호적을 주관하는 분이시며, 구가(狗加)는 목축업 중에서도 개와 범을 전문으로 기르는 가문의 대표인데 법으로서 형벌을 다스리는 분이시고 저가(豬加)는 목축업 중에서도 돼지를 전문으로 기르는 부족 가문의 대표인데 의술로서 백성의 질병을 다스리는 분이시며, 양가(羊加)는 목축업 중에서도 양을 전문으로 기르는 부족 가문의 대표인데 예를 주관하는 분이시다.

이렇게 다섯 부족 가문의 대표와 권속 3000의 무리들이 천황의 말씀을 듣고자 경건한 마음으로 귀를 기울였다.

신단에 고요히 앉은 천황의 온 몸에서 잠깐 동안 눈부신 빛이 일어나더니 사라졌다. 그러자 나무들이 가지를 늘어뜨려 숙이고 범, 말, 여우, 늑대의 무리가 숨을 죽이고 엎드려 천황의 말씀을 듣고자 하였다.

"너희 오가의 무리들아, 너희는 크게 다섯 가지 일을 지켜야 하느니라. 첫째는 성실할 것이며 거짓이 없이 믿음으로 서로 도와야 하느니라. 둘째는 효도로서 순종함에 어긋남이 없어야 하느니라. 셋째는 서로 공경하고 매사에 게으름이 없이 근면해야 하느니라. 넷째는 염치가 있어야 하고 의리를 저버리지 말 것이며 음란하지 않아야 하느니라. 다섯째는 처신을 겸손히하여 서로 화목하고 다투어 싸우는 일이 없도록 해야 하느니라."

이에 오가와 그 권속들은 천황의 말씀을 가슴에 새기고 다섯 가지 기르침을 지킬 것을 맹세하였다.

천황께서는 오훈(五訓)을 말씀하신 다음 다시 입을 여셨다. 조용히 말씀하시는데도 3000의 무리 모두가 마치 바로 곁에서 말씀하시는 것처럼 뚜렷이 들려왔다.

"너희들 사람과 범, 말, 사자, 개, 돼지 등 뭇 중생이 다같이 세 가지 참된 것을 받아서 세상에 태어났느니라. 세 가지 참된 것이란 오염되지 않고 순수한 참 성품과 참 목숨과 참 정기이니라. 이 세 참은 하늘에 계신 삼신(三神)이시니 너희가 삼심신으로부터 세상에 나왔기 때문에 사람의 자식이 사람이듯 너희가 바로 삼신이니라."

이렇게 말씀하신 천황께서 잠시 말씀을 쉬셨다가 온화하고 편안한 눈에서 갑자기 큰 빛이 쏟아져 나와 사방을 밝히셨다가 거둬들이시고 다시 온화한 모습으로 돌아오셨다. 빛을 쏟아내신 것은 천하 중생이 귀를 기울여 모두 들으라는 뜻이셨다.

"그러나 어쩌리요. 너희 중생이 땅에서 미혹(迷惑)되어 세 가지 망령된 것에 깊이 뿌리를 내렸나니 탐욕과 성냄과 어리석음이라. 이 삼망(三妄)이 세 가지 참(삼진, 三眞)과 대립하여 죽어서 지옥 아귀 축생 삼도(三途)로 갈라져 가게 되느니라. 세 가지 망령됨은 너희 육신의 애욕이 짓나니 온갖 사물과 온갖 명예를 봄에 온갖 욕망을 일으키니 너희 눈이 너희를 미혹하는 것이니라. 온갖 사물의 냄새를 맡음에 육신을 즐겁게 하는 욕망을 일으키니 너희 코가 너희를 미혹하는 것이니라. 온갖 사물의 소리를 들음에 유혹을 이기지 못하니 너희 귀가 너희를 미혹하는 것이니라. 온갖 사물의 맛을 봄에 그 맛에 유혹되니 너희 입이 너희를 미혹하느니라. 너희 몸을 자극하는 것에서 애욕이 끓어오르나니 너희 느낌이 너희를 미혹하느니라. 전생 업이 있어 그릇된 의식(意識)이 사욕(邪慾)을 짓나니 너희의 의식이 너희를 미혹시키느니라. 이 여섯 가지가 세 가지 그릇됨(삼망, 三妄)의 종자(種子)라. 이것들이 세 가지 참됨과 대립하여 중용(中庸)에서 벗어나는 자 지옥 아귀 축생으로 갈라져 가게 됨을 잊지 말지어다."

여기까지 말씀하신 천황께서 잠시 침묵하셨다. 혹 하신 말씀을 이해하지 못할까 염려되어 오가의 무리와 그 권속들과 뭇 짐승들을 둘러보셨다. 숨을 죽이고 듣는 모든 중생의 표정이 혹은 엄숙하고 혹은 기쁨이 넘치고 혹은 의아스러운 듯 했다.

"중생들아 자세히 들을지어다. 너희 사람은 성품과 목숨과 정기를 온전하게 다 받고 태어났으나 너희 짐승들은 지은바 업이 커서 성품과 목숨과 정기가 치우쳐서 태어났느니라. 사람이 성품과 목숨과 정기를 온전하게 다 받았다는 것은 축복이니 너희들의 오장육부가 다 갖추어져 있고, 무엇이건 모두 볼 수 있고, 무엇이건 만들 수 있고, 무엇이건 생각해내고, 지혜는 하늘과 통하는 능력을 가졌느니라. 그러나 너희 짐승은 성품과 목숨과 정기가 온전하지 못하고 치우쳐 있나니 오장육부가 고르지 못한 것도 있고 없는 것도 있느니라. 생각이 짧고 지혜가 모자라며 무엇이건 만들 수도 없고, 무엇이건 볼 수도 없고, 어디든 갈 수도 없이 배로 기고 네 발로 걷고 날고 헤엄쳐야 살 수 있느니라."

천황께서 잠시 말씀을 멈추시더니 하늘을 손으로 가리키셨다가 다시 오가의 무리들을 가리키더니 이어서 말씀하셨다.

"너희들 오가의 무리들아. 사람은 하늘에 계신 삼신(三神)으로부터 삼진(三眞)을 온전하게 모두 받았음에도 너희들은 왜 나고 늙고 병들고 땀 흘려 일하다가 죽어야 하는 중생의 고통을 겪어야 하는지 아는가? 이제 그 고통에서 벗어나 신계(神界)에 이르는 길을 말하노니 땅에서 깊이 뿌리내린 세 가지 망령됨을 뿌리 뽑고 세 가지 참됨을 보전해야 하느니라. 세 가지 참됨을 어떻게 해야 보전하는가? 이것과 저것을 분별해서 차별하지 않음이니 바로 너와 나를 갈라놓지 않고 우리가 되어야 하는 이치이니라. 아름답다 하면 너희 마음속에 더러움이 상대적으로 있기 때문에 아름답다 하고, 착하다 하면 너희 마음속에 악함이 상대적으로 있기 때문에 착하다 하느니라. 그러므로 진실한 아름다움은 아름다움도 없고 더러움도 없느니라. 진실로 착함은 착함도 없고 악함도 없느니라. 무엇으로 비유할꼬. 여기 그릇에 물이 있고 저기 강에 물이 있어서 너희가 말할 때 여기 물은 그릇물이요. 저기 물은 강물이라 분별하나니 그릇과 강이라는 분별심을 버리면 모두 같은 물이라 차별이 없느니라. 그러므로 참 성품은 선도 없고 악도 없으니 오직 참 그대로일 뿐 색깔도 없고 모습도 없고 소리도 없고 맛도 없고 감각되는 것도 없고 의식되는 것도 없나니 바로 상철(上哲)이라. 너희들 두 눈썹 사이 상단전(上丹田)에 참 성품이 있느니라. 조식(調息)으로 마음을 한곳에 모으면 육신의 눈이 아니라 마음의 눈으로 참 성품이 밝게 나타나느니라. 과거, 미래, 현재를 모두 밝혀 볼 수 있고 너희가 중생이 아니라 삼신의 자손임을 알게 되리라. 이것이 위없이 높은 깨달음을 얻는 법이로다. 참 목숨은 맑음도 없고 탁함도 없느니라. 목숨은 숨이고 숨은 천지기운이며 천지기운은 향기도 없고 악취도 없고 단내도 없고 쓴 내도 없고 더운 기운도 없고 찬 기운도 없고 건조한 기운도 없고 습한 기운도 없는 오직 청정함 뿐이니 맑음과 탁함을 분별할 수 없나니 바로 중철(中哲)이라. 너희 가슴 가운데 중단전(中丹田)에 참 목숨이 있느니라. 조식(調息)으로 마음을 한 곳에 모으면 너희들의 참 모습이 밝음으로 거기에 있나니 이것이 깨달음을 얻는 위없이 높은 법이로다. 참 정기는 두터움도 없고 얇음도 없느니라. 정기란 무엇인가? 너희들의 육신과 영혼을 지탱해주는 힘이니라. 너희 육신의 정기가 두터우면 오래 살고 귀하지만 얇으면 일찍 죽고 천하게 되느니라. 그러나 오래 살고 귀하다 해도 일찍 죽고 천한 것과 정도의 차이일 뿐이니 두터움도 없고 얇음도 없어야 하니라. 하늘이 늙지도 않고 죽지도 않고 영원한 것은 정기가 두텁지도 얇지도 않음이라. 하철(下哲)에 참 정기가 보존되어 있나니 바로 하단전(下丹田)이 그것이로다. 너희는 조식(調息)으로 마음을 한 곳에 모아 혼백(魂魄)을 하나로 묶으면 참 정기가 밝게 통하리니 늙음도 없고 죽음도 없고 죽어 없어질 것은 없느니라.

그러므로 상철(上哲)의 눈으로 하철(下哲)을 비추고 집중하여 오래보면 중철(中哲)의 혼(魂)과 하철(下哲)의 백(魄)이 하나 되어 무량한 생명을 얻느니라. 이것이 바로 세 가지 참을 보전하여 한님과 하나 되는 위없이 높은 법이로다."

그때 오가의 대표들이 일제히 일어나 무릎을 꿇고 두 손을 모은 뒤 그 중 한 사람이 말했다.

"천황이시여 하신 말씀 실로 큰 깨달음을 얻는 법인 줄 알았나이다. 그러나 저희들이 우매하여 어떻게 선과 악과 맑음과 탁함과 두터움과 얇음을 지어 삼도(三途)에 떨어지는지 깨닫지 못하였나이다. 말씀해주소서." 하였다.

천황께서 말씀하시었다.

"참 성품에 의지하여 마음이 일어나 착하기도 하고 악해지기도 하느니라. 수증기가 물에 의지하여 일어나고 불이 나무에 의지해서 일어나는 것과 같나니 너희들 눈으로 보고 귀로 듣고 코로 냄새 맡고 입으로 맛보고 몸으로 감각되고 업에 의해 의식이 일어나고 하는데서 참 성품을 요동시키는 마음이 일어나 착해지기도 하고 악해지기도 하나니 착한 마음을 일으키면 복이 되고 악한 마음을 일으키면 재앙이 미치니라. 참 목숨에 의지하여 기(氣)가 일어나 맑아지기도 하고 탁해지기도 하느니라. 마음이 맑으면 기(氣)도 따라서 맑아지고 마음이 탁하면 기(氣)도 따라서 탁해지는 것이니 맑으면 오래 살고 탁하면 일찍 죽느니라. 또 맑으면 신계(神界)에 이르고 탁하면 삼도(三途)로 가느니라. 정기에 의지해서 육신이 움직이나니. 마음이 맑고 착하면 정기가 두터워져서 귀하게 되고 마음이 탁하고 악하면 정기가 얇아져서 천하게 되느니라. 무엇이 귀함인가? 천계(天界)의 몸이 됨이 귀함이고 무엇이 천함인가? 지옥, 아귀, 축생의 몸이 됨이 천한 것이로다. 참 성품을 의지한 마음과 참 목숨을 의지한 기운과 참 정기를 의지한 몸은 어떻게 삼도(三途)를 짓는가. 모두 열여덟 가지 경우가 있도다. 마음은 느낌으로 일어남이니 기쁨과 슬픔과 두려움과 성냄과 싫어함과 욕심냄이 있느니라. 기(氣)는 숨쉼으로 일어남이니 향기와 추위와 더위와 건기와 습기와 바람이 있느니라. 몸은 감각됨으로 움직이나니 소리와 색깔과 냄새와 맛과 음욕과 부딪침에 있느니라. 이렇게 중생은 착하고 악함과 맑음과 탁함, 그리고 두터움과 얇음을 상대적으로 두어서 참 경계를 멀리 여의고 삼도(三途)를 좇아가는지라. 이에 태어나고 늙어서 힘이 소진되어 병들고 죽는 고통을 당하는도다. 그러나 밝은 이는 숨을 고르게 쉬어 느낌을 멈추고 감각을 금지하여 한 뜻으로 망념을 고쳐 참됨만을 행한 즉 성품을 통하여 공덕을 완수하고 하느님께 나아가게 되느니라."

천황께서 사람과 뭇 중생의 참됨과 그릇됨을 다 말씀하시고 일어나 궁궐에 드시니 오가의 권속 3000이 한결같이 절하며 천황을 칭송하고 뭇 나무와 짐승들은 숙연한 자세로 오래 동안 그대로 있었다.

한때 천황께서 백성들을 둘러보시고자 천궁(天宮)을 나서셨다. 북을 쳐서 천황의 납심을 알리는 신하와 거울과 칼을 든 신하가 앞장서 나아가고 천황께서는 그들을 뒤따라 천천히 걸으시니 백성이 기뻐하여 춤을 추며 뒤를 따랐다.

천황께서 나무숲을 지나실 때는 길가의 나무들이 고개를 숙이고 범, 곰, 여우, 늑대 등의 뭇 짐승들이 먹이 사냥을 멈추고 엎드렸다. 천황께서 그것들 곁을 지나가자 병든 나무가 다시 살아나고 상처 입은 짐승들의 병이 저절로 나았다. 여러 백성들이 다투어 천황 가까이에 구름처럼 몰려드는지라. 군사들이 막으려 했으나 천황께서는 그들을 제지하지 못하도록 하시고 마음으로 주술을 외우시니 모든 병든 백성이 씻은 듯이 병이 나아 더욱 즐겁게 춤추고 노래하며 천황을 찬양했다.

천황께서 많은 백성들이 모인 것을 보시자 교화할 마음이 있으셔서 한 언덕 나무 밑에 서서 너른 들판 사방을 둘러보시더니 백성들을 그곳에 앉도록 하시었다.

북과 거울과 칼을 든 신하가 천황 뒤에 서고 오가의 수장들이 앞에 공손하게 앉았다. 그 뒤로 각기 오가에 속한 백성들이 혹은 앉고 혹은 서 있는데 몇 천 명인지 그 수를 알 수가 없었다.

천황께서 모시는 시종들이 급히 서둘러 높이 쌓아 놓은 평평한 돌무더기 위에 앉으시니 사방에 광명한 빛이 천황을 비추어 잠시 동안 그 몸을 볼 수 없었다.

이윽고 천황께서 말씀하시니 빛이 거두어지고 천황의 온화한 모습이 나타났다. 천황께서 손을 들어 하늘을 가리키셨다.

"너희 오가의 백성들아 저 하늘을 보아라. 무엇이 보이느냐. 오직 푸르고 푸르름 뿐이라, 너희는 푸른 것이 하늘이라 한다. 그러나 푸른 것이 하늘이 아니니라. 하늘은 모습도 없고 바탕이 없어서 꾸미지 않는 본연 그대로이니라. 시작된 곳이 없고 끝나는 곳도 없으며 위와 아래와 사방이 없이 공허(空虛)하고 공허(空虛)하니라. 한없이 공허하기 때문에 무엇이건 다 있고 다 용납하느니라."

천황께서 말씀하신 하늘은 사람의 마음을 비유하심이었다. 하늘이 텅비었기 때문에 해와 달과 뭇 별과 중생 등 일체를 품듯이, 마음을 하늘처럼 비우면 무량한 복덕과 무한한 능력이 있음을 말씀하신 것이다. 방안이 비어 있어야 쓰임새가 있고 보자기도 비어 있어야 물건을 넣을 수 있는 것처럼 텅 빈 마음일 때 무한한 지혜와 무량한 복덕을 담을 수 있는 것이다. 오가의 무리들은 천황의 가르침을 그리 이해하였다.

천황께서 말씀을 마치시고 다시 한 번 하늘을 가리키시더니 장엄하게 울려 퍼지는 목소리로 말씀을 계속하셨다.

"오가의 무리들아. 너희가 땅에서 살다가 죽어 어디로 가려 하느냐. 악하게 살다가 삼도(三途)에 떨어져 지옥으로 가고 아귀와 축생으로 태어나려 하느냐. 그래도 선악을 함께 지어 사람으로 다시 태어나 늙고 병들어 죽는 고통을 겪으려 하느냐. 아니면 나고 늙고 병들어 죽는 것을 고통을 고통으로 알지 않는 선인(仙人)으로 다시 태어나고 싶은 것이냐. 이르노니 그 어떤 것보다 저 하늘 꼭대기 천궁(天宮)에서 하느님과 함께 하는 것보다 큰 복은 없느니라."

하시고는 잠시 말씀을 멈추시더니 한 번 하늘을 우러러 보시고 이어 말씀하시었다.

"하늘에 신(神)의 나라가 있느니라. 신의 나라에는 하늘 궁전이 있고 하늘 궁전을 오르는 섬돌은 만 가지 착함으로 한 계단 한 계단 아득히 놓여 있고 들어가는 문은 만 가지 덕으로 높게 세워져 있느니라. 이에 만 가지 착함을 짓고 만 가지 덕을 베푼 자만이 궁전 섬돌을 오르고 궁전 문을 열고 들어갈 수 있느니라. 그곳에는 한 분 하느님께서 계시는 곳 이라. 여러 신령한 영(靈)들과 모든 깨달은 이들이 하느님 곁을 모시고 있나니 참으로 크게 길하고 크게 복이 있는 한 없이 밝은 곳이라. 오직 참 성품을 통하여 크게 공덕을 이루 어야만 하느님 궁전에서 영원한 즐거움을 얻게 되느니라."

천황께서 하늘 궁전(天宮)에 대해 말씀하신 것은, 마치 한 어린아이가 놀 곳을 찾다가 마침 여러 가지 잡초가 우거져 있는 진흙벌에 물고기가 노는 것을 보고 옷이 다 젖고 더러 워지는 것도 모르고 물고기 잡는데만 정신을 잃고 있는데 아버지가 애타게 혹은 달래고 혹은 꾸짖으면서 진흙벌에서 나오라 해도 물고기 잡는 재미에 흠뻑 빠진 아이가 뭍으로 나오려 하지 않자 집에 가면 네 방에 온갖 꽃이 장식되어 있 고 온갖 장난감이 있어서 진흙벌보다 백배 천배 좋고 행복 하다는 말로 아이를 밖으로 불러내려 하는 아버지의 마음과 같았다. 오가의 무리들은 모두 그렇게 생각하고 수행으로 참 성품을 통하여 만 가지 착함과 만 가지 덕을 쌓은 공덕으로 하늘 궁전에 오르리라 다짐했다.

천황께서는 하늘 궁전을 말씀하신 뒤 가르침을 들을 때는 믿음으로 맹세하지만 돌아가서는 곧 잊어버리거나 잊지 않아도 믿음이 적은 이들이 땅에 있는 모든 것들과 정이 들어 쉽게 미련을 버리지 못하고 세 가지 그릇됨(三妄)에 더욱 빠져들지는 않을까 염려스러워하셨다. 하여 신통(神通)으로 하늘 세계를 허공에 펼쳐 보이시고 또 땅 세계를 두루 보여 주시고 말씀하시었다.

"오가의 무리들아 저 하늘에 펼쳐진 헤아릴 수 없이 많은 별 무리들을 보라. 크기도 하고 작기도 하여 모양이 일정하지 아니하고 밝기도 하고 어둡기도 하여 기운이 일정하지 않으며 즐거움이 있는 것도 있고 고통스러움이 있는 것도 있어서 평등하지 않느니라. 하느님께서 저 무수한 별과 태양과 달과 지구와 일체중생을 만드셔서 세상을 밝게 하시어 사자(使者)로 하여금 칠백(七百) 세계를 거느리게 하셨느니라. 너희가 살고 있는 땅이 큰 듯하나 큰 세계의 뭇 별들 중 작은 하나의 세계일 뿐이니라, 너희 세계는 땅 속의 불덩이가 솟아올라 지진이 일어나 바다와 육지가 아득히 펼쳐졌으며 지금의 모습대로 완성되어 보이게 되었느니라. 하느님께서 기운으로 감싸시고 땅 밑바닥까지 햇빛을 비추어 덥게 하시니 이에 기고 날고 변화하고 헤엄치고 재배하는 일체 사물이 번식하게 되었느니라."

천황께서 하늘의 별과 사람이 사는 세상을 다 말씀하시고 교화하심을 마치고자 하시었다. 그러자 오가의 대표들이 일제히 일어나 무릎 꿇고 두 손 모아 천황을 찬양하며 아뢰었다.

"존귀하신 천황이시여 오늘 가르쳐주신 하늘, 땅, 천궁에 대한 말씀을 들으니 하늘이 한량없고 이 땅이 보잘것없으며 하늘나라 궁전이 얼마나 아름답고 평화로우며 또 신령하고 행복한 곳인지 깨달았나이다. 밤이 가고 아침이 오듯 저희들 마음은 한없이 맑고 기쁨으로 충만하나이다. 하오나 존귀한 천황님이시여, 간절이 청하오니 저희들에게 한 가지만 더 가르쳐 주시옵소서." 그러자 천황께서 말씀하셨다.

"너희는 참으로 복되도다. 많은 것을 듣고 즉시 깨우치고 더 배워 더 많이 깨우치고자 하니 그 복이 한량없이 크도다. 진실로 너희에게 이르노니 가르친 바를 깨닫고 어김없이 행하면 천궁에서 이 세상을 다스리시는 삼신이시요 한님이신 너희들의 아버지 환인 천존께 나아가 영원한 쾌락을 누리리라. 그러나 가르침을 듣고도 깨우치지 못하거나 깨우쳐도 행하지 못하면 천궁에 들지 못하니라. 뿐만 아니라 삼신이시고 천존이시며 여래이신 환인 한님께서 사자(使者)를 시켜 너희를 삼도(三途)로 끌어가리니 저승사자에게 잡혀갈 때 후회하지 말지니 깨우치고 행함에 게으르지 말아야 하느니라."

"깊이 깊이 명심하고 부지런히 닦고 행하겠나이다."

천존의 말씀에 온 백성들이 일제히 대답하며 두 손 모으고 허리 숙여 공경의 예를 올렸다. 이때 오가의 수장들이 한 발 앞으로 나아가 무릎을 꿇고 합장하여 아뢰었다.

"존귀한 천황님이시여, 저희들이 가르침을 받고자 하는 것은 하느님을 감히 알고자 하나이다. 청하옵건데 자세히 가르침을 내려주소서."

"훌륭하도다. 오가의 존속들이여 하느님을 모르고 너희들을 어찌 천손(天孫)이라 할 수 있으리오. 하느님은 위없이 높은 천만억토 꼭대기 첫 자리에 계시면서 한량없는 덕을 베푸시며 측량할 수 없는 지혜와 무궁한 힘을 가지시고 하늘에 살아계시느니라. 무수한 세계를 만드시고 주관하심에 티끌만큼도 빠뜨림이 없으시니 한없이 밝고 한없이 신령하시어 감히 이름으로 측량하여 말할 수 없느니라. 그러나 너희가 하느님을 뵙고자 한다면 소리와 기운으로 간절하고 간절하게 기원하라. 그러면 친견할 수 있으리니 오직 너희 스스로의 참 성품 씨알로 구하여라. 그러면 너희들 머리골에 강림해 계시리라."

천황께서 말씀을 마치시자 하늘에서 광명한 빛이 온 백성들 머리 위에 비취고 하늘 신선과 하늘 선녀들의 모습이 구름처럼 나타나 하늘 꽃 천지화(天指花, 무궁화)를 비 오듯 뿌리는지라 백성들이 놀라 땅에 엎드려 감히 고개를 들지 못했다.

환웅의 가르침은 녹도의 글로 온 세상에 퍼져나가고 백성들 사이에서는 입에서 입으로 온 세상에 퍼져 나갔다. 마음을 닦는 수행자와 나라를 다스리는 제후들이 환웅의 가르침을 글자로 혹은 소문으로 보고 들어서 수행의 교훈으로 삼고 나라 다스림에 교훈으로 삼았다. 또 이때부터 공부하는 학자가 생겼으니 환웅의 가르침을 연구하고 가르치는 것을 업으로 삼았다. 백성은 싸우는 일없이 평화로웠고 길거리에 물건이 떨어져 있어도 줍지 않았으며 어려운 이웃을 서로 도왔다.

환웅께서 천안(天眼)으로 세상을 두루 살펴보시니 홍익인간의 법도가 두루 펼쳐져 세상이 이치로워졌음을 보시고는 어느 날 큰 가르침을 내리실 생각으로 오가의 수장들과 여러 신하들을 부르셨다. 신지 혁덕, 우사 왕금영, 운사 육약비, 풍백 석제라, 주곡 고시례를 위시하여 그 아래 신하들과 오가의 무리 중에 작은 무리를 이끄는 수장들, 곰을 기르는 웅족(熊族) 여자 제사장과 그 아래 수장들 등이 다 모이니 그 수가 천명이 넘었다.

환웅께서 황좌(皇坐)에 높이 앉으시고 그 옆에 북, 칼, 거울을 든 신하가 기립해 섰다. 여러 신하들은 황좌(皇坐) 아래 공손히 열을 지어 앉아 천황께서 내리실 말씀을 듣고자 귀를 기울였다.

"그대들이여 오늘은 예전에도 없었고 지금도 없으며 미래에도 없으나 수천 년이 지난 뒤에야 겨우 그 뜻을 모래알만큼 이해할 수 있는 가르침을 내리려 하노라. 다행히 그대들은 직접 가르침을 들으니 쉬이 깨우칠 수 있을 것이나 후세 중생들은 하늘과 교통하지 못하리니 어찌 이 가르침을 다 깨우칠 수 있으리요. 그러나 시대마다 한 두 사람 이해하고 그 뜻을 전해줄 자가 있으니 신지 혁덕은 녹도의 글로 남겨서 대대로 전하도록 하라."

하시었다.

"천황께서 그리 말씀하시니 오늘 내리실 가르침이 하늘과 땅에 가득히 쌓은 금은 보화보다 귀한 말씀인 줄 이해하나이다. 말씀을 내리소서. 한 글자 한 획도 빠뜨리지 않고 기록으로 남겨 후세 몇 억겁 만년이 지나도록 전해지게 하겠나이다."

신지 혁덕이 일어나 합장하여 말했다.

"우리 배달국의 대를 이어 한 현자가 있으리니 그가 가르침을 모두 깨우치고 나라 이름을 조선이라 하리라. 그러나 몇 대를 지나지 않아서 배달 백성이 배달 나라를 잊고 더 몇

대를 지나면 그 자신이 배달이었던 것조차 잊으리라. 오히려 서쪽 다른 민족들 중에서 가르침을 깨우친 자가 있어 천하에 성인 노릇을 하리니 그를 태상노군이라고 하리라. 또 범 무리 중에서 깨우친 자가 있어 부처라 할 것이니라. 귀를 씻고 들을 지어다. 먼 훗날에는 배달 백성이 한님의 자손임을 잊고 스스로 다른 종족의 예를 따르고 풍속을 따르고 저들의 시늉을 하면서 저들이 섬기는 귀신을 한님이라 내세우고 광란을 일으키며 섬길 것이니 후세 백성들의 어리석음을 어찌할꼬. 남의 종족의 칼에 베이고 질병으로 죽고 굶주림으로 죽는 재앙을 입어도 깨닫지 못하리라. 오히려 달콤한 유혹에 넘어가니 참으로 안타까운 일이로다. 그러나 환인 한님께서 어찌 천손인 너희 백성을 내버려 두시리오. 불과 물과 바람과 질병으로 거짓된 귀신을 섬기는 자 다 멸하시리라. 그러나 환인 한님을 알고 믿어서 간절하게 부르는 백성은 살려 두시리니 그때 배달의 가르침이 천하에 모습을 드러내리라. 특히 오늘 너희에게 내려줄 가르침은 하늘의 부적이라, 각기 마음에 새겨 지니되 먼 미래의 천손들까지 일깨우도록 기록으로 혹은 입으로 전하도록 하라."

말씀을 잠시 중단하신 환웅께서 가만히 눈을 감으셨다. 그리고 드디어 조용한 목소리로 글을 읽듯 가르침의 소리를 내시니 아직 아무도 완벽하게 깨우치지 못한 저 현묘한 천부경(天符經)이라. 이와 같이 말씀하셨다.

"하나는 아무것도 없는 곳으로부터 시작되었도다. 하나는 셋으로 나뉘었나니 그 근본은 없는 것이로다. 하늘이 하나에 의해 처음으로 이루어지고 땅이 하나에 의해 두 번째로 이루어지고 사람이 하나에 의해 세 번째 태어났도다. 하나가 쌓이고 쌓여서 천지만물이 크게 펼쳐졌으나 존귀한 셋의 상자가 변화한 것이로다. 하늘은 셋이 둘로 짝을 이루고 땅도 셋이 둘로 짝을 이루고 사람도 셋이 짝을 이루어 모습되어졌나니 크게 합하면 여섯이라. 여섯이 곧 천지만물의 모습 있는 모습이로다. 여섯이 일곱을 생하고 여덟을 생하고 아홉을 생하여 천지만물이 다 이루어졌노라. 셋이 움직여 넷이 돌아오고 다섯이 돌아와 천지만물의 근본 질을 이루고 천지만물은 일곱으로 변해가노라. 하나에서 기이하게 만 가지가 오고 만 가지가 가지만 그 근본은 변하지 않노라. 사람의 본성이 또한 이와 같나니 본성은 태양과 같이 밝으니 밝은 사람 중에 하늘과 땅이 다 있노라. 하나의 끝은 없는 데서 끝나고 끝나는 그곳에 하나가 시작되는 도다."

이하 천부경 전문

(一始無始一 析三極無盡本 天一一地一二人一三 一積十鉅
無匱化三 天二三地二三人二三 大三合六生七八九運 三四成
環五七一妙衍 萬往萬來用變不動本 本心本太陽 昻明人中天

地一 一終無終一)

　* 이 글은 천지만물이 창조되어짐과 사라져감의 이치이자 사람의
마음이 생하고 멸하는 이치이기도 하다. 노자의 도덕경과 부처의 대
장경이 모두 이 논리 속에 들어 있고 음양의 이치가 또한 모두 들어
있으므로 저마다 생각해 보면 저마다의 해석이 나올 것이다. 즉 그
사람의 생각대로 수십 수백 가지 해석이 나올 수 있는 오묘한 이치가
이 속에 있는 것이니 나름으로 사유해보기 바란다.

　환웅 거발환 천황의 가르침이 있으신 뒤로 깊이 연구하고
수행해 살아서 신선(神仙)이 된 이들이 여럿 있었다. 그들
중에서 발귀리(發貴理) 선인(仙人)이 가장 뛰어났다. 어느
해 10월에 천황께서 친히 하늘에 제사 지내는 의식(祭天儀
式)을 끝낸 뒤 충만한 기쁨의 소리로 노래를 지어 불렀
다.(이는 하늘 부적 천부경을 이해하는 데에도 중요한 자료
가 된다. 그리고 불경의 원방각의 이치이기도 하다.)
　"대일(大一; 대우주에서 처음 있은 하나 즉 一氣)의 그 지
극한 이름을 텅 빈 그릇(宇宙)의 기(氣)라 하느라.
　아무것도 없는 것에서 있는 것이 혼돈을 일으켜 텅 빈 곳
에 셋이 묘하게 갖추어졌나니
　하나는 몸이요 셋은 쓰임이라

세 쓰임이 묘하게 혼돈스러우나 하나의 몸둥아리 속의 쓰임이니 갈라지지 않도다.

대허(大虛; 텅 빈 우주, 창조 이전)에서 빛이 있었나니 신(神)의 모습이도다.

대기(大氣; 우주의 기운 다섯 가지 기운인 水火木金土)의 영원한 존재는 신(神)의 변화이니

참 목숨의 만 가지 법의 근원이로다.

참 목숨은 해와 달의 씨알, 천신(天神)이

그의 속마음에 비춘 인연으로 원각(圓覺; 대우주의 원대함을 나타냄)의 큰 능력으로 강림하니

세상에 온갖 무리가 있게 되었도다.

그러므로 원(圓; 대우주)은 하나요, 무극(無極)의 방(方; 땅)은 둘이요, 각(角; 사람)은 셋이요, 되돌리면 태극(太極)이 되노라.

태극은 홍익인간 함이며 하늘의 제왕 환웅께 주어진 바였나니

하느님께서 (환웅 천황의) 속마음에 강림하시어 참 성품이 광명하게 통하셨으니 이에 세상을 이치롭게 하시고 홍익인간 하시며 계심이로다."

발귀리 선인(仙人)의 후손으로 치우천황 때 신하였던 자부

선생(紫府先生)은 태어날 때부터 공부해 도(道)를 얻어 하늘을 마음대로 날 수 있었다. 그 지극한 도(道)의 능력으로 우주와 천하를 모두 꿰뚫어 볼 수 있었으며 의술(醫術)에도 능해 후일 황제 헌원을 가르쳐 황제내경을 남기도록 한 대선인(大仙人)이었다.

자부선생은 해와 달의 운행을 측정하여 이를 정리한 다음 오행(五行; 水火木金土)의 수리(數理)로 그 이치를 적용해 칠정운천도(七政運天圖; 일곱 번만에 변하면서 운행하는 하늘의 이치를 그린 그림)를 그렸으며 이것을 예로 칠성력(七星曆, 달력의 시초)을 만들었다.

칠성력은 환웅 거발환 때로부터 하늘에 제사지내는 의식(儀式)에서 시작되었다. 이때의 제사의식을 칠회제신(七回祭神, 차례로 일곱 신에게 제사지냄)이라 하는데 천지(天地)가 일곱 수로 변함을 의미하며 오늘날의 일주일이 여기서 비롯되었던 것이다. 주 첫날은 요즘의 일요일인데 천신(天神)에 제사지내고 둘째 날은 요즘의 월요일인데 월신(月神)에게 제사지내고 셋째 날은 요즘의 수요일인데 수신(水神)에 제사 지내고 넷째 날은 요즘의 화요일인데 화신(火神)에 제사지내고 다섯째 날은 요즘의 목요일인데 목신(木神)에 제사지내고 여섯째 날은 요즘의 금요일인데 금신(金神)에 제사지내고 일곱째 날은 요즘의 토요일인데 토신(土神)에 제사지냈던 것이다.

요즘의 일주일 순서와 달리 水요일과 火요일이 바뀐 것은 水가 火보다 먼저 생해졌기 때문이다. 그리고 제사지낸 신(神)은 글자 그대로 물, 불, 나무, 금속, 흙, 달, 태양이 아니라 그것들을 주관하는 근원적인 힘의 주체이다. 즉 水는 水를 낳는 주체가 있고 火는 火를 낳는 주체가 있으며 木은 木을 낳는 주체가 있고 金은 金을 낳는 주체가 있으며 土는 土를 낳는 주체가 있는 것이다. 그 주체의 힘은 기(氣)로 나타나니 이것을 오행이라 하고 주체적인 신(神)을 일컬어 오령(五靈), 오제(五帝)라고도 한다.

제천(祭天; 하늘에 제사 지냄)의식은 음력 10월에 가장 성대하게 행해졌다. 신시 개천의 날이 음력 10월 3일이고 또 음력 10월은 음(陰)이 양(陽)으로 변하는 분기점으로서 한 해 기운의 끝이자 시작되는 때이므로 이때를 상달이라 하여 하늘에 제사지냈던 것이다. 이때의 제천의식이 무천, 영고, 팔관회 등으로 후일까지 이어져 왔으며 여러 종교에서 10월에 행사가 많은 것도 이로부터의 풍속이 습관화되었음이다.

그리고 제1세 환웅 거발환 천황께서 열반에 드신 뒤 산세가 좋은 땅에 집을 지어 이를 '절'이라 하고 신단수(神檀樹)였던 밝은 땅의 나무 박달나무를 다듬어서 환인과 환웅의 상(像)을 만들어 단상 위에 높이 모시고 늘 절하여 숭배하였으며 몸과 마음을 닦아 신선(神仙)이 되고자 공부하는 종교 의식이 행해졌던 것이다.

환인과 환웅 상을 모신 전각을 대웅전(大雄殿)이라 하는데 대웅전은 불교의 전각 이름이 아니라 환웅을 모신 전각이란 뜻의 이름이다. 후세에 인도의 불교가 전래되면서 환인 환웅 상을 '삼성각' 혹은 '산신각'이라 비하하여 대웅전 뒤에 세우고 두 분을 그곳으로 밀어냈던 것이니, 이때부터 한민족이요 배달민족이 그 뿌리를 망각하고 오늘날까지 깨어나지 못하고 있는 것이다.

그러므로 이제라도 뜻을 모아 대웅전을 본래대로 되돌려 옛 배달의 풍속을 되살려야 옳지 않겠는가. 이것이 역사를 바로 세우는 진정한 도리일 것이다.

환웅 예언기

나는 환웅의 예언을 이와 같이 생각하고 해석하였다.

이 예언은 고구려의 명재상 을파소가 기도하는 중에 환웅께서 참전계경을 통해 내리신 인간사 응보의 말씀이시다. 사람이 사람으로서의 행위가 바르지 못하면 마땅히 인과에 따라 보답받는 것이 천명이라. 참전계에서 가르치신 바를 따르지 않는 자가 받아야 할 죄와 벌이 무엇인지 천황의 말씀을 들어보라.

너희 악한 무리들이여, 열 가지 가득한 악행 중에 아홉 가지를 저지르면 현세에 악이 극에 달해 첫째가는 화를 입느니라. 열 가지 가득한 악행을 다 저지른 자는 전생(前生)에 악했기 때문이라. 죽어 지옥 불에서 다시는 헤어나지 못하리라.

앞집에서 불이 일어나면 뒷집으로 옮겨 붙어 멸하지 않는 것이 없듯 아비가 악하면 자식이 옮겨 받아 악해지는 것이니 그 화를 어찌하리오.

도적질하는 아비는 자식을 흉악한 인간으로 가르치는 것이다. 아비의 악함을 보고 자식이 악하게 교육되니 악은 대를 이어가고 재앙도 따라가니 세세손손 그 고통을 받아야 하리라.

악어는 작은 물고기를 삼키지 않으며 이리는 짐승을 잡아먹고 배부른 뒤에 도망가는 짐승을 쳐다보지 않는다. 이렇게 목숨을 살려준다 해도 죄악은 큰 것이라. 너희가 욕심을 다 채우고 인정을 베푼답시고 작은 목숨을 살려주거나 작은 이익을 남에게 준다 해도 구원받지 못하리니 그 죄업이 큼이로다.

악행으로 화가 가득한 즉 마치 천지기운이 고요하다가 폭우가 쏟아지고 뇌성이 하늘을 가르듯 온 몸이 불타 산산조각이 나리라.

죄업이 많으면 악한 귀신이 몸에 붙어서 어떤 일을 경영함에 다 이를 때쯤에 저지시키고, 구한 이익이 성사될 쯤에 무산되고, 말을 하면 반드시 비판받게 하나니 무슨 일이든 행하면 반드시 남의 분노를 사서 종신토록 되는 일이 없느니라.

너희 악한 무리여 그 악함으로 금생에 잘 먹고 잘 입고 출세해 크게 높아진다 해도 후생에 산 업은 풍비박산이 될 것이요. 신분은 천할 것이며 자손은 서리 맞은 낙엽같이 되리로다. 또한 자손은 대가 끊어져 죽어 제사를 받지 못하거나 또 어떤 자는 살아서 먼 객지를 떠돌다가 세월만 가고 돌아오지 못하다가 황량한 거리에서 얼어 죽고 굶어죽고 맞아 죽으리니 돌보아 줄 이도 없을 것이로다.

악이 크면 클수록 일백 귀신이 침입하여 화가 끊어지지 않을 것이니 흐르는 물에 집을 잃고 불에 타서 집을 잃고 도적을 만나 칼에 베여 잔혹하게 목숨을 잃으리라.

세상에 악이 가득해진즉 젊은이가 감옥에 가득하고 나라는 혼란해지리라. 이때 어리석은 자들이 날뛸 것이니 많은 사람들이 위급함에 처해 재앙을 입을 것이로다.

들을지어다. 너희 악의 무리들이여, 후세에 고칠 수 없는 질병이 천하에 흉흉하고 네 계절은 질서를 잃을 것이며 풀들이 시들어 자라지 못하리라. 일일이 패하고 망하고 성사되는 것이 없을 것이로다. 또한 처도 없고 자식도 없고 혈혈단신 외로운 자 의지할 곳도 없고 살 곳도 없이 거리에 가득하고 걸식해도 먹을 것을 줄 자도 없으리니 어찌하리오. 동쪽 회오리 바람에 서쪽으로 떠밀려 가고 말리라.

아버지의 화를 자식이 이어받고 아내는 지아비와 함께 화를 입을 것이며 지아비를 버린 악한 여인들이 자손과 더불어 화를 입을 것이로다.

환웅께서 참전계에 내리신 이 말씀들은 어쩌면 오늘날의 세상이 아닌지 새겨볼 필요가 있지 않은가?

단군조선 역대기

나는 단군조선의 역대기를 이와 같이 생각하고 해석하였다.

조선(朝鮮)은 찬란한 아침 해가 처음 떠오른다는 뜻이다.
환국(桓國)이 밝은 나라이고 배달국 역시 밝은 땅의 나라이
니 조선이 환국과 배달국을 계승한 나라임을 알 수 있다. 하
므로 한민족 배달민족 조선민족이라 이름을 달리해 부르지
만 호랑이를 범이라 하는 것처럼 명칭만 다를 뿐 뜻은 같다.
한자어로 국(國)을 순수 우리 언어로 '나라' 라고 하는데
'나' 는 '라' 의 변음이고 '라' 는 빛이란 뜻이다. 자기 자신을
'나' 라 하는 것과 상대방을 '너' 라 하는 말 모두가 빛이란
의미가 있다. 그러므로 한민족은 빛의 자손으로서 하느님의

자손이며 땅 역시 하느님의 빛이 비추이는 하느님의 나라이다.

또한 조선이라 나라 이름을 정하신 분이 단군(檀君)이신데 단군은 배달국 환웅(桓雄)을 계승한 제왕의 칭호이다. 그러므로 단(檀)은 박달나무로서 밝음을 의미하므로 환(桓)과 같은 말이어서 환웅을 단웅(檀雄)이라고도 한다.

배달국 18대 환웅 거불단(居佛檀) 천황을 단웅이라 칭하였는데 그 아드님이신 왕검(王儉)께서는 스스로 단군(檀君)이라 하셨다. 군(君)이 제왕의 명칭이기는 하지만 웅(雄)보다는 격이 낮다. 환웅께서는 그야말로 하늘의 뜻으로 교화하여 세상을 다스리셨으므로 그 신령함이 지극하여 웅(雄)이라 하였으나 단군 시대는 세상을 다스림에 행정이 온전하게 갖추어져 제도를 정해 법으로 다스렸기 때문에 인치(人治)의 세상이라 군(君)이라 하였던 것이다. 그러나 1세 단군 왕검께서는 대대로 내려온 환웅의 신시개천 정신을 잊지 않고 교화로써 천하를 다스리셨다.

이에 성인(聖人)으로서 성존(聖尊)이라 부른다.

단군께서 다스리시던 제국(帝國)의 역사는 47대 2038년 간이었으며 배달국 12연방을 그대로 이어받아 땅은 동서 3만리요 남북 5만리이며 제후국이 12국이었다. 그러나 세월이 갈수록 제후들의 반란이 끊이지 않아 세력이 약화되어 후일 북부여로 축소되고 고구려, 백제, 신라로 분열됨에 파란만장한 역사가 시작되었던 것이다.

그것은 민족정기를 잃어버린 천손들을 돌아보지 않으시고 하늘 문을 닫아버리신 한님의 뜻이니 어쩌랴. 이에 천하를 평정하고 호령했던 대제국 단군 조선의 영광과 멸망을 보라.

1세 단군의 존명(尊名)을 왕검(王儉)이라 한다. 배달국 18대 환웅 거불단 천황의 아드님이시다. 어머니는 여자 부족 국가였던 웅족의 여왕이신데 존명을 알 수 없고 다만 웅녀(熊女)라고만 전한다. 1세 환웅 거발환께서 웅족의 여왕과 혼인하셨듯이 거불단 환웅께서도 여왕과 혼인하시므로써 왕검을 낳으셨던 것이다. 흔히들 웅녀를 곰이 사람으로 변해 여자가 되었다는 신화(神話)로 인해 역사 인식에 많은 혼란이 있을 것이다. 승(僧) 일연이 삼국유사에 그렇게 기록한 것은 불교적 신화로 각색한 것에 지나지 않는다. 불교에 관한 이야기 중에서 원숭이가 사람으로 변해 여의봉을 들고 하늘을 오르내리며 제천대성이 되었다는 손오공의 신출귀몰한 이야기처럼 대신선(大神仙)이셨던 환웅께서 불가사의한 능력을 가지셨으므로 웅족 여왕과의 혼인을 신화처럼 꾸며 주술로서 곰을 여자로 변화시켜 혼인하였다고 말한 것이다.

고기(古記)에서 '왕검의 아버지는 단웅(檀雄)이시고 어머니는 웅씨의 여왕이시다.' 라고 기록되어 있다.

그리고 왕검(王儉)께서 태어나심은 이러하다.

BC 2370년 그때가 간지(干支)로 신묘(辛卯)년이었으며 음력 5월 2일이었다. 여왕께서 밤에 산기(産氣)가 있으셔서 자리에 누워계시다가 곧 아기가 태어날 것을 예감하시고 '천제(天帝)의 아들이 태어나리니 신단(神壇)에서 아이를 낳으리라.' 하시고 천신(天神)에 제사지내는 박달나무(檀木; 단목) 아래로 가셨다. 아기를 받을 준비를 한 여러 시녀들이 여왕의 뒤를 따랐다.

신단에 자리를 펴고 누워 아기가 태어날 때를 기다리시는데 인시(寅時; 새벽 3~5시)가 되자 신단수(神檀樹; 박달나무)가지가 여왕 앞으로 저절로 휘어져 내려왔다. 이에 여왕께서 나뭇가지를 잡으시고 힘껏 당겨 힘을 주시니 아이가 세상 밖으로 나오고 큰 울음이 사방으로 울려 퍼졌다. 때에 동쪽 하늘로부터 광명한 빛이 쏟아져 아기를 비추었다. 산에서 포효하던 범 무리와 늑대 무리 등 온갖 짐승이 소리를 멈추고 지저귀는 새들도 한동안 숨을 죽이고 잠잠했다.

여왕께서 아기를 안고 궁으로 돌아오시니 환웅께서 기뻐

하시고 이름을 왕검(王儉)이라 하셨다.

왕검께서는 아버지 거불단 환웅의 가르침에 따라 어릴 때부터 고요히 앉아 조식(調息)으로 명상에 드는 수련을 게을리하지 않으셨다. 나이 14세가 되자 이미 대도(大道)를 얻으시고 백성을 교화할 줄 아시니 모두가 천제(天帝)의 화신(化身)이라 하고 와서 고개 숙여 경배하고 복종했다. 이에 어머니이신 여왕께서 하루는 아들을 불러 앉히셨다.

"어미가 보니 아버지 천황의 가르침에 어긋남이 없고 대도(大道)를 얻어 능히 천하 백성을 교화로써 구제할 덕이 있도다. 어미는 아버지를 도와야 할 일이 많고 그대 또한 장차 환웅이 되어 천하를 다스릴 것이니 웅씨 부족을 어미 대신 다스려 경험을 쌓도록 하여라."

이에 왕검께서 사양하시다가 어머니의 명을 거역하실 수가 없어서 웅씨 부족 왕을 대행하시니 이때가 BC 2357년이요 간지(干支)로는 갑진(甲辰)년 이었으며 세수(世壽) 14세 되던 해였다.

왕검께서 여자 부족국가를 다스리심에 미인이라 하여 직위를 올리고 못났다 하여 내치는 일 없으시고 남자 부족국가와도 차별을 두지 않으셨다. 늘 교화하시되 여자라도 도에 이를 수 있음을 가르치시고 조식(調息)으로 수행을 권장하셨으며 이때부터 기르던 곰을 산으로 돌려 보내시고 소와 양, 닭, 개 등을 길러 생활 환경을 고치시니 여자 부족 국가도 크게 부유했다. 그리고 다른 부족 남자들이 함부로 넘보지 못하였으며 여성 부족 생활에서 벗어나 혼인하고 싶은 여자가 있으면 서로 혼담이 오고 가게 해서 정실 부인이 되게 하셨다.

왕검께서 웅씨 부족국가를 다스리신지 24년이 되던 해였다. 아버지 거불단 환웅께서 열반에 드시니 배달국 환웅 위(位)에 오르셨다. 이때가 BC 2333년이며 세수(世壽) 38세였다.

황위(皇位)에 오르신 왕검 성존께서 제왕(帝王)의 명칭을 환웅에서 단군으로 고쳐 부르게 하시고 서울을 배달국 수도였던 청구(靑丘)에서 백두산 아사달(阿斯達)로 옮기셨다.(단목(檀木)의 터라 기록되어 있으므로 환웅께서 신시를 개천하신 옛도읍지 신단수가 있는 곳으로 추증된다.)

그리고 배달의 예를 따라 하늘에 제사 지내시고 나라 이름을 조선(朝鮮)이라 선포하시고 여러 신하와 멀리서 찾아온 12 제후들을 굽어 보시고 분부하셨다.

"이곳은 신시를 개천하신 환웅 거불단 천황께서 배달의 역사를 여셨음이라. 세상에서 해가 제일 먼저 떠오르는 이곳에서 홍익인간으로 제세이화(濟世理化)하신 열성조의 정신을 다시 한 번 크게 빛내기 위해 도읍을 옮기고 나라 이름

을 조선이라 선포하노라. 천하의 모든 제후와 그 백성은 배
달 정신을 단절없이 이어가도록 하라."

단군 성존의 말씀에 모든 신하와 모든 제후가 부복하여
"한결같이 명을 따름에 어김이 없도록 하겠나이다."하고 일
제히 맹세하니 드디어 조선의 치세(治世)가 시작되었다. 성
존께서는 역대 환웅의 가르침을 이어 받으셨음에 신(神)의
덕과 성인(聖人)의 어진 마음을 가지셨음이라 이에 구환(九
桓; 배달 백성의 명칭. 九夷라고도 한다)의 백성들이 마음속
깊이 복종하였으며 천제(天帝) 환웅의 화신(化身)이라 하고
대성존(大聖尊)으로 우러러 모셨다.

성존께서는 항상 마음을 고요히 하시어 도(道)에 드셨으며
천하를 다스리심에 가만히 앉아서 무위(無爲; 하는 바 없어
보여도 저절로 위해지는 성인의 지극한 덕)로 하시니 백성
은 저절로 교화되어 세상은 평화로웠고 홍익인간의 법도는
자연스럽게 지켜졌다.

왕검 성존께서 제왕의 위에 오르신 뒤 천하를 다스리심에
있어 홍익인간을 국시로 삼으셨으니 가장 먼저 행하신 것도
오로지 백성을 위함이었다.

어느날 성존께서 신하들로부터 조례(朝禮)를 받으시고 먼
저 신하 팽우를 굽어보시고 말씀하시었다.

"그대 팽우(彭虞)여 넓고 넓은 들에 아직도 황폐한 땅이

많음을 보았는가?"

"예. 성존이시여 농사짓는 땅은 적고 개척할 땅은 많나이다."

신하 팽우가 한 발 앞으로 나아가 허리 숙여 말하자 성존께서 명하시었다.

"그대는 농사지을 땅을 쉬지 말고 개척해 백성들에게 나눠 주도록 하라. 배 굶지 않고 사는 길은 오직 농사일이다. 농사지을 땅이 많을수록 백성들이 편안하리라."

"명하신 뜻을 받들어 모시겠나이다."

팽우가 다시 한 번 허리숙여 명을 받고 한 걸음 뒤로 물러서자 성존께서 이번에는 신하 고시(高矢; 환웅시대 고시례의 후예)를 부르셨다.

"그대는 농사가 잘 되는 법을 열심히 연구하여 백성을 가르치도록 하라. 땅이 아무리 많아도 농사짓는 법을 잘 모르면 그 이익이 적을 것이니 백성들이 힘만 들고 먹을 것이 적지 않겠느냐."

이에 고시가 한 발 앞으로 나아가 절하고 말했다.

"성존의 말씀 받들어 모시고 농사 잘 되는 법을 연구해 백성을 가르치겠나이다."

고시가 말하고 한걸음 뒤로 물러서자 성존께서 이번에는 성조(成造)를 굽어보시고 말씀하셨다.

"지금의 궁궐은 옛 신시의 것이라 사람이 많이 불어난 지금 거처할 곳이 모자라는 바라. 그대는 궁궐을 새로 짓도록 하라."

"지당하신 말씀 받들어 모시겠나이다."

성조가 한 발 앞으로 나아가 절하여 말하고 뒤로 한 걸음 물러서자 이번에는 기성(奇省)을 굽어보시고 말씀하시었다.

"그대는 질병을 연구하고 의약을 개발하여 백성들이 병으로 고생하지 않도록 하라."

"명하심을 충실히 따르겠나이다."

기성이 한 발 앞으로 나아가 절하고 한 걸음 뒤로 물러서자 이번에는 나을(那乙)과 희(戱)를 연이어 굽어보시고 말씀하시었다.

"나을은 호적을 잘 정리해 백성이 어디에 얼마나 거주하고 있고 태어나고 죽는 자가 얼마인지 항상 알 수 있도록 하라. 그리고 희는 오행의 법으로 날씨를 관측해 나라와 백성이 해를 입지 않도록 할 것이며 길흉화복을 알아서 재앙을 미리 방지토록 하라."

나을과 희가 한 걸음 앞으로 나아가 명을 받고 뒤로 물러서자 성존께서 이번에는 우(尤)를 굽어보셨다.

"우는 군대를 잘 통솔하여 백성을 다른 족속으로부터 보호하도록 하라."

이에 우가 명을 받고 물러서자 조회를 끝내셨다.

성존께서는 나라 다스림에 지침을 내리신 뒤 어느 날 비서갑(菲西甲, 송화강 유역의 어느 지역 이름)에 살고 있는 하백(河伯)의 딸과 혼인하시니 매우 늦은 나이셨다. 혼인 하신 뒤 황후로 하여금 누에치는 일을 관장케 하시니 백성들의 삶이 더욱 윤택해져갔다.

그러나 성존께서 늘 생각하시기를 신시로부터 전해지는 녹도의 글이 어려워 백성들이 가르침을 오래 지니지 못하고 또 먼 곳 제후들도 글자를 제대로 깨우친 자가 점점 줄어들었으므로 신지(臣智)에게 명하시었다.

"신지는 들어라. 녹도의 글이 어려워 여러 제후와 백성들이 가르침을 오래 지니지 못하니 자칫 어리석음에 빠질 염려가 있도다. 그대는 연구하고 연구하여 누구나 알기 쉬운 글자를 새로 만들도록 하라."

명을 받은 신지는 이때부터 연구를 시작해 당대에 글을 완성하지 못하고 대를 이어 연구를 계속하니 3세 단군 때에 이르러서야 오늘날의 한글 원형이 창제되었으며 이를 가림다 문이라 하였다.

성존께서 이와 같이 백성들을 위한 일을 명하시고 다시 여덟 가지 법령을 정해 천하에 선포하셨다. 이른바 8금법이라 하여 '살인하지 말 것이며, 도적질하지 말 것이며, 음란하지 말 것이며, 거짓말하지 말 것이며, 부모에 효도하고 불효하지 말 것이며, 소도를 공경하여 훼손하지 말 것이며, 남의 재물을 탐내 빼앗지 말 것이며, 헐뜯고 싸우지 말라.' 하심이었다. 이를 8조의 금법(禁法)이라 하고 12제후국에 명령으로 전하시어 지키도록 하셨다.(이는 후세의 함무라비 법전으로 전해지고 유대인 모세가 십계명으로 정하였다.)

이와 같이 법령으로 사악한 무리가 함부로 죄를 짓지 않도록 하시고 교화에 힘쓰시면서 몸소 홍익인간을 실천하시니 환웅 배달의 이화세계(理化世界)가 저절로 이어졌다.

BC 2283년 간지(干支)로 무오(戊午)년이었다. 단군 제위(帝位)에 오르신지 51년째 되던 해 세수(世壽) 89세 때였다. 성존께서 고요히 앉아 천안(天眼)으로 천하의 산천을 살펴보시다 남쪽 바닷가 한 곳에 천지의 기운이 모이고 천신(天神)이 강림할 만한 영기(靈氣)가 어린 한 산을 보셨다. 이에 여러 신하 중 운사(雲師)직을 맡고 있는 배달(倍達)을 불러 명하시었다.

"남쪽 바닷가에 한 신령한 산이 있느니라(오늘날의 강화도 마니산). 가히 하늘과 통할 만한 기운이 있는 곳이라. 그대는 천지기운이 있는 입구(穴口; 혈구)에 삼랑성(三郎城; 삼신의 성, 현재 강화도 길상면에 이때의 성 터가 있다. 일명 정족산성)을 건설하고 하늘에 제사(天祭)지낼 수 있도록 마리산(摩璃山; 산 정상)에 단(壇; 오늘날의 참성단)을 쌓도록 하라."

(참성단 북쪽은 참성단으로 오르는 계단이 있고 동쪽산 중턱에 역대 단군께서 잠시 머무시던 집터와 제물(祭物)을 만들던 유적이 아직도 남아 있다.)

운사 배달이 마리산에 참성단을 지은 뒤 성존께서 한 달에 한 번 보름달이 뜰 때 친히 납시어 하늘에 제사지내셨는데 말을 타시지도 않으시고 그 날 오셨다가 그 날 중으로 돌아가시니 오고 가심이 눈 깜짝할 사이였다. 그리고 제사지내실 때는 하늘에서 빛이 가득히 내리고 기뻐하시는 한님의 목소리가 들려왔으며 여러 남녀 신선들이 내려와 시중들며 받들어 모셨다.

BC 2267년 간지(干支)로 갑술(甲戌)년 제위(帝位) 67년이요, 세수(世壽) 96세되던 때였다. 큰 비가 내려 서쪽 하(夏; 오늘날의 중국 땅)나라의 강 황하(黃河)가 넘쳐 큰 홍수로 인해 백성이 큰 피해를 입고 있는 것을 천안으로 살펴보시고 태자(太子) 부루(扶婁)를 불러 명하시었다.

"하(夏)의 황하가 넘쳐 나라가 물바다가 되었도다 도산(塗山; 현 중국 안휘성)에 가서 우사공(虞司空; 사공은 벼슬이름; 단군 조선의 신하 명칭이다 우는 후일 하의 임금이 됨)을 만나 오행(五行)의 법을 전하여 치수(治水. 물을 다스림)

해서 백성을 구해주도록 하라. 그리고 나라의 경계도 새로
정해 하북성 아래만 우가 다스리도록 하라."

성존의 명을 받고 태자께서 서쪽으로 가시어 우를 만나
오행의 법을 전해주고 물을 다스리게 하시니 곧 홍수가 멎
어 백성들을 구할 수가 있었다. 또 하북성 이남만 하(夏)의
땅으로 경계로 삼으시고 회대(淮岱; 중국 남쪽 여러지역) 지
역의 제후들이 난을 일으키므로 이를 평정하신 뒤 성존의
명령으로 분조(分朝; 통치기관)을 두고 우와 순(舜; 현 중국
에서 요 임금과 함께 성인으로 추앙 받는 인물, 맹자가 동이
족이라 기록하고 있으므로 한족이 아니라 배달민족임)에게
제후들을 감독하게 하시었다.

성존께서 천하가 안정됨을 보시고 백성들을 더욱 부유하
게 하시기 위해 새로 개척한 땅과 예전부터 있었던 땅에 물
을 댈 수 있도록 수로를 내도록 하시어 가뭄과 홍수의 피해
가 없도록 하셨다. 또 고기잡이 하는 법을 가르치시고 누에
를 치도록 권장하시어 산업이 크게 발달했다. 이에 백성들
은 먹고 쓰고 남는 물건을 나라에 바치니 나라 살림도 풍족
하였다.

그리고 음력 10월을 상달이라 하고 제천 행사를 크게 여
셨다. 그리고 이때 나라가 너무 넓어 셋으로 분할해 각기 왕
을 임명해 다스리게 하시니 이를 삼한(三韓; 마한, 진한, 변

한)이라 하였다. 삼한이라 한 것은 삼신께서 세상을 다스리심의 예를 본받으신 것이며 성존께서는 일신(一神)의 몸으로 삼한을 하나로 묶어 다스리셨다.

BC 2241년 간지(干支)로 경자(庚子)년이었다. 제위(帝位)에 오르신지 93년이요 세수 132세 되던 해였다. 성존께서 버들궁전에 납시어 박달나무 무성한 숲을 한가롭게 걸으시자 쓰러진 풀잎이 일어나고 꺾어진 나뭇가지가 온전해졌으며 뭇 새가 기쁘게 지저귀었다. 어디서 왔는지 곰, 호랑이, 소, 양의 무리가 서로 싸우지 않고 성존의 뒤를 따랐다. 이에 성존께서 그들 무리와 더불어 한동안 노니시다가 조용히 궁으로 돌아오셨다. 그리고 열반에 드실 것을 미리 아시고 여러 신하들과 태자 등 권속들을 부르시고 궁궐 뜰에 심어 놓은 큰 단목(檀木) 아래에 가만히 누우셨다.

"그대들은 태자 부루를 잘 받들어 백성을 항상 편안케 하라. 그리고 태자는 교화에 힘써서 홍익인간의 법도가 세세손손 이어지게 하라. 짐은 환웅 천황께 올라가 함께 환인 한님을 모시고 그대들의 치세를 살펴보리라."

조용히 말씀하시고 곧 열반에 드시니 세수 132세였다. 태자 부루를 위시해 모든 신하들과 궁녀들이 땅에 엎디어 통곡하니 그 비감함이 하늘에 가득했다. 범과 곰 무리는 소리지르며 미친 듯이 산을 내달리다가 바위에 혹은 큰 나무에 머리를 부닥쳐 스스로 목숨을 끊고 소와 양의 무리도 울부 짖으며 궁궐 기둥에 머리를 부딛쳤다. 때에 하늘에서 한줄 기 빛이 성존의 몸을 비추이시니 그 몸이 사라지고 성스러 운 혼이 빛을 타고 하늘을 오르시는 것이 보였다.

1세 단군 왕검 성존께서 열반에 드시어 하늘에 오르신 그 이듬해였다. BC 2240년 신축(辛丑) 원년에 태자 부루께서 제 2세 단군이 되시어 제위에 오르시니 45세 되던 해였다.

단제(檀帝) 부루께서는 아버지 왕검 성존의 교화에 힘입어 홍익인간으로 천하를 제세이화(濟世理化) 하려 하셨으나 성 존께서 분리 치세하신 삼한(三韓)이 서로 반목해 명을 어기 는지라 삼군을 호령하시어 모두 힘으로 제압하시니 감히 다 시는 명을 어기는 왕이 없었다.

그리고 환웅조(桓雄朝) 때 배달의 백성이 되고자 이주해 온 여러 다른 종족 중에서 교화되지 않는 무리들이 갖은 악 행을 저지름을 보시고 8금법(禁法)을 어기는 자 형벌로 다스 리셨다. 살인한 자는 죽임으로 다스리시고, 다투어 남을 상 하게 한 자는 곡식으로 배상케 하셨으며, 도둑질한 자는 남 녀 모두 노비로 삼께 하시고, 소도를 훼손한 자는 옥에 가두 게 하시며, 근면하지 않고 남의 물건을 탐해 빼앗는 자는 부역을 시키도록 하시고, 음란한 자 태형으로 다스리게 하시며, 거짓말하는 자는 훈계하여 방면하되 사람들에게 스스로 거짓말한 것을 고백하도록 하시고, 예의를 잃고 효도하지 않는 자는 군에 입대시켜 전장에 나가도록 하셨다.

이렇게 나라법으로 다스리시니 처음으로 엄한 형벌의 무서움을 알고 사람 죽이기를 두려워하고 도둑질과 거짓말과 탐욕과 불효와 싸움질과 음란함과 소도를 훼손하는 짓을 저지르지 못했다.

단제께서 이와 같이 죄지은 자들을 법으로 다스리시면서, 천하를 살펴 여러 제후국 왕들의 행실을 따져서 백성들을 위해 수고를 아끼지 않는 왕은 상을 주고 게으르거나 포악한 왕은 엄중히 문책하셨다. 한때 하(夏)의 순(舜)과 우(虞)가 남쪽(하북성 이남)에 살고 있는 조선백성들 이웃까지 국토를 넓히자 병사를 보내 이들을 정벌하여 두 왕들을 모두 쫓아내고 동무(東武)와 도라(道羅) 등 두 신하를 보내 제후로 삼으시니 여러 왕들이 함부로 욕심을 내지 못했다.

그런 한편 친히 농사짓는 일과 뽕나무 기르고 누에치는 일을 장려하시어 나라를 부강하게 하시고 배 굶는 백성이 없게 하시었다. 또 배우는 곳을 건설하여 학문을 일으키시니 문화가 크게 발전하였다.

단제께서는 봄과 가을에 한 차례씩 천하를 순시하시며 제

후국의 왕들이 정사(政事)를 잘 살피는지 둘러보시고 또 백
성들을 교화하시니 1세 단군 치세 때와 다름없이 천하가 평
화로웠다.

10월 상달에 단제께서 하늘에 제사를 올릴 때는 모든 제
후와 모든 신하와 여러 종족의 수장들과 많은 백성들이 모
여 환인 환웅 단군을 칭송하여 노래 부르고 높은 덕을 찬양
하며 서로 화합하니 실로 배달의 이화세계가 단절없이 펼쳐
지고 있음을 볼 수 있었다.

이때 한 선인(仙人)이 노래를 지어 부르니 온 백성이 함께
따라 불렀다. 이것이 곧 참전계(參佺戒)라, 노래 제목을 어
아가(於阿歌)라고 한다. 이 세상에서 신을 찬양하는 최초의
노래이자 애국가이며 스스로 깨달음을 얻기 위해 대중(大
衆)이 함께 부른 대중의 노래인데 그 가사가 이와 같다.

어아가(於阿歌)

어아 어아
우리들의 위대한 조상님 위대한 하느님
그 은덕 백천만 배달민족 우리 모두 잊지 마세
어아 어아
착한 마음은 큰 활이라
악한 마음 화살로 다스리고

백천만인 우리 모두 큰 활 줄이니 착한 마음 같고

곧은 화살은 한 마음(一心)과 같느니라

어아 어아

백천만인 우리 모두 한결같이 큰 활이 되세

많은 화살 하나로 모아

눈물 흘리며 깨뜨려 버리세

착한 마음 중에 악한 마음 눈에 젖은 흙덩이 같구나

어아 어아

우리 모두 백천만인

견고하고 굳센 마음 큰 활과 같으니

배달 나라 큰 광영이로세

백천만년 큰 은덕 우리들에게 내리소서

위없이 높은 우리들의 조상님이시여 한님이시여

위없이 높은 환인 한님이시여 환웅 천황님이시여

단군 제왕이시여 큰 은덕 내리소서

　(이 노래는 환인 환웅의 은덕을 잊지 말 것을 맹세하고 마음을 활에 비유한 것이다. 활줄을 당길 때는 집중해야 하는데 집중하는 그것이 착한 마음이고 화살은 집중한 그 마음의 힘이며 역시 그 마음의 힘으로 마음속의 악함을 물리치자는 선도의 수행심을 노래한 것이다.)

이토록 고대 한민족은 선도를 닦아 신선이 되고자 노력해
온 천손이었다.

BC 2239년(壬寅; 임인년) 단제께서 천하에 효자로서 덕
이 높은 소련(小連)과 대련(大連) 형제를 불러 세상을 다스
리는 법에 대해서 물으셨다. 소련과 대련은 일찍이 부모가
상(喪)을 입자 3일간 칩거하여 행실을 바르게 하고 3개월간
딴 마음을 먹지 않고 태만함이 없이 비통해 했으며 3년 동
안을 슬픔에 젖어 있었다. 이에 5개월간 상을 치루던 풍속
이 오래일수록 영예로운 것으로 여기게 되었으니 천하에 대
성인이라 할 만했다.

BC 2238년(癸卯; 계묘년) 9월 하순에 단제께서 명하시기
를 백성들이 기른 머리카락을 땋아서 목에 감도록 하고 푸
른 색깔의 옷을 입도록 하셨다. 푸른색은 동방의 목(木)기운
이고 새로운 희망과 기운을 일어나게 하는 성질이 있기 때
문이었다. 모든 곡식을 퍼 담는 말(斗)과 무게를 다는 저울
의 기준을 정하시고 베와 모시의 시장 가격이 멀고 가까운
곳에 차별이 없도록 하시니 백성들이 스스로 속이는 일이
없었다.

BC 2234년(庚戌; 경술년) 4월 단군 제위에 오르신지 10년 되시던 해에 구획을 정리하여 밭을 사용하게 하시어 백성들이 사사롭게 이익을 취하지 않도록 하시었다. 그리고 임자(壬子, BC 2183)년에 신지(神誌) 귀기(貴己)가 칠회력(七回曆; 오늘날의 달력)과 구정도(邱井圖; 오늘날의 지도)를 만들어 단제께 받쳤다. 이후 46년간 2세 단군 부루 제왕께서 교화에 힘쓰시는 한편 법으로 엄정하게 천하를 다스리시니 1세 단군 왕검 성존의 유지를 어김없이 받드셨음이라. 이에 할 바를 다 하시고 이룰 바를 다 이루시어 마음에 걸림이 없으셨다.

BC 2183년 간지(干支)로 무술(戊戌)년이었다. 단제께서 단군 제위에 오르신지 58년이요 세수(世壽) 103세 되시던 해 아버지 왕검 성존께서 열반에 드신 단목(檀木; 박달나무) 아래로 가시어서 열반에 드시니 이 때 일식(日蝕)이 있어 갑자기 천지가 어두웠다. 그리고 짐승 무리가 미친 듯이 내달리며 소리를 지르고 신하들과 백성들이 애끓는 통곡 소리가 하늘에 울려 퍼졌다. 한때 어두웠던 태양이 다시 나타나고 빛이 쏟아져 단제의 몸에 광명하게 내리자 아버지 왕검 성존처럼 몸이 사라지고 그 혼이 하늘을 오르시는 것이 보였다. 백성들이 하늘을 우러러 두 손 모아 수없이 절하니 오색 빛이 하늘에 가득했다.

집으로 돌아간 백성들은 집집마다 제단을 설치하고 흙 그 릇에 곡식을 가득 담아 제단에 올렸다. 그리고 부루 단제를 업신(業神)이라 부르며 곡식 담은 그릇을 후세에서 업주가 리(業主嘉利; 업을 이익되게 하는 주인)라 하였다.

2세 단군 부루 제왕께서 열반에 드신 그 이듬해인 기해(己 亥, BC 2182년에 3세 단군께서 즉위하시니 이분이 1세 단 군 왕검의 손자이시자 2세 단군 부루의 아드님이신 태자 가 륵(嘉勒)이시다.

가륵 단제께서 남기신 위대한 유산은 오늘날 한글의 원형 인 가림다문(加臨土文)이다. 가림다문은 1세 단군 왕검 성존 의 명으로 신지(神誌)가 연구하기 시작해 2세 단제의 신지가 이어받았다가 3세 단제 때에 삼랑(三郎) 을보륵(乙普勒)이 정음(正音) 38자를 만들어 냄으로써 완성되었던 것이다.

3세 단군 가륵 제위 2년 때인 경자(庚子, BC 2181년이었 다. 지방마다 말이 서로 다르고 예로부터 상형문자(象形文 字; 오늘날의 한자의 원형, 한자는 중국의 글이 아니라 본래 한민족의 글이다)가 있었으나 열 집이 사는 마을에도 언어 가 통하지 않는 경우가 많고 백리밖에 안되는 나라와도 글 자가 어려워 서로 이해하지 못할 때가 많으므로 이에 단제께서 을보륵에게 명하시어 쉬운 글자를 속히 만들 것을 명하시니 드디어 정음(正音) 38 글자를 만들어 냈던 것이다. 정음(正音; 바른 음)은 소리와 뜻을 함께 글자로 표시한 오늘날의 한글 원형이다. 한글은 오행(木火土金水)의 원리를 이용한 글자로서 木은 각음(角音)인데 어금닛소리로 ㄱ, ㅋ 이고 火는 치음(緻音)인데 혓소리로 ㄴ, ㄷ, ㄹ이고 土는 궁음(宮音)인데 목구멍 소리로 ㅇ, ㆆ이고 金은 상음(商音)인데 잇소리로 ㅈ, ㅊ이고 水는 우음(羽音)인데 입술소리로 ㅁ, ㅂ, ㅍ인 것이다. 세종대왕이 한글을 창제한 것이 아니라 바로 이 가림다문 38자 정음(正音)을 보고 새로 다듬었으니 실로 한글의 역사는 무려 4200년이나 되었다.

3세 단군 가륵 제왕의 명으로 을보륵이 지은 정음 38자는 다음과 같다.

·, ㅣ, ㅡ, ㅏ, ㅓ, ㅜ, ㅗ, ㅑ, ㅕ, ㅛ, ㅠ, ×, ㅋ, ㅇ, ㄱ, ㄴ, ㅁ, ㄴ, ㅿ, ㅈ, ㅊ, ㅺ, ㅻ, ㆆ, ㅅ, ㅿ, ㅸ, ㄹ, ㅐ, ㅒ, ㅿ, ㅋ, ㅊ, ㅊ, ㄲ, I, ㅍ, ㅒ

이같이 을보륵이 알기 쉬운 글자를 만들자 단제께서는 천하의 제후들이 배워 명령과 가르침을 이해하도록 하셨으며 또한 2세 단군 부루께서 설립하신 학교에서 배우게 하고 역대 조상들의 교훈을 쉬운 글로 남겨 널리 공부하게 하셨다.

BC 2180년(辛丑, 신축년) 제위(帝位)에 오르신지 3년 되던 해는 신지(神誌) 고계(高契)에게 명하시어 배달나라 역사를 기록하게 하시고 이를 배달유기(倍達留記)라 하였다.

BC 2177년(甲辰, 갑진년, 제위 6년)에는 황하(黃河; 지금의 중국 강 이름)하류의 욕살(褥薩; 지방 장관의 직위 이름) 색정(索靖; 당시 욕살 직위에 있던 사람의 이름)이 죄를 지음에 크게 노하시니 약수(弱水; 황하 북쪽)에 있는 감옥에 가두고 종신토록 못나오게 하셨다. 후에 색정이 잘못을 뉘우치므로 용서하시고 황하(黃河) 북쪽 지역(지금의 하북성 근처)에 땅을 주어 봉(封)하시니 후세에 그의 후손들이 흉노(匈奴)가 되었다.

BC 2173년(丙午, 병오년 제위 8년) 배달 제 14세 환웅 치우천황께서 세우신 지백특(支伯特; 지금의 티벳지역)의 왕 강거(康居)가 반란을 일으켰다. 그 세력이 큰 지라 여러 제후들에게 명하시어 크게 무찔러 강거를 잡아 죽이고 나라를 안정시키셨다. 그리고 그 해 초여름 음력 4월에 불함산에 오리시어 백성들의 집을 살펴 보시니 밥 짓는 연기가 일어나는 것이 보였다. 자세히 살피신 뒤 곁에 있는 신하에게 명하셨다.

"그대는 모든 제후들에게 명을 전달하라. 연기가 많이 일

어나고 적게 일어나는 집을 조사해 연기가 적게 일어나는
집은 세금을 감면해주도록 조처하라 일러라. 살림이 넉넉하
지 못함이 분명하다."

BC 2173년(戊申, 무신년, 제위 10년) 두지주(斗只州; 지금
의 중국땅 어느 지역이름)의 예읍(濊邑)에서 반란이 일어났
다. 이에 단제께서 장군 여수기(余守己)에게 명하셨다.

"그대는 대장이 되어 곧 군사를 휘몰아 저 은혜를 모르는
예읍 무리를 무찌르고 붙잡아 참수하라. 우리 배달 백성이
아님에도 어여삐 여겨 땅에 살게 하였거늘 참으로 저들은
악신의 자손이로다."

여수기 장군이 명을 받고 삼군을 통솔하여 반란군을 일거
에 진압하고 그 추장 소시모리(素尸毛犁)와 추종자들을 베
니 전장터에 유혈이 낭자했다. 소시모리 후손중에 협야노
(陜野奴)라는 자가 바다로 도망쳐 삼도(三島; 지금의 일본)
에 가서 스스로 친횡이라 하다가 죽었다.

이처럼 배달국 환웅 천황 이래로 조선 1세 단군 왕검 성존
때까지 편안하던 천하가 떼지어 몰려와 살고 있던 다른 종
족들의 흉포함이 날로 심해져 사방에서 반란이 끊이지를 않
으니 단제께서는 더욱 군사를 늘리고 활과 칼과 창을 더많
이 생산해낼 수 밖에 없었다.

BC 2138년(癸未, 계미년) 단제께서 크고 작은 반란을 모두 제압하시고 천하가 태평스러운 듯하던 때에 열반에 드시니 단군 제위(帝位)에 오르신지 45년 되던 해였다.

BC 2137년(甲申, 갑신년) 3세 단군 가륵 제왕께서 열반에 드신 뒤 가륵단제의 아드심이신 태자께서 단군에 즉위하시니 이분이 제4세 단군 오사구(烏斯丘) 황제(皇帝)이시다. 3세 단군까지 그 격을 높여 제왕이라고만 칭하였으나 4세 단군부터는 단군을 부르심에 황제라 하였으니 후세의 통치자들이 스스로 황제라 칭하는 바가 되었다.

4세 단군 오사구께서 황제 위에 오르신 그해에 동생 오사달(烏斯達)에게 명하시어 몽고(蒙古) 왕으로 봉해 그 지역을 다스리게 하시며 말씀하셨다.

"그대는 몽고리한으로서 더 넓은 초원에 흩어져 살고 있는 무리들을 잘 보살피도록 하되 배달의 교훈으로 저들을 깨우치게 하라."

황제의 명을 받은 오사달께서 당부의 말씀대로 무리를 교화로서 잘 다스려 홍익인간세계가 되도록 하겠다고 맹세하며 즉시 몽고리아로 떠나 한(汗; 왕)이 되시니 오늘날 몽고의 시조이시다.

황제께서 동생 오사달을 몽고리한으로 보내시고 그해 겨

울에 북쪽을 순시하시다가 태백산에 이르러 삼신께 제사를 지내셨다. 제사를 다 지내고 잠깐 조는 중에 신비한 약초가 꿈에 보이셨다. 그 모양이 사람 같아서 기이하게 생각하시고 사방을 둘러보시다가 꿈에 본 약초를 발견하시고 이를 캐보니 꿈에 보신 것과 똑 같았다. 이에 사람과 같이 생겼다 하여 인(人)이라 하시고 삼신께 제사지낸 뒤 꿈에서 보셨으므로 삼신이 내리신 약초라 하여 삼(蔘)이라 하셨다. 그리고 인삼을 드시니 그 약효가 비할데 없이 뛰어나 선약(仙藥)이라고도 하고 불로초라고도 하였다.

무자(戊子; BC 2133)년 단군위에 오르신지 5년째 되던 해 조개껍질에 둥근 구멍을 뚫어 돈을 만드시고 물건을 사고파는 데에 사용하게 하시니 더욱 편리하게 산업이 발달해졌다. 이 해 서쪽의 하(夏; 중국의 고대국가)나라 신하가 황제께 문안을 올리고 특산물을 바친 뒤 공손히 무릎을 꿇어 아뢰었다.

"아직도 저희 나라는 환웅 배달 천황의 가르침을 모르고 있나이다. 하오니 신서(神書)를 내려주시어 몽매에서 깨어나게 하소서."

"너희 하(夏)가 우리 배달의 자손이 세운 나라이니 어찌 모른 체 하리오. 신서를 줄 터이니 배달의 은덕을 저버리지 말고 가져가서 백성을 다스림에 교훈으로 삼도록 하라."

황제께서 말씀하시고 신서 한 권을 내려주셨으며 이후로도 많은 책들이 전해졌다. 전래된 많은 책들의 글을 읽고 배운 이들이 후세에 걸쳐 이어져 노자와 공자와 같은 인물이 나타났으나 배달민족은 국력이 점점 쇠퇴해지면서 제 것을 다 빼앗기고 가르침을 잊어버리기까지 했으니 역사의 큰 비극이라 아니할 수 없다. 지금도 한 민족의 수많은 옛 사서(史書)들이 저 중국 땅 한 곳에 감추어져 있으니 어느 때 찾아볼까!

BC 2131년(庚寅; 경인)년 황제께서 명을 내리시어 살수(薩水; 천천강이 아니라 중국 대륙의 어느 강) 상류에 조선소를 설립하고 배를 만들게 하셨다. 이에 고기를 잡는 백성이 늘어나 더욱 풍족해졌으며 먼 곳을 빠르게 갈 수 있었고 군사들을 태워 반란을 일으키는 무리가 있으면 신속하게 진압할 수 있었다.

BC 2119년(壬寅; 임인년) 하(夏)나라 왕(王) 상(相)이 배달의 교훈을 저버리고 혼암하여 백성들에게 덕을 베풀지 않는다는 보고를 들으시고 황제께서 장군 식달(息達)에게 명령을 내리셨다.

"상(相)이 짐의 명을 어기고 백성들로부터 덕을 잃었다 하니 그대는 람(藍), 진(眞), 변(弁)의 3부에 있는 군사를 이끌고 가서 정벌하라."

명을 받은 장군 식달이 3군을 이끌고 풍우같이 달려가자 상(相)이 지레 겁을 먹고 감히 대항도 못해보고 항복해왔다. 천하의 제후들이 이 소식을 듣고 백성들로부터 덕을 잃을까 보아 근신하면서 황제의 명에 다투어 복종하니 세상은 다시 평화로웠다.

BC 2100년(辛酉, 신유년) 음력 6월 황제께서 붕어하시니 단군 제왕위에 오르신지 38년 되던 해였다. 그런데 4세 단군 오사구 황제께서는 슬하에 아들을 두지 못하시어 황위를 계승할 태자가 없으시어 유언으로 오가(五加) 중에 덕이 가장 높은 자가 단군의 위를 계승하도록 말씀하셨다. 이에 오가(五加)의 대표들이 한자리에 모여 명을 받은 대로 덕이 큰 이가 단군 위에 오르도록 하자는데 뜻을 모으고 그들 중 가장 덕이 높고 나이가 많은 양가(羊加)의 대표 구을(丘乙)을 제5세 단군으로 추대하였다.

BC 2099년(壬戌, 임술년) 초에 5세 단군으로 제위에 오르신 구을 황제께서 처음 내리신 명은 태백산에 단(檀)을 쌓게 하시고 사자(使者)를 보내 삼신께 제사부터 올리게 하셨다. 구을 황제께서 삼신을 받들어 모심에 참으로 그 정성이 지극하셨다. 단군 위에 오르신지 2년째 되던 계해(癸亥)년 음력 5월이었다. 황충(蝗蟲; 메뚜기 과)의 떼가 새카맣게 하늘을 뒤덮고 날아와 밭과 들에 가득히 내려앉아 곡식을 먹어치웠다. 소식을 들으신 황제께서 친히 밭과 들을 둘러보시더니 신단수에 나아가시어 삼신께 간절히 기도하셨다.

"천지만물을 지어내시고 주관하시는 삼신이시여, 저 황충이 떼들을 물리쳐주소서. 백성들이 끼니를 굶겠나이다."

하시니 며칠 사이에 황충이 떼가 남김없이 멸종되었다.

BC 2096년(乙丑, 을축년)에는 처음으로 육십갑자(六十甲子; 오늘날의 간지인데 易은 중국의 것이 아니라 배달 민족이 만든 것이다)를 이용해 책력(冊曆; 달력)을 만드시어 날과 때를 정확히 알게 하시었다.

BC 2084년(丁丑, 정축년)이었다. 황제께서 친히 장당경(蔣唐京; 티벳지역으로 추증)까지 행차하시어서 배달의 환웅이신 치우천황 이래로 큰 무리를 이루고 살고 있던 배달 백성들을 안무하시고 산에 단(檀)을 쌓아 삼신께 봉축(封築; 제사지냄)을 올리시고 환화(桓花; 하늘의 꽃, 무궁화)를 심으셨다. 그해 7월에는 남쪽을 순시하시고 풍류강을 건너시어 송양(松壤)에 이르시자 병을 얻으시어 붕어하시니 대박산(大博山; 크게 밝은 산이니 백두산으로 추증된다)에 장사

지냈다. 5세 단군으로 황제위에 오르신지 16년되는 해였다. 장사 지낸 뒤에 오가(五加)의 대표들이 모여 회의를 열고 큰 덕이 있는 우가(牛加)의 대표 달문(達文)님을 6세 단군으로 추대하였다.

BC 2083년(戊寅, 무인년) 제 6세 단군 달문님이 황제위에 오르신 날이었다. 5세 단군 구을 황제의 장사 지내는 일에 조문 왔던 모든 제후국의 왕들과 신하들이 부복하고 새로 등극한 단군의 분부를 기다렸다.

황상(皇上)에 높이 앉으신 단군께서 모든 나라 왕들과 모든 신하들을 굽어보시고 온화한 표정으로 말씀을 내리시는데 왕들과 신하들이 보기에는 위엄이 저절로 넘쳐 감히 고개를 들지 못했다.

"그대들 왕들과 신하들은 들을 지어다. 내 그대들과 약속을 세우리라."

"말씀을 내리소서 어김이 있으리이까!"

여러 왕들과 신하들이 일제히 대답했다.

"그대들은 나와 함께 환국의 오훈(五訓)과 신시 배달국의 오사(五事)를 영구히 지켜 나라 다스림의 교훈으로 삼아야 할지니라."

"만고의 진리를 어찌 외면하오리까 그 약속의 말씀 지키지 않으면 삼신께서 노하시리이다."

모든 왕들과 신하들이 또 다시 큰 소리로 일제히 대답했다.

"하늘에 제사 드리는 의식은 그 근본이 사람을 위한 것이니라. 나라 다스림의 도 또한 사람이 그 근본이니 먹고 살 식량을 넉넉하게 함을 우선으로 삼을지니 농사가 만사의 근본이니라. 제사드림은 다섯가지 가르침(五訓; 五事)의 근원이로다. 마땅히 나라를 부흥시킴은 사람을 널리 이익되게 다스림이니 먼저 산업을 일으키도록 하라."

모든 왕들과 신하가 명하신 바 약속을 지킬 것을 맹세하자 또 말씀하셨다.

"민족을 소중히 하라. 우리 배달민족은 한님의 자손(天孫; 천손)이라 민족을 소중히 함이 곧 한님을 받들어 모심이로다."

말씀을 마치신 황제께서 천하에 명을 내리시어 감옥에 갇힌 죄인들을 용서하여 풀어주도록 하시고 부루 단군께서 정하신 법으로 사람을 죽이는 법과 죄지은 자를 대신해 책임을 지고 형벌을 받는 일이 없도록 하셨다.

또한 화백(和白; 신라 때의 원탁 의결기관의 근원)의 공(公; 오가의 대표들)들이 둘러앉아 공화정치(共和政治)를 하도록 하셨다. 이렇게 어진 정치가 시작되니 새로 동맹을 맺고자 공물을 바친 큰 나라가 둘이고 작은 나라는 스물이며 부족은 무려 6324 곳이나 되었다.

BC 2049년(壬子, 임자년)이었다. 단군 황제위에 오르신 지 35년째 되던 해 모든 제후국의 왕들을 상춘(常春)에 모이도록 명하시고 구월산(九月山)에서 삼신께 제사를 올리도록 하셨다. 그리고 신지(神誌) 발리(發理)로 하여금 서효사(誓效詞; 본받아야 할 가르침을 올리는 글 즉 삼신께 고하는 글)를 짓게 하셨다.

이에 신지 발리가 글을 지어 고하니 이와 같았다.

"아침 해가 광명하게 먼저 빛나는 땅에 삼신께서 밝음으로 임하시고 환인께서 모습 없는 모습으로 출현하시어 먼저 덕을 넓고 깊게 심어 놓으시니 모든 신들이 환웅으로 하여금 그 덕을 계승하도록 의논하시어 하늘의 진리를 펴기(神市開川) 시작하였나이다.

치우는 청구(靑邱)에서 일어나 무력으로 만고에 명성을 떨치니 희대(중국 남쪽 지역)의 왕이 모두 귀속해옴에 천하가 능히 침입하지 못하였고 단군 왕검께서 대명(大命)을 받으심에 천지가 진동하는 명성이 구환(九桓)에 울리니 어수(魚水)의 백성이 바람에 풀잎이 깨어나듯 덕화(德化)가 새로워졌나이다.

원한이 있는 자 먼저 원한을 해소하고, 병이 있는 자 먼저

병을 제거하도록 하셨으며 정성을 다해 어질고 효도하게 하
시니 사해(四海; 세계)가 한없이 광명하였나이다. 삼한을 진
실로 도로써 다스려 모두가 새로워졌으며 좌에서 변한이 보
필하고 그 남쪽에 험한 바위가 사방에 울타리처럼 둘러싸고
있는 새 서울에서 단군 성존께서 천하의 주인으로 계시는 곳
은 저울추와 저울 그릇이 수평을 이룬 것과 같나이다. 저울
그릇은 백아(白牙) 언덕이요, 저울대는 소밀랑이며, 저울추
는 안덕향이라 앞뒤가 균등하게 이루어진 곳에서 덕을 신뢰
하고 신(神)의 정기로 나라를 살피시니 조정에 70개국이 항
복하여 천하가 태평하였으니 삼한을 영구히 보전하려 하셨
나이다. 의로운 왕업은 흥하고 융성하는 것이니 흥폐를 말로
써 함이 아니라 정성으로 천신(天神)을 섬김에 있나이다."

하고 큰소리로 읽었다.

BC 2048년(癸丑, 계축년) 6세 단군 달문 황제께서 붕어
하시니 단군 제위 36년째 되는 해였다. 이에 4세 단군 오사
구 황제의 유지에 따라 자식에게 제위를 전하지 않고 오가
(五加)가 화백회를 열어 덕망이 높은 양가(羊加)의 대표 한
율(翰栗)님을 제 7세 단군으로 추대하였다.

한율께서 단군에 오르신 해는 갑인(甲寅; BC 2047)년이
었다. 6세 단군 달문 황제께서 천하를 평정하시어 평화가

계속되었으므로 한율 황제께서는 오로지 평화를 지키는데 만 힘쓰시다가 제위에 오르신지 54년째 되는 해 정미(丁未; BC 1994)년에 붕어하셨다. 한율 단군께서는 태자 우서한 (于西翰)이 어진 덕이 높아 오가(五加)의 대표에게 단군 위 를 전하지 않으시고 태자에게 전하셨다.

BC 1993(戊申, 무신)년 8세 단군으로 즉위하신 우서한 황 제께서는 소득의 이십분의 일을 세금으로 내게 하시어 가난 한 백성을 돕고 나라 살림이 부족한 데에 쓰도록 명하시었다.

단군 위에 오르신지 2년째 되던 해에 천하가 풍년이 들어 벼 한포기에 이삭이 여덟 개나 맺히기도 하였다. 신해(辛亥, BC 1990)년에는 단군 황제께서 황포를 벗고 백성의 옷으로 바꿔 입으시고 몰래 하(夏)나라 정세를 살펴보고 돌아오셔 서 관제를 대폭 개혁하셨다. 갑인(甲寅, BC 1987)년에는 발 이 셋이나 달린 큰 까마귀가 황궁으로 날아와 뜰에 앉았는 데 날개가 서자나 되어 기이하게 생각했다. 그것이 흉한 징 조였던지 이듬해 을묘(乙卯, BC 1986)년 단군께서 갑자기 붕어하시니 제위에 오르신 지 8년만이었다. 이듬해 병진(丙 辰, BC 1985)년에 태자 아술(阿述)께서 제 9세 단군위에 오 르셨다.

9세 단군에 즉위하신 아술 황제는 덕망은 높았으나 마음이 너무 어질고 착했다. 죄 지은 자도 벌하지 않으시고 교화로서 다스리시니 감화되는 백성이 많았다. 그러나 야심이 큰 자들이 어질고 착한 단군의 마음을 기회로 삼아 몰래 군사를 기르면서 황제위를 찬탈할 음모를 꾸미고 있었던 것이다.

BC 1984(丁巳, 정사)년 청해(靑海)의 욕살(褥薩; 지방 장관) 우착(于捉)이란 자가 드디어 반란군을 이끌고 갑자기 황궁을 침입했다. 군사를 기르지 않고 황궁의 경비도 엄하게 하지 않으신 채 교화의 치세만 펼치시던 황제께서 뜻밖의 침입에 놀라움을 금치 못하셨다. 그리고 처음으로 크게 노하시어 친히 반란군과 맞서려 하셨으나 신하들이 극구 만류하므로 마지못해 상춘(常春)으로 몸을 피하시어 구월산 기슭에 임시 궁궐을 짓게 하신 뒤 여러 신하와 장수들을 불러 모으고 말씀하셨다.

"배달 환웅 선조님의 본을 받아 죄 지은 자 용서하고 덕으로 천하를 다스렸으나 교화되지 않은 무리들이 반란을 일으켰으니 참으로 하늘이 용서치 않을 것이로다. 하루 속히 저들을 물리치지 않으면 백성이 도탄에 빠질 것이다. 그대들은 흩어진 군사를 모아 반란을 진압하고 그 수괴를 잡아 죽이도록 하라."

말씀하시는 황제의 어진 얼굴에 노기가 서려 있었다. 두 눈에는 불꽃이 틔는 듯 형형한 빛이 쏟아져 나오고 목소리는 산을 쩌렁쩌렁 울렸다. 처음 보는 황제의 당당한 기풍에 놀란 신하들이 겁을 먹고 부복하여 감히 얼굴을 들지 못했다.

"신들이 게을러 만반의 대책을 세우지 못해 이리 되었나이다. 죽여 주시옵소서."

하고 말할 뿐이었다.

"그대들에게 무슨 죄가 있으리요. 가르침으로 다스려지지 않는 무리들은 마땅히 참수로 다스릴 것이로다. 우지(于支)와 우율(于栗) 장군은 군사를 정돈해 삼군을 이끌고 가서 저들을 토벌하라. 반드시 우착을 사로잡아 머리를 베어 천하에 본보기로 삼도록 하라."

황제께서 지엄하게 명하시자 우지, 우율 두 장군이 일어나 절하고 "명을 어김없이 거행하겠나이다." 하고 맹세한 뒤 물러나 즉시 흩어진 군사들을 불러 다시 훈련시켰다.

일년이 지난 뒤 황제께 출정을 고하고 떠난 우지, 우율 두 상군은 반란군과 무려 일년을 싸운 끝에 우착을 사로잡아 죽였다. 이에 황제께서 다시 옛 황궁으로 돌아오시니 구월산 기슭 임시 황궁에서 지내신 지 3년 만이었다. 이후로 감히 반란을 음모하는 자가 없었으며 천하가 다시 평화로웠다.

BC 1851(庚寅, 경인)년 단군 위에 오르신지 35년째 되던 해였다. 병석에 누운 황제께서 신하들을 불러 모으셨다.

"덕으로 천하를 다스리기 35년이라 한 때 국란이 없지 않았으나 오로지 교화로써 천하를 다스림에 부족함이 없었도다. 앞으로도 부지런히 교화하고 홍익함을 잊지 말지어다. 태자는 덕이 부족한 즉 그대들 오가(五加)에서 덕이 높은 자를 단군으로 추대해 대통을 잇도록 하라."

말씀하시고 붕어하시니 온 백성들이 통곡하고 슬픔을 참지 못해 가슴을 쥐어뜯는 사람들도 있었다. 오가의 대표들은 즉시 화백회의를 열어 우가(牛加)의 대표인 노을님을 제 10세 단군으로 추대하였다.

BC 1850(辛卯, 신묘)년 제 10세 단군위에 등극하신 노을(魯乙) 황제께서는 백성들이 사는 곳을 자주 방문하시어 안부를 물으셨다. 이 소식을 들은 천하의 현자들이 다투어 모여들어 덕을 칭송하고 가르침을 받고자 하였다.

BC 1946(乙未, 을미)년에는 들에다 큰 나무 하나를 세우도록 명하시고 이를 신원목(伸寃木. 원통함을 바르게 한다는 뜻)이라 하시고 그곳에서 백성들의 어렵고 힘들거나 억울한 사정을 직접 들으시니 모든 신하와 관리들이 함부로 백성들을 괴롭히는 일이 없었다.

BC 1935(丙午, 병오)년에는 동문 밖 10리 되는 곳에 연꽃이 피어 오래도록 지지 않았다. 그리고 천하(天河; 천지인 듯함)에서 거북 한마리가 나왔는데 등에 윷판 같은 그림이 있어서 기이하게 여긴 백성이 잡아 황제께 받쳤다. 이에 황제께서는 거북이 등을 유심히 관찰하신 뒤에 하늘과 땅의 이치를 깨달으셨다. 을축(乙丑, BC 1916)년에는 기후를 관측할 수 있는 대(台)를 설치하시니 세상에서 처음 있는 천문대이다.

BC 1892(己丑, 기축)년 단군위에 오르신지 59년째 되던 해에 황제께서 붕어하시고 이듬해 태자 도해(道海)님께서 그 뒤를 이으니 이분이 제 11세 단군이시다.

11세 단군 도해 황제께서는 등극하시자 배달 신시(神市)의 뜻을 기리기 위해 명을 내리셨다.

"천하에 가장 수려한 명산(名山) 열두 곳에 소도(蘇塗; 오늘날의 성황당)를 설치하라. 그리고 젊은이들로 하여금 소도에서 국선(國仙)의 도를 닦게 하여 나라의 동량이 되게 하라."

또 명하시기를

"소도에는 많은 박달나무를 심고 그 중 가장 큰 나무에다 환웅상(桓雄像)을 깎아 모시고 제사지내도록 하라."

하시었다. 그리고 10월에는 큰 전각(殿閣; 오늘날의 절)을
세우도록 명하시고 천제(天帝) 환웅 상(像)을 박달나무로 조
각해 전각 안 높은 곳에 모시고 제사지내도록 하셨다. 때에
환웅 천제의 머리에서 광명한 빛이 해처럼 빛났으며 온 우
주를 밝히듯 눈부셨다. 또 많은 박달나무 밑에 심어놓은 환
화(桓花; 하늘꽃, 무궁화)에 천제께서 앉아 계시는 모습이
보였는데 살아있는 참 신(神)이 둥근 원(圓) 안에 한결같이
앉아있는 듯했다. 이에 천부인(天符印; 북, 칼, 거울)으로 마
음을 보존하는 징표로 삼고 환화(桓花) 위에 앉아계신 천제
의 모습을 그림으로 그려 전각에 모시고 이를 거발환(居發
桓) 천제라 불렀다. 황제께서 친히 거발환 천제 상(像) 앞에
서 3일간 근신하여 마음을 경건히 하고 7일간 환웅 천제의
가르침을 강론하시니 그때의 풍속이 사해(四海; 온 세상)에
전해져 오늘날 신상(神像) 앞에서 설법하는 풍속이 그때 처
음 시작되었던 것이다.

BC 1835(丙戌, 병술)년 도해 황제께서 단군 위에 오르신지
57년 되던 해까지 교화의 법을 설하시다가 붕어하셨는데 단
군의 위를 태자에게 전하지 않으시고 성품이 어진 우가(牛加)
의 대표 아한(阿漢)님께 제 12세 단군 위를 물려 주셨다.

12세 단군 아한 황제께서 등극하신 지 2년 되던 해 4월 초 여름에 뿔이 하나밖에 없는 짐승이 송화강 북쪽에 나타나 모두 놀라고 기이하게 생각했다. 황제께서 변란이 일어날 불길한 징조로 여기시고 말씀하셨다.

"괴이한 짐승이 나타나면 나라에 불길한 일이 일어날 징조를 하늘이 나타내 보이심이라. 즉시 천하를 순시하려 하노라."하시고 그해 8월에 나라 안을 두루 둘러보셨다. 요하(遼河) 남쪽을 순시하실 때는 순수관경비(巡狩菅境碑)를 세우되 역대 단군 제왕의 이름을 비석에 새겨 넣도록 명하시었다.

이처럼 황제께서 천하를 순시하심에 나라에 아무런 일도 일어나지 않았다. 모든 제후국 왕들은 감히 게으르지 못하고 정사(政事)에 열중했으므로 자연히 천하가 태평했다. 을묘(乙卯)년에는 청아(靑莪)의 욕살 비신(丕信)과 서옥저(西沃沮.; 요동빈도)의 욕살 고사침(高士琛)과 맥성(貊城) 욕살 돌개(突蓋)를 왕으로 승차시키셨다.

BC 1783(戊午, 무오)년 단군께서 붕어하시니 이듬해 우가(牛加)의 홀달(惚達)님이 어진 덕이 있으시어 제 13세 단군으로 즉위하셨다.

141

13세 단군 홀달 황제께서 즉위하신 뒤로 십수년간 천하는 평화로웠고 백성은 노래하며 단군의 덕을 칭송했다. 그러던 중 갑오(甲午, BC 1767)년에 은(殷)나라 탕황(湯王)이 하(夏)나라 걸왕(桀王)을 정벌하려고 군사를 일으키자 걸왕이 급히 황제께 구원을 청해왔다. 이에 황제께서 말씀하셨다.

　"서쪽의 걸(桀)이 비록 덕을 잃었다 하나 전쟁은 백성의 목숨이 달린 일이라 가서 탕(湯)을 꾸짖고 걸을 구원해주는 것이 옳도다. 장군 말량(末良)은 구환(九桓)의 군사를 이끌고 가서 걸을 구해주도록 하라."

　황제의 명을 받은 장군 말량이 군사를 이끌고 풍우같이 달려가자 탕왕(湯王)이 놀라 급히 사신을 보내 사죄했다. 이에 황명을 내려 말량 장군의 군사를 되돌리게 하셨다. 그러나 뜻밖에도 걸왕이 갑자기 말량의 군대를 급습했다.

　소식을 들은 황제께서 크게 노하시어 신지(臣智) 우량(于亮)을 불렀다,

　"걸이 감히 명을 어기니 그냥 둘 수 없다. 그대는 군대를 이끌고 가서 은나라 탕왕과 함께 걸왕을 정벌토록 하라. 그리고 빈, 기(岐; 오늘날의 섬서성) 땅에 관청을 설치하고 저들을 다스리도록 하라."

　하고 명하시었다. 명을 받은 우량이 드디어 은의 탕왕과 함께 하나라를 멸망시키고 걸왕을 잡아 죽였다.

BC 1763(戊戌, 무술)년 황제께서 천하에 소도를 많이 설치하도록 명하시고 천지화(天指花; 무궁화)를 널리 심도록 장려하셨다. 그리고 청소년들로 하여금 글을 읽고 활 쏘는 공부를 하도록 명하시니 이들 청소년들을 국자랑(國子郎)이라 이름 지으셨다. 국자랑들은 머리에 천지화를 꽂았으므로 천지화랑(天指花郎)이라고도 했다.

BC 1722(戊辰, 무진)년 13세 단군 홀달 황제께서 붕어하시니 백성들은 배를 굶고 통곡하는 소리가 끊이지 않았다. 이듬해 우가(牛加)의 고불(古弗)님께서 어진 덕이 있어 오가(五加)가 화백회의를 열어 단군으로 추대하니 이분이 제14세 단군이시다.

14세 단군 고불 황제께서 즉위하신지 6년(乙酉, 을유 BC 1716)되던 해였다. 가뭄이 심해 곡식이 말라죽어가므로 백성들의 시름이 깊어가고 하늘을 원망하는 소리까지 들렸다. 이에 황제께서 "제왕이 덕이 없고 정성이 부족했던 탓이로다." 하시고 신단에 친히 나아가 제물을 올리고 하늘에 기도하여 비 오기를 기원하시며 고하시기를 "하늘이 비록 원대하게 크지만 백성이 없으면 어찌 베풀어 줄 것이 있으며 비가 비록 땅을 기름지게 하나 곡식이 없으면 어찌 귀하겠나이까. 백성이 하늘처럼 여기는 것은 곡식이요, 하늘의 마음은 사람이라 하늘과 사람이 한 몸일진데 하늘이 어찌 사람을 버리려 하시나이까. 비를 내리시어 곡식을 촉촉이 적셔 백성을 구제해 주소서." 하고 말씀을 마치시니 때맞추어 큰 비가 수천리에 내렸다.

BC 1662(己卯, 기묘)년 제 14세 단군위에 오르신지 16년 만에 천하 백성을 위해 노심초사하시던 황제께서 붕어하시니 이듬해 태자 대음(大音)께서 제15세 단군으로 즉위하셨다. 대음 황제께서 치세시에는 양운국(養雲國)과 수밀이국(須密爾國; 슈메르)이 특산물을 바치고 태백산에 역대 단군의 이름과 공적을 새긴 비석을 세우는 일 외에 치세 51년간 큰 일이 없었다.

BC 1611(庚午, 경오)년에 대음 황제께서 붕어하시고 이듬해 우가(牛加)의 위나(尉那)께서 가장 어질고 덕이 있어 제 16세 단군으로 즉위하셨다.

제 16세 단군으로 즉위하신 위나 황제께서는 옛 풍속을 그대로 지키면서 홍익에 힘쓰시니 천하가 더욱 풍족하고 평화로웠다. 제위에 오르신 지 28년 되던 해 무술(戊戌, BC 1583)년에 구환(九桓)의 모든 나라 왕들을 영고탑(寧古塔)에 모이도록 명하시고 함께 삼신(三神)에게 제사 올리시고 환인, 환웅, 치우, 단군 왕검을 신으로 모시고 제사 올리도록 하셨다. 제사올린 뒤에 닷새 동안 연회를 베풀고 환웅 교화경을 외우기도 하고 마당 밟기를 하면서 춤추며 애환(愛桓; 한님을 사랑함)이란 노래를 지어 불렀는데 다음과 같다.

산에 꽃이 피었네
산에 꽃이 피었네
지난 해 만 그루 심고
올해 만 그루 심었네
불함산에 봄이 오면
붉은 꽃이 만발하네
천신(天神)께서 다스리시니
태평하고 즐거워라

BC 1333(戊辰, 무진)년 위나 황제께서 단군위에 오르신지 5년만에 붕어하시니 이듬해 태자 여을(余乙)님께서 제 17세 단군으로 즉위하셨다.

17세 단군 여을 황제께서 단군위에 오르신지 52년 되던 해(甲申, BC 1301)였다. 오가(五加)의 대표들과 함께 천하를 순시하시다가 개사성(蓋斯城) 근처에서 푸른 도포를 입은

145

한 노인이 황제께 하례를 드리고 말했다.

"오래 신선의 나라에 살면서 신선의 백성으로 살아가고 있나이다. 단군 제왕의 덕이 천하에 두루 미치시니 원한이 없고 왕도는 치우침이 없으시어 백성은 이웃끼리 근심, 걱정, 고통, 재앙을 볼 수 없고 믿음으로 경계를 관할하심에 모든 나라와 성(城)이 서로 전쟁을 하지 않나이다."

푸른 도포 입은 노인의 칭송을 들으신 황제께서 이와 같이 대답하셨다.

"그대의 말, 기쁘게 받아들이노라, 기쁘게 받아들이노라. 짐이 날마다 닦은 덕이 얕은지라 백성이 바라는 바에 보답하지 못할까 두렵도다." 하시고 더욱 홍익치세하실 것을 마음으로 굳게 다짐하셨다.

그로부터 16년을 더 홍익치세 하시다가 BC 1485(丙子, 병자)년 17세 단군위에 오르신지 68년째 되던 해에 여을 황제께서 붕어하시니 천하곳곳의 백성들이 애통함을 금하지 못했다.

이듬해 태자께서 제 18세 단군위에 오르시니 이분이 동엄(冬奄)황제이시다. 제위 49년간 홍익으로 치세하시다가 을축(乙丑, BC 1436)년에 붕어하시고 이듬해(丙寅, BC 1435) 태자 구모소께서 제 19세 단군으로 즉위하셨다. 치세중 별들이 일주하는 궤도를 관측해 책력을 만드셨다. 제위에 계신지

55년(己未 , BC 1381)만에 붕어하시고 우가(牛加) 고홀(固忽)님이 어진 덕이 있어 제 20세 단군위에 오르셨다.

제20세 단군 고홀 황제께서는 치세 45년간 대대로 이어져온 풍속대로 교화의 덕으로 천하를 다스리셨으나 야심 많은 무리들이 크고 작은 반란을 일으켜 여간 고심하지 않으시다가 癸卯(계묘, BC 1338)년에 붕어하셨다.

BC 1337(甲辰, 갑진)년에 태자 소태(蘇台)께서 제 21세 단군위에 오르셨다. 그해 은나라 왕 소을(小乙)이 사신을 보내 공물을 바치는 등 47년간 각 제후들이 복종했으므로 천하가 태평할 수 있었다. 그러나 경인(庚寅; BC1291)년에 은나라 왕 무정(武丁)이 기필코 작은 나라 귀방(鬼方; 지금의 귀주성으로 추증)을 침략하더니 또 대군을 일으켜 전쟁 준비없이 평화롭게 지내던 영지(令支; 지금의 하북성)를 침범하고 색도(索度; 지금의 북경 이북지역)까지 넘보았다.

이에 대로한 황제께서 "저 은나라 왕 무정은 참으로 은혜를 모르는 불의한 자다." 하시고 즉시 대군을 보내 섬멸시키니 화해를 청하고 조공을 바쳤다. 그러나 이때부터 단군의 명을 받들지 않는 제후들이 하나 둘 늘어나기 시작했다.

임진(壬辰, BC 1289)년에는 오가(五加)의 무리 중 개사원

(蓋斯原)의 욕살(褥薩; 지방 장관) 고등(高登)이 큰 꿈을 가지고 몰래 군사를 일으켜 아무런 방비가 없는 귀방(鬼方)을 습격해 멸망시키고 일군국(一群國; 조선 12연방의 하나)과 양운국(養雲國. 조선 12연방국의 하나) 두 나라를 급박해 조공을 바치게 했다. 또 고등은 많은 백성들을 징발해 더욱 많은 군대를 훈련시켜 서북 땅을 침공해 차지하니 그 세력이 매우 강성하였다. 고등은 강성한 군대 세력을 믿고 단군께 여러차례 사신을 보내 청했다.

"신은 결코 제왕의 명을 어기는 것이 아닙니다. 저들이 음흉하게도 제왕의 명을 거역하는지라 신이 대신 응징한 것입니다. 이제 저들을 다스리려면 부득이 저로 하여금 우현왕(右賢王; 단군 제왕을 모시는 제후로서 좌우 현왕이 있었다.)으로 봉해주소서." 하였다.

소태 황제께서 큰나라 제후가 되고 싶은 고등의 속셈을 모르시는 바 아니어서 거듭 허락지 않으시고 군대를 파견해 고등을 치려 하셨으나 전쟁으로 백성들이 죽어가는 것을 볼 수 없다 하시며 마침내 고등을 우현왕으로 봉해 주셨다.

BC 1286(乙未, 을미)년 우현왕 고등이 죽고 손자 색불루(色弗婁)가 우현왕위에 올랐다. 단군 소태 황제께서 이때 나라 안을 순시하시다가 해성(海城; 지금의 요녕성)에서 부로

(父老)들을 불러 함께 하늘에 제사지내시고 노래와 춤을 즐기신 뒤 오가(五加)를 불러 "짐이 이제 늙어 제위를 지키기 어렵노라."하시고 제 22세 단군 위를 물려줄 의논을 하셨다. 이에 우현왕 색불루가 사냥하는 무리 수천 명을 이끌고 부여(夫餘)에 새로운 궁궐을 짓고 스스로 단군이라 칭하고 즉위하니 소태 단군께서 천하를 다스림에 싫증이 나고 싸우는 인간사가 보기 싫다 하시며 국보 옥책(玉冊)을 색불루에게 전하고 아사달에 은거해 계시다 붕어하시니 을미(乙未, BC 1286)년이었다, 이 해에 고죽국(孤竹國; 조선 12연방국의 하나, 지금의 북경지역)의 백이와 숙제께서 나라를 버리고 동해(凍海; 발해만) 근처에서 밭을 갈며 살아갔다.

이로서 1세 단군이신 왕검 성존께서 국호를 조선이라 하신 후 21대 1049년 동안 태자 또는 화백회의에서 어진 덕이 있는 자만이 선출돼 단군위에 오르던 전통이 막을 내렸고, 교화의 덕으로 천하를 다스리던 시대가 물러가고 오직 힘 있는 자가 군림하는 시대가 도래하고 말았으니 홍익인간의 도로 이화세계를 펼쳐 왔던 하늘나라 민족의 시련은 이때부터 싹트기 시작했던 것이다.

BC 1285(丙申, 병신)년에 정식으로 22세 단군위에 오르신 색불루 황제께서는 매우 용감하고 지략이 뛰어난 분이셨다. 단군위에 오르신 그해 11월 남쪽의 은나라가 또 다시 군사를 일으켜 변란을 획책하므로 친히 구환(九桓)의 대군을 이끌고 가서 섬멸시켰다. 그러나 단군이 계시는 황궁이 먼 것을 기회로 삼아 전쟁을 또 일으키므로 아예 서울을 격파하고 달아나는 은왕을 황하까지 추격해서 목을 베니 비로소 위세가 펼쳐지고 천하가 안정되었다.

신축(辛丑)년에 신지 육우(陸右)가 천하가 옛날처럼 태평스럽지 못함을 생각하고 황제께 아뢰었다.

"아사달은 천년간 다스림의 기운이 있는 땅이라 큰 운이 이미 쇠하였나이다. 하오니 왕기(王氣)가 크게 성한 곳이 영고탑(寧古塔)인 듯 하오니 성을 새로 쌓아 도읍을 그곳으로 옮기는 것이 좋을 듯하옵니다."

그러나 황제께서는 "신도(新度; 새 서울, 북부여 지역)에 이미 집이 있거늘 어찌 다른 곳으로 옮기리오."하시고 허락하지 않으셨다. 이후로도 은과 그 밖의 변방 제후들이 자주 난을 일으켰는데 특히 신독(伸督)이란 장수가 큰 병력으로 침범해 황제께서 한때 영고탑으로 피신간 적도 있었으나 다 평정하시고 계미(癸未, BC 1238)년 제위 48년만에 붕어하시니 태자 아홀(阿忽)님께서 제 23세 단군으로 즉위하셨다.

23세 단군 아홀 황제는 즉위하시자 즉시 숙부 고불가(固

弗加)를 낙랑홀(樂郎忽; 지금의 북경)을 통치하도록 명하시고 장군 웅갈손(熊乫孫)을 보내 남쪽 변방(현재 중국의 남쪽)을 정벌토록 하신 뒤 은나라에서 여섯 읍(작은 나라 제후국)이 서로 싸우는 것을 보고 모두 주살토록 명하셨다. 이에 웅갈손 장군은 서로 싸우는 여섯 읍 군대를 무찌르고 22세 단군 색불루 황제를 한때 영고탑으로 피난하도록 침공한 신독(伸督)까지 잡아 죽였다.

BC 1162(己亥, 기해)년 단군 위에 오르신지 78년간 여러 차례 무력으로 천하의 난을 평정하시던 아홉 황제께서 붕어하시고 이듬해 태자 연나(延那)님께서 제 24세 단군위에 오르셨다.

24세 단군 연나(延那) 황제께서는 여러 제후국 왕들에게 조서를 내려 소도를 많이 세우고 나라에 이변이 일어나면 소도에서 삼신께 기도하게 하므로써 백성의 마음을 하나로 모았다. 경술(庚戌, BC 1151)년에 단군위에 오르신지 11년만에 붕어하시고 태자 솔나(率那)님이 뒤를 이어 제 25세 단군위에 오르셨다.

솔나 황제께서는 88년간 천하를 다스리셨는데 배달 환웅의 가르침을 강론하시기를 그치지 않으셨다. 어느 날 삼랑(三郎) 홍운성(洪雲性)에게 직언하는 신하와 아첨하는 신하를 어떻게 구분할 것인가를 물으셨다.

이에 삼랑 홍운선이 "이치를 굽히지 않는 자가 직언하는 신하이옵고 위세를 두려워하여 굽히고 복종만 하는 자는 아첨하는 신하입니다. 임금은 근원이요 신하는 흐르는 물이니 근원이 이미 흐렸으면 흐르는 물이 맑기를 바라도 맑아지지 않습니다. 하여 임금이 성인이 된 후라야 신하가 바르게 되는 것입니다." 하고 대답했다.

황제께서 기뻐하며 말씀하셨다.

"그대 말이 옳도다. 그대 말이 옳도다. 임금이 성인인 즉 어찌 아첨하는 무리가 있으리요." 하시며 몸과 마음을 닦음에 게으르지 않으시니 천하가 성군이라 칭송하고 복종했다.

BC 1063(戊寅, 무인)년 솔나 황제께서 단군 위에 오르셔서 교화로 다스리신 지 88년째 되는 해에 붕어하시고 이듬해 태자 추로(鄒魯)님께서 제26세 단군위에 오르셨다.

추로 황제 역시 아버지 솔나 황제의 예를 따라 성인의 도를 닦으며 치세하시다가 단군 위에 오르신지 65년째 되는 해 계미(癸未, BC 998)년에 붕어하시고 이듬해 태자 두밀(豆密)님께서 제 27세 단군위에 오르셨다.

두밀 황제 제위시에 큰 가뭄이 있었고 또 큰 비가 내렸다.(辛卯, BC 990년). 이에 나라 곳간을 열어 백성을 구제하시고 제위 26년 되는 해 기유(己酉, BC 972)년에 붕어하시고 태자 해모(奚牟)님께서 제 28대 단군위에 오르셨다. 제위 28년간 평화롭게 나라를 다스리시다가 정묘(丁卯, BC 944)년에 붕어하셨다.

이듬해 뒤를 이어 태자 마휴(摩休)님께서 제 29세 단군위에 오르셨는데 단군위에 오르시던 날 주(周; 중국 한족 무황이 은나라를 멸망시키고 세운 나라) 나라 사신이 공물을 바치고 충성을 맹세하고 돌아갔다. 신해(辛亥, BC 910)년에 단군위에 오르신지 34년 만에 붕어하시고 이듬해 태자 내휴(奈休)님께서 제 30세 단군위에 오르셨다. 내휴 황제께서는 배달 환웅이신 치우천황께서 도읍으로 정하고 천하를 다스리셨던 청구(靑邱)를 둘러보시고 여러 나라 왕들의 인사를 받고 병사를 시열한 뒤 하늘에 제사를 올리셨다. 그리고 주나라가 주변 제후국들을 통합하고 왕이라 자칭하며 수교를 요청하므로 허락하셨다. 병술(丙戌, BC 975)년 제위 35년째 되는 해 붕어하시고 태자 등올님께서 제 31세 단군으로 즉위하시고 25년간 천하를 편안히 다스리시다가 신해(辛亥, BC 850)년에 붕어하셨다.

이듬해 뒤를 이어 태자 추밀(鄒密)님께서 제 32세 단군으로 즉위하셨다. 제위중에 초(楚; 춘추전국시대의 한 나라 이름)나라 대부 이문기(李文起)가 단군의 백성이 되기를 간청해 벼슬을 주어 살게 하셨다. 신사(辛巳, BC 820)년 제위 30년 되는 해에 붕어하시고 태자 감물(甘勿)님께서 제 33세 단군으로 즉위하셨다. 감물 황제께서는 오직 삼신의 가르침만을 따르며 치세하시다가 을사(乙巳, BC 796)년에 붕어하시고 이듬해 태자 오루문(奧婁門)님께서 제 34세 단군으로 즉위하셨다. 오루문 황제 치세중 병오(丙午, BC 793)년에 풍년이 들어 백성들이 '도리가' 라는 노래를 지어 불렀는데 그 내용은 다음과 같다.

하늘에는 찬란한 아침해 있어
광명하게 밝은 빛 비추이고
나라에는 성인이 계시니
널리 교화의 덕을 입었다네
큰 나라 우리 배달
많고 많은 성군이 다스린 나라
많은 사람 매운 정치 못보았네
밝고 행복한 노래 부르세
한없이 오래 오래 태평하리라

BC 773(戊辰, 무진)년에 단군 오루문 황제께서 붕어하시고 태자 사벌(沙伐)님께서 제 35세 단군위에 오르셨다.

35세 단군 사벌 황제 제위 88년 동안 천하에 불길한 일이 끊이질 않았다. 갑술(甲戌, BC 767)년에는 황충(蝗蟲)의 피해가 큰데다 큰 비가 내려 홍수로 인해 많은 백성들이 해를 입었다. 임오(壬午)년에는 범이 황궁으로 들어와 소란을 피우고 임진(壬辰)년에는 산이 무너질 만큼 큰 비가 내렸다. 무오(戊午)년에는 언파불합(彦波弗哈)장군으로 하여금 웅습(熊襲; 지금의 일본 큐슈 지방)을 평정하게 하시고 갑술(甲戌, BC 723)년에는 조을(祖乙) 장군을 파견해 연나라 서울을 함락시키고 제나라 까지 쳐들어가 임치(臨淄; 지금의 산동지방) 남쪽에서 제나라군을 대파시켰다.

BC 705(丙子, 병자)년 단군위에 오르신지 68년 만에 사벌 황제께서 붕어하시고 태자 매륵(買勒)님께서 제 36세 단군으로 즉위하셨다. 36세 단군 매륵 황제 제위 58년 역시 싸움이 그치질 않았다. 특히 연(燕; 지금의 하북성)나라가 제(濟)나라와 손잡고 고죽국(孤竹國; 지금의 북경)을 자주 침범하므로 수유(須臾) 장군으로 하여금 연나라를 토벌토록 명하셨다. 이에 연 왕이 화해를 구걸하므로 마지 못해 화친하도록 조서를 내리시니 제와 연 두 나라 왕이 하늘에 감읍하고 돌아갔다.

BC 647(甲戌, 갑술)년에 단군 매륵 황제께서 붕어하시고 태자 마물(麻勿)님께서 제 37세 단군으로 즉위하셨다. 제위 56년간 큰 일 없이 천하를 다스리시다가 경오(庚午, BC 591)년에 남쪽을 순시하시다가 기수(淇水)에서 붕어하시고 이듬해 태자 다물(多勿)님께서 제 38세 단군으로 즉위하셨다. 45년간 천하를 다스리시다가 을묘(乙卯, BC 546)년에 붕어하시고 태자 두홀(豆忽)님께서 제 39세 단군에 즉위하시어 36년간 천하를 대스리시다가 신묘(辛卯, BC 510)년에 붕어하시고 이듬해 태자 달음(達音)님께서 제 40세 단군으로 즉위하시어 18년간 천하를 다스리시다 기유(己酉, BC 492)년에 붕어하시고 태자 음차(音次)님께서 제41세 단군에 즉위하셨다. 20년간 천하를 다스리시다가 기사(己巳, BC 422)년에 붕어하시고 태자 을우지(乙于支)님께서 이듬해에 제 42세 단군으로 즉위하시어 제위 10년간 천하를 다스렸는데 기묘(己卯, BC 462)년에 붕어하셨다. 36세 단군 마물 황제로부터 42세 단군 을우지 황제까지 무려 243년간 변란이 끊이질 않았으며 특히 중국의 신진 세력들이 복종하지 않으므로 국력이 크게 약화되었다.

42세 단군 을우지 황제께서 붕어하신 이듬해 경진(庚辰, BC 461)년에 태자 물리(勿理)님께서 제 43세 단군위에 오르셨는데 제위 36년 동안 다른 곳에서 이주해온 민족들이 내란을 자주 일으켜 천하를 호령하던 단군의 위상이 크게 추락할 수 밖에 없었다.

을묘(乙卯, BC 461)년에는 일개 사냥꾼이었던 우화충(于和沖)이란 자가 장군을 자칭하며 수만명 무리를 모아 서북 36군을 함락시켰으나 단군의 병력은 이기지 못했으며 겨울에는 우화충이 황궁까지 침범하므로 황제께서 종묘사직의 신주를 받들어 모시고 배로 해두(海頭)까지 피신하셨다가 붕어하셨다. 다행히 백민성(白民城)의 욕살 구물(丘勿; 단군의 후예)이 황제의 명을 받들어 군사를 이끌고 왔으며 동서 압록 18개 성의 욕살들이 병력을 보내 황궁 탈환에 가담해 주었다. 그리고 물리 황제께서 해두에서 붕어하시자 권력을 장악하고 태자 대신 추대를 받아 단군 위에 오르셨다.

BC 425(丙辰)년 구물(丘勿)님께서 제 44세 단군위에 오르셨는데 황제께서는 그 해 3월에 강물을 막아 가득히 불어난 물을 도성(度城)으로 흘려보내 적을 혼란에 빠뜨리시고 친히 만 명의 군사를 이끌고 가시어 도적들의 수괴 우화충을 잡아 죽이고 무리를 모두 척살하시었다. 그리고 3월 16일에 하늘에 제사지내시고 나라 이름을 조선에서 대부여(大夫餘)라 고치셨다. 또한 삼한(三韓)을 삼조선(三朝鮮)이라 불렀는데 제 43세까지 오직 단군 한분의 통치를 받아왔던 천하가 이때부터 전쟁에서 공을 세운 여러 제후들과 욕살 등에 의해서 사분오열되기 시작했다.

단제께서는 그들을 다스릴 힘이 없음을 아시고 7월에 해성(海城)을 개축해 평양이라 부르고 별도의 궁궐을 짓도록 하셨다. 이로써 천하를 교화로써 다스리던 시대는 사실상 완전히 막을 내렸다. 그리고 광활한 대륙을 통치하던 환국과 배달국의 위엄과 힘도 서산에 지는 해처럼 완전히 기울었으며 후일 중국의 호전적인 통치자들이 마치 누에가 뽕잎을 갉아먹듯 국토를 탈취해 오늘날 백두산 절반을 차지할 만큼 영토를 확장했던 것이다.

그러나 44세 단군 구물 황제께서 비록 힘을 잃었지만 고래로부터의 위엄이 아직도 완전히 사라진 것은 아니었다. 감찰관을 각 주(州)와 군(郡)에 파견해서 백성들을 보살피고 효도하는 자에게는 상을 주고 청렴한 관리를 찾아내 직급을 올려주는 등 옛 영광을 되찾기 위해 많은 개혁을 단행하셨다. 그런 소문이 나자 연나라 등 여러 제후들이 사신을 보내와 하례를 드리기도 했다.

그러나 BC 397(甲申, 갑신)년 구물 황제께서 뜻을 완전히 이루기도 전에 제위 29년 만에 붕어하시니 여러 제후와 욕살들이 기다렸다는 듯이 군사를 일으키려 하였다. BC

396(乙酉, 을유)년 뒤를 이어 태자 여루(余婁)님께서 제 45세 단군에 즉위하셨는데 병진(丙辰, BC 365)년에 연나라 배도(倍道)란 자가 제나라와 힘을 합해 기어코 군사를 이끌고 요서(지금의 산서성 인근)를 함락시켰으며 요녕성까지 넘보았다. 이에 황제께서 명을 내려 번(番)조선의 우문언(于文言) 대장군으로 하여금 요녕성을 지키게 하고 진(眞)과 막(寞) 조선의 군대를 보내 요녕성으로 오는 길목 오도하(五道河)에 매복해 있다가 연, 제 두 나라 연합군을 협공해 일거에 쳐부수고 요서를 되찾은 뒤 패퇴하는 적군을 도륙하니 산과 들에 유혈이 낭자하고 시체가 산더미처럼 쌓였다.

정사(丁巳, BC 364)년에는 연나라가 또 군사를 기르고 연운도(蓮雲島)에서 배를 만들며 쳐들어올 기세였으므로 우문언 대장군이 먼저 그들을 공격해 적장을 죽이고 더는 침략할 마음을 먹지 못하게 하였다. 그러나 연나라는 끈질기게 침략의 야욕을 버리지 않았으므로 신미(辛未, BC 350)년에는 북막(北漠; 몽고족으로 추정됨)의 추장 액니거길(厄尼車吉)이 마침 말 200필을 바치고 연나라 칠 것을 청하므로 번조선(番朝鮮)의 젊은 장수 신불사(申不私)에게 명하시어 병력 만 명을 이끌고 액니거길과 함께 연나라를 쳤다. 그리고 상곡(上谷; 지금의 하북성 근처) 위쪽으로 침범하지 못하도록 성을 쌓아 지키게 하셨다. 이후 해마다 연나라가 상곡을 침범해오다가 무인(戊寅, BC 343)년에 이르러 연나라를 크게 정벌할 계획을 세우자 연나라 왕이 급히 사신을 보내 화친을 청하므로 허락하시고 조양(造陽; 대능하 근처) 서쪽으로 경계를 다시 정했다.

BC 342(己卯, 기묘)년 여름에 가뭄이 심했다. 이에 감옥에 갇힌 죄수들을 크게 방면하시고 친히 기우제를 지내시니 비가 내렸는데 그해 9월에 병을 얻어 곧 붕어하셨다.

이듬해 태자 보을(普乙)님께서 제 46세 단군에 즉위하셨다. 단군위에 오르신 그해 경진(庚辰, BC 341)년 12월에 번조선 왕 해인(解仁)이 연나라 자객에게 시해당하고 정사(丁巳, BC 304)년에는 환궁 성안에 큰 불이 나 황제께서 해성(海城; 지금의 평양)의 이궁(離宮)으로 피난하시는 등 나라에 재앙이 그치지를 않았다. 특히 해성에 계시는 동안 을축(乙丑, BC 296)년에 한개(韓介)란 자가 야심을 품고 황궁을 점령해 스스로 왕이 되려 하다가 고열가(高列加)께서 병력을 모아 저들을 쳐부수고 한개를 잡아 목을 베었다.

해성에 계시던 황제께서 궁으로 돌아오셨으나 연이어 일어난 환란으로 인해 국력이 크게 쇠퇴했다. 나라를 운영할 비용도 모자랄 정도로 피폐했으므로 심히 괴로워하시던 황제께서 후사를 정하지 못하시고 붕어하셨다. 이에 공이 큰 고열가(古列加)님께서 제 43세 단군 물리(勿理) 황제의 현손이셨으므로 신하들의 추대를 받아 제 47세 단군에 즉위하셨다.

단군 고열가 황제께서는 천성이 너무 어질고 순하기만 하시었다. 그러므로 여러 제후들이 공물을 바치지 않았으며 난을 일으켜도 정벌할 생각조차 않으시니 단군의 권위가 저절로 땅에 떨어졌다. BC 239(壬戌, 임술)년 음력 4월 8일 해모수(解慕漱)가 웅심산(熊心山)에서 득도하신 후 산에서 내려와 군대를 일으켰다.

이에 나라 경영을 더 할 자신이 없으셨던지 BC 238(癸亥, 계해)년 3월 저녁에 드디어 제 47세 단군 고열가 황제께서 하늘에 제사지내시고 오가(五加)의 대표들에게 선포하셨다.

"옛날 우리의 성군이셨던 선조들께서는 대대로 덕으로 천하를 다스리시니 오랜 세월 덕이 미치지 않은 곳이 없었노라. 그러나 지금은 왕도의 법령은 쇠퇴하여 힘이 미약하고 여러 제후국의 왕들은 강성한 힘으로 오직 전쟁을 일삼으니 짐은 덕이 없고 나약하여 능히 백성을 어루만질 방책이 없어 백성은 흩어져 떠나가는도다. 생각건대 그대들 오가(五加)는 어진 이를 찾아 단군으로 추대하도록 하라."

하시고 또 "옥문을 크게 열어 사형수들 이하 모든 죄수들을 돌려 보내도록 하라."하시었다.

그리고 다음날 단군위를 벗어버리시고 조용히 산으로 들어가셔서 수도하시어 신선에 오르셨는데 오가(五加)는 이후 6년간 공화정치로 나라를 다스렸다.

이로서 BC 2333(戊辰, 무진)년에 1세 단군 왕검 성존께서 배달국을 이어 아사달에서 조선을 세우신 이래 홍익인간의 도로서 교화하고 천하를 덕으로 다스린지 무려 47대 2041년간이었다.

그러나 단군의 맥이 여기서 완전히 막을 내린 것이 아니라 단군의 종실(宗室)이시던 해모수님께서 BC 239(壬戌, 임술)년 음력 4월 8일에 웅심산(熊心山)에서 득도하신 뒤 하산하시어 나라 이름을 북부여라 하시고 스스로 단군이라 하셨으니 단절없이 이어지는 단군 역사 최후의 흥망성쇠를 보라.

역대 단군의 황손이 다스리던 고리국(藁離國)에 왕위에 오르지 못한 한 왕자가 있었다. 일찍이 세상일에 뜻이 없었던 그는 가족을 이끌고 웅심산(熊心山) 속으로 들어가 은거했다. 산을 개척해 농사짓고 사냥하면서 생활하는 일 외는 오직 도를 닦아 신선에 이르고자 수행에만 열중했다. 배달 환웅의 가르침을 익히고 조식(調息)으로 고요함에 들어 신의 세계를 관조하면서 환인(桓因) 한님께서 세상을 다스리심과 한님을 보필하고 계신 환웅 천제와 단군 성존을 만나고자 늘 기원했다.

그렇게 수행에 열중하는 왕자 곁에는 항상 아들 해모수가 함께 수행하고 있었다.

해모수는 어릴 때부터 무술을 익히고 환웅과 단군의 가르침을 배우는 한편 신선도를 닦는 아버지 곁에서 수행에 열중했다.

스무 살이 되던 해에는 이미 아버지의 경지를 넘었다. 환인 한님을 머릿골에서 만나 말씀을 들을 수 있었으며 환웅 천제와 단군 성존의 가르침을 직접 들을 수가 있었다. 뿐만 아니라 천만리 밖의 일을 앉아서 모두 관찰했으며 하늘을 가볍게 뛰어올라 날고 한 번 칼을 휘두르면 멀리 있는 나뭇잎까지 떨어져나갈 정도로 마음으로부터 큰 힘이 나왔다.

BC 239(壬戌, 임술)년 해모수의 나이 23세 되던 해였다. 고열가 황제께서 나약해 천하의 제후들이 단군의 명을 듣지 않는 데다 도적떼들마저 장군을 자처하며 각 처에서 노략질을 일삼아 유리걸식하는 백성들이 늘어났다.

해모수가 보다 못해 "배달의 영광을 이어받은 단군의 나라가 어찌 이리도 허망하게 무너지는가! 환인 한님의 자손으로 태어나 이화세계를 건설하고 살아왔던 우리 배달민족이 타락하지 않고서야 나라가 이 지경에 빠졌으리요." 하고 탄식하며 신단(神壇)에 나아가 하늘에 제사지내고 간절히 기도했다.

"환인 천존님이시여 천존님의 자손들이 배달정신을 잃었 나이다. 단군이 덕이 없고 나약하여 백성들이 가르침을 잊 었으니 어찌하오리까. 비록 나이 어리고 덕이 부족하오나 감히 해모수가 세상에 나아가 천하를 바로 잡고자 하오니 큰 지혜와 힘을 내려 주소서."

하고 기원한 뒤 고요히 눈을 감고 환인 한님께서 말씀해 주시기를 기다렸다.

"너는 눈을 뜨고 나를 보라."

그때 머릿골을 울리며 들려오는 소리가 있어 해모수가 번 쩍 눈을 떴다. 큰 수레 위에 앉으신 환인 한님의 모습은 보 이지 않았으나 역대 환웅 천제와 단군들이 수레를 호위하고 있는 것이 보였다.

해모수가 두 손을 들어 합장해 우러러 보고 말했다.

"천존님이시여 저의 소리를 들으셨나이까! 명을 내려주소서."

"해모수야, 나는 너의 조상 단군 왕검이니라 천존님께서 환웅 천제께 지시를 내리시고 환웅 천제께서 또한 나에게 말씀하시기를 너와 너의 후손이 천존님을 잊지 않고 조석으 로 제사지내고 백성들 또한 그리하면 나라가 온전하리라 하 셨도다. 너는 속히 산에서 내려가 백성들을 구원하라."

환인 한님의 뜻을 받들어 단군 왕검 성존께서 친히 말씀 을 내리시고 곧 사라졌다. 이에 크게 감명한 해모수가 그동안 따르던 무리 500명을 거느리고 산을 내려왔다. 이 날이 음력 4월 초 8일이었다.

산에서 내려오자 즉시 나라를 세워 스스로 단군이라 부르도록 명하시고 나라이름을 북부여라 하셨다. 그리고 웅심산 기슭에 궁궐을 짓도록 하시고 까마귀 깃털로 만든 관을 만들어 썼으며 용을 새긴 큰 칼을 차고 다섯 마리 용이 그려진 수레를 타니 그 모습은 신과 같이 빛났다. 그러나 낮에는 궁에서 정사를 보고 저녁에는 웅심산으로 올라가 수행을 계속해 스스로 마음을 바로 잡았다.

계해(癸亥, BC 238)년 3월 16일에 하늘에 제사지내시고 백성들의 인구를 조사하도록 한 다음 오가(五加)의 가신들이 기르던 병력을 배치하여 백성들을 보호하고 신하와 병사들은 농사지어 자급자족 하도록 명하시었다.

기사(己巳, BC 232)년에 해모수 단군께서 드디어 군사를 이끌고 옛 단군의 도읍으로 물밀 듯이 쳐들어갔다. 그리고 황궁을 장악한 다음 고열가 단군 이래 6년간 공화정치를 하며 권력을 누리고 있던 옛 단군의 신하들인 오가(五加)의 수장들을 회유해 공화정치를 철폐시키니 비로소 모든 무리가 복종하고 정식으로 단군에 추대하였다.

단군에 추대된 해모수 황제는 그해 10월에 여러 신하들에게 명을 내리셨다.

"그대들은 백성들에게 배달의 가르침을 널리 알리고 임신한 여인은 태교(胎敎) 교육을 하도록 하라. 사람은 어머니 뱃속에서부터 듣고 깨우치느니라. 삼신의 가르침을 태아(胎兒)시절부터 듣고 배워두면 세상에 나와서 그 행실이 바를 것이니 장차 그 아이들이 배달의 영광을 꽃피우게 될 것이로다."

이에 모든 태교의 법을 정하고 마을의 수장들을 통해 백성들에게 교육을 시키니 어미 된 자 행실이 곧고 매사에 삼가는 풍속이 생겼다.

해모수 단군께서는 이토록 미래를 대비하는 한편 질서를 잃고 피폐해진 천하를 바로잡고 백성들이 편안하게 살 수 있도록 심혈을 기울이셨다.

그러나 한 번 난을 일으킨 족속들이 버릇을 고치지 못하고 자주 백성들의 집을 약탈했다. 또 고래로부터 침략을 일삼던 연나라가 서쪽 변두리(하북성)를 넘어 지금의 북경 북쪽 창평(昌平)까지 쳐들어와서 국경으로 삼았다.

신사(辛巳, BC 220)년에는 백악산 아사달에서 하늘에 제사지내시고 7월에 궁궐을 짓게 하셨는데 336칸을 짓게 해 천안궁(天安宮)이라 명명하시어 단군의 위엄을 높이셨다.

이즈음 주나라가 열국을 멸망시키고 천하(天下; 중국이 말하는 이때의 천하는 현재 중국의 하북성 이남지역만을 일

컸는다. 그들은 산서성, 감숙성, 섬서성, 귀주성, 하문성, 하남성 등의 작은 도시국가들의 싸움을 열국이라 하였고 그들을 통합한 것을 천하통일이라 한 것이다. 그리고 그들 작은 나라들은 본래 우리 배달국과 조선국 중기까지 제국들에 지나지 않았음을 알아야 한다.)를 통일한 진시황의 폭정이 심한 때였다.

계미(癸未, BC 219)년에는 한나라 사람 책사 장량(張良)이 창해 역사 여홍성으로 하여금 진시황을 암살하도록 계략을 꾸몄다. 이에 비분강개한 여홍성이 철퇴를 들고 진시황을 암살하러 난하를 지나다가 한 비석을 보고 걸음을 멈추었다. 그것은 12세 단군 아한 황제께서 무자(戊子, BC 1833)년 8월에 천하를 순시하시다가 세운 순수관경비였다. 여홍성은 감개가 어려 시를 지어 읊었었는데 그때 지어 읊은 여홍성의 시가 지금도 전해진다.

"마을 밖 변한이라는 곳에 / 평범하지 않은 돌 하나 황량하게 서 있구나. / 받침은 깨지고 철축만 붉고 / 글자는 보이지 않는데 이끼만 푸르게 살아 있도다. / 처음 세워진 뒤 깨지고 엉크러져 있어 / 옛 흥망의 문헌을 자세히 알 수는 없으나 / 이것이 단군의 자취가 아니리요."

이렇게 시를 읊은 여홍성이 길을 떠나 박랑사(博浪沙)에서 진시황의 수레를 철퇴로 내리쳤으나 시황이 다른 수레에 타고 있었으므로 거사를 성공하지 못하고 그만 잡혀 죽고 말았다.

임진(壬辰, BC 209)년에는 진나라에서 진승(陣勝)이란 자가 시황의 폭정에 항거해 일어난 농민 반란군을 이끌고 내란을 일으켰으므로 크게 나라가 어지러웠다. 이에 주나라 시대의 제후국 연, 제, 조나라 백성 수만명이 번(番)조선으로 도망와 단군의 백성이 되고자 귀순해 왔다.

해모수 황제께서 그들의 귀순을 허락하시고 운장(雲障)의 위쪽과 아래쪽에 갈라 살도록 하셨다. 그리고 장군을 파견해 그들을 감독케하므로써 그들을 안정시켜주었다.

병오(丙午, BC 194)년에는 연나라 노관이 한(漢)나라를 배반하고 흉노로 망명하고 또 그의 무리인 위만(衛滿)이 조선에 망명을 요청해왔으나 황제께서 허락하지 않으셨다. 그때 황제께서는 병환이 위중하셨는데 번조선왕 기준(冀準)이 실수로 위만을 상, 하 운장에 살고 있는 연, 제, 조나라 백성들을 다스리도록 조처해 주었다. 병석에 누워 이 사실을 모르고 계시던 해모수 황제께서 그해 겨울에 붕어하셨으며 웅심산(熊心山) 동쪽 기슭에 장사지내니 북부여국 1세 단군위에 오르시어 옛 단군의 영광을 되찾기 위해 노심초사하신지 45

년만이었다.

BC 194(丁未, 정미)년에 태자 모수리님께서 북부여 제 2
세 단군위에 오르셨다. 제위 25년간 1세 단군 해모수 황제
의 치세를 받들어 크게 나라를 부흥시키려 하셨으나 삼한
(三韓 ; 마한, 진한, 변한) 중 변한과 진한의 왕이 단군이 계
시는 마한의 다스림을 따르기는 했으나 각각 수도를 정하고
나라 이름도 별도로 지으므로써 언제든 독립해 천하를 삼분
할 태세였다. 또 위만이 연, 조, 제에서 망명 온 수 만 명의
난민들을 이끌고 수시로 침범해와 국력이 크게 쇠퇴할 수밖
에 없었다. 나중에 위만이 항복하고 조공을 바쳤으나 이미
국력이 엄청나게 소모된 뒤였다.

BC 169(壬申, 임신)년 전 해에 2세 단군 모수리 황제께서
붕어하시고 태자 고계사(高系斯)님께서 제 3세 단군 위에 오
르셨다. 이 해에 낙랑(樂浪; 지금의 북경지역) 왕 최숭(崔崇)
이 곡식 300섬을 바치고 충성을 맹세하고 돌아갔다. 해모수
단군 때에도 낙랑은 진귀한 보물을 바치고 충성을 맹세한
바가 있었다.
그런데 위만이 또 도둑떼를 거느리고 노략질을 일삼아 황
제께서 친히 기병과 보병 각 만 명을 이끌고 가서 모조리 주

살하고 위만을 잡아 죽였다. 이에 단군의 위상을 크게 떨쳐졌으며 일군국(一群國)이 공물을 헌상하기도 했다.

BC 121(庚申, 경신)년 9월에 제위 49년 만에 3세 단군 고해사 황제께서 붕어하시고 이듬해 태자 고우루(高于婁)님께서 제 4세 단군에 즉위하셨다.

4세 단군 고우루 황제 치세 시에는 도적떼들이 서압록(西鴨綠; 지금의 내몽고지역)까지 분탕질했다. 그리고 진나라에 이어 천하를 통일한 한(漢)나라 오랑캐 유철(劉徹)이 황제라 자칭하고 하북성 산해관을 노략질했다. 이에 고두막(高豆幕)의 왕이 한나라군을 연파해 패주시켰다. 한나라는 단군의 세력이 약화됨을 기화로 유방이 진 시황처럼 감히 천자(天子)라 자칭하고 황제라 하니 이로써 소위 중화사상이란 것을 내세우게 되었던 것이다. 천자(天子)라는 말은 본래 천손(天孫) 민족인 우리 한민족이요 배달민족에게 있었던 말이었다. 그럼에도 주나라 무왕이 은나라를 멸망시키고 단군조선의 힘이 미약해짐을 틈타 환웅과 단군만이 칭할 수 있었던 천자(天子)라는 용어를 가져다 썼던 것이다. 그리고 중화주의는 공자로부터 나왔으니 이는 저들의 독립적 제국 건설을 꿈꾸어온 하나의 이상이며 단군 제국에 대한 열등의식에서 비롯된 것이다. 그런데 주나라에 이어 진나라가 천하를 통일했다 하나 하북성을 넘지 못했고 한나라 유방이 진나라를 멸망시키고 항우를 패퇴시켜 천하를 통일했다 하나 역시 하북성을 넘지 못했으니 저들이 말하는 천하통일은 하북성 이남의 여러 도시국가를 통합한 것에 지나지 않는다. 그나마 그들은 배달국과 조선국의 제후국들이었다. 그러나 그 땅이 넓고 많음을 기화로 군사를 크게 늘려 단군의 힘이 미치지 못하자 스스로 단군의 영향으로부터 독립해 중화사상으로 뭉쳐 저들만의 제국을 건설해 종주국 조선을 끊임없이 침범했던 것이니 하인이 힘으로 주인을 밀어내고 주인 행세하는 것과 같다.

BC 108(癸酉, 계유)년 4세 단군 고우루 황제 제위 13년 되던 해였다. 조선 마지막 단군 고열가 황제의 후예인 제(帝)가 북부여가 쇠약해지고 한나라 오랑캐들 세력이 왕성해짐을 보고 천하를 구할 뜻을 세우셨다. 그리고 즉시 졸본(卒本)에서 즉위하시니 스스로 동명(東明; 동쪽에서 밝은 이)이라 하시니 이로서 나라가 북부여와 동부여로 나뉘어졌다.

계유(癸酉(, BC 108)년에 4세 단군 고우루 황제께서 붕어하시고 이듬해 태자 고두막(高豆莫)님께서 북부여 제 5세 단군에 즉위하셨다. 그리고 치세 30년(壬寅, BC 79)에 장차 고구려를 세우게 될 고주몽님께서 한 높은 산의 큰 언덕에서 탄생하셨다. 신유(辛酉, BC 60)년에는 제위 49년 만에 5세 단군 고두막 황제께서 붕어하시고 태자 고무서(高無胥)님께서 북부여 제 6세 단군에 즉위하셨다. 그러나 제위 2년 만인 계해(癸亥, BC 38)년 10월에 붕어하셨는데 슬하에 아들이 없어서 고주몽을 사위로 삼으시고 제 7세 단군위를 전하시니 고주몽의 나이 23세 되던 해 였다.

그러나 고주몽을 시샘한 무리들이 암살하려 하므로 단군위에 오르지 못하고 어머니 유화부인의 명에 따라 오이(烏伊), 마리(摩離), 협부(陜父) 등 세 신하를 거느리고 강을 건너 졸본에 이르러 나라를 세우셨으며 나라 이름을 고구려라 하셨다. 또 스스로 동명(東明)이라 부르시니 이에 대 고구려의 시조가 되시었다.

동명 고주몽 황제께서 태어나심은 이러하다.

선조는 북부여 1세 단군 해모수이시다. 해모수의 둘째 아들인 고진(高辰)의 손자 불리지(弗離支; 혹은 고모수라고도 한다)께서 옥저(沃沮)의 제후로 계셨는데 서쪽의 도적 위만을 정벌하고 서쪽 압록강가를 지나다가 서압록강 주변을 다스리던 족장의 딸 유화(柳花)를 만나 혼인하고 옥저로 돌아갔다가 죽었다. 이에 유화부인은 홀로 낳은 아들 주몽을 안고 윗대 조상 해모수가 북부여를 세웠던 웅심산(熊心山)의

서란(舒蘭; 지금의 길림성 어느 곳)으로 가서 살았다. 그러나 유화부인은 주몽이 점점 자라나면서 사람들이 아비 없는 자식이라 손가락질 하는 것을 보시고 다시 웅심산을 내려오셨다. 그리고 마음 놓고 살만한 곳을 찾아 여러 곳을 전전하시다가 동부여에 정착해 사셨다.

주몽님은 어린시절부터 용맹하고 그 성격이 범상치 않으셨다. 눈은 신과 같이 빛났으며 사람의 마음을 꿰뚫어보는 듯 했다. 또 활을 쏘면 나는 새도 떨어뜨리니 사람들이 이름을 주몽(朱蒙; 활을 잘 쏘는 자라는 뜻)이라 불렀다. 나이 23세 때 황궁의 작은 관리로 일하시다가 6세 단군 고무서 황제께서 그 인물됨을 보시고 사위로 삼으셨다. 그리고 7세 단군위를 사위 주몽에게 전하라 하시고 붕어하셨다. 그러나 단군위를 노리는 많은 고무서 단군의 혈통들이 음모를 꾸며 죽이려하므로 유화부인이 주몽을 불러 말씀하셨다.

"이곳은 네가 뜻을 펼 곳이 아니다. 해모수 단군의 혈통을 이이받은 황손으로서 어찌 네 스스로 독립하지 않을 수 있으리요. 속히 달아나 나라를 세워 단군 해모수 할아버지의 위업을 일으켜 옛 조선의 영광을 되찾도록 하여라."

이에 주몽님께서 어머니와 임신한 아내를 두고 따르는 무리와 함께 졸본천에 이르러 이듬해에 나라를 세워 고구려라 하시니 그때가 BC 58(癸亥, 계해)년이었다. 그로부터 갈라져 있던 여러 나라를 통합하시고 대륙을 호령하시니 지금의 북경까지 국경을 회복하시었다.

그러나 시조 고주몽 황제로부터 7백여 년간 단군의 위업을 계승해 대륙을 호령하던 고구려의 역사도 막을 내렸는데 같은 민족이요 형제국인 저 남쪽의 작은 나라 신라로 인해 패망했던 것이다. 김춘추와 김유신이 저들의 작은 나라 하나 보존하기 위해 유사 이래 끊임없이 국경을 침범하며 호시탐탐 노리고 있던 중국 당나라 세력을 끌어들여 함께 백제와 고구려를 멸망시켰으니 이로서 천하를 중국에 완전히 내주고 말았던 것이다. 김춘추와 김유신이 비록 삼국을 통일했다 하나 한반도 이남만 차지하는데 불과했다.

당나라가 고구려의 광활한 땅을 넘어 한반도 이북까지 점령해버렸으니 김춘추와 김유신이 과연 역사에 남는 영웅으로 추대받아야 할까? 나중에 당나라군을 한반도에서 몰아내기는 하였으나 고구려의 저 넓은 대륙을 중국에 내주고만 저들의 과오를 어찌하랴!.

이에 우리는 역사가 주는 교훈을 가슴에 새겨야 하리라.

이로서 단군 조선의 역대기를 맺는다.

고대 중국이 단군 조선의 제후국이었으며 그들의 문화와

사상 역시 단군으로부터 전해진 것임을 알 수 있었다. 저들이 지금 고구려를 자기들의 변방국가였다고 주장하니 우리는 역사를 거슬러 올라가서 '너희 고대국가가 우리의 제후국이었다.'라고 역으로 주장한다면 저들이 어떻게 대답할까? 증거를 대라 한다면 '너희가 고대 역사에 대한 열등의식 때문에 모두 빼앗아가 지금까지 숨겨두고 있는 우리의 고대 사서들을 함께 연구해 보자.'라고 제의해 보자.

어찌 되었건 모든 나라의 흥망성쇠는 시대에 따라 있기 마련이다. 그것을 하늘의 뜻이라 여기고 인간의 힘으로는 어쩔 수 없다고 생각하자. 그러나 세상을 다스리시는 환인 한님께서 그 자손의 시련을 이만큼에서 맺으시고 세상을 다시 바꾸어 놓으시리니 그 때를 우리는 믿음을 가지고 겸손한 마음으로 기다려야 할 것이다.

단군 교훈기

나는 역대 단군께서 말씀하신 것을 읽고 이와 같이 생각하고 해석하였다.

단군세기(檀君世記)에서 1세 단군 왕검 성존께서 BC 2333년 환웅께서 배달나라를 세우신 음력 10월 3일을 택해 아사달에 도읍을 정하신 뒤 어느 날 모든 신하들을 한자리에 모이도록 명하시고 황좌에 높이 앉으셔서 가르침을 내리셨다.

"하늘의 법은 오직 하나 진리뿐이니 하늘에 들어가는 문은 둘이 아니니라. 까닭에 한마음으로 깨끗하고 정성스러울 때 한님 나라를 보게 되리라."

또 말씀하시기를

"하늘의 법은 항상 하나이고 사람의 마음도 오직 하나이니 하늘과 사람은 다르지 않도다. 이에 마음을 하나로 바로잡으면 사람의 마음을 알아볼 수 있고 사람이 마음을 바르게 고쳐 오로지 한마음 되어 하늘 법과 하나가 되면 세상 만방이 저절로 다스려질 것이로다."

그리고 연이어서 이와 같이 말씀하셨다.

"사람이 태어남은 오로지 어버이로부터이고 어버이는 하늘에서 스스로 내려오셨으니 사람이 부모를 공경하는 것은 하늘을 공경하는 것과 같도다. 천하의 모든 나라 백성이 이와 같이 행하면 바로 충성하고 효도하는 것이라. 이러한 도를 실행하면 하늘이 무너지는 일이 있어도 먼저 그 재앙에서 벗어나게 되느니라."

단군의 말씀에 귀를 기울이고 있던 모든 신하들은 크게 감복하고 한 목소리로 말했다.

"성존이시여 참으로 감명 깊은 말씀 가슴을 울리나이다. 이제 저희들도 한마음으로 정성을 다해 한님을 뫼시오리다. 그리고 부모를 공경해 하늘 마음을 갖도록 하겠나이다."

"너희들이 그와 같이 솔선수범하면 가까운 백성들이 따를 것이요. 가까운 백성들이 따르면 멀리 있는 백성들도 자연히 따를 것이니 이로서 천하가 다 따르게 되리라. 또 이같이 함이 바로 환인 한님의 뜻을 따름이니 이화세계가 그것이로다."

왕검 성존께서 말씀하시고 계속해서 가르침을 내리셨다.

"짐승도 짝이 있고 헤진 신발도 짝이 있느니라. 너희 남자와 여자는 서로 화목하라. 서로 미워하지 말고 시기 하지 말 것이며 음란하지 말아야 하느니 이 가르침을 너희들이 스스로 지키면서 백성들 모두에게 가르치도록 하라."

이에 한 신하가 앞으로 나아가 두 무릎을 꿇어 앉아 합장하고 말했다.

"성존께서 하신 말씀이 곧 환인 한님께서 내리신 말씀이라 어찌 천도(天道)가 아니오리까. 삼가고 삼가는 마음으로 지키오리다. 더 가르침을 내려주소서. 일찍이 들어보지 못한 말씀 더 듣고 받들어 덕을 쌓아서 후세에 저희들도 한님 전에 나아가려 하나이다."

"오, 그런 마음이더냐, 가르침대로 행하면 후 세상에 너희가 환인 한님의 궁전에 어진 이들과 함께 하리라."

성존께서 말씀하시고 부복한 신하들을 한 번 둘러보시고 장엄한 목소리로 가르침을 계속 내리셨다.

"너희들 열 손가락을 깨물어보라. 크고 작고 가림없이 아프지 않은 것이 없도다. 이처럼 서로 헐뜯고 다투고 배반하면 다같이 고통을 받으리니 서로 아끼고 사랑하고 서로 도와야 집안과 나라가 함께 부흥하리라. 소와 말을 보라, 서로 먹이를 나누어 먹지 않더냐. 하물며 사람이 어찌 서로 양보하지 않을 수 있으랴. 이처럼 서로 빼앗지 않는다면 나라에 도적이 없고 융성해지지만 호랑이 무리를 보라. 신령하지 못하고 힘만 세고 포악하니 흉악하지 않더냐. 성품이 사납고 문란함이 없어야 사람을 상하게 하지 않는 것이니 항상 하늘의 법을 받들어 만물을 사랑해야 하느니라.

또한 어려운 형편에 있는 사람은 돌보아 주고 일으켜 세워 구제해야지 깔보아서는 안되느니라. 만약 깔보고 업신여기면 영원히 하느님의 덕을 입지 못하고 몸과 가문이 함께 나락에 떨어지게 되니 논에 있는 벼를 태워 벼 종자를 다 없애면 신인(神人)이 다 노하는 것과 같도다. 비록 두텁게 싸서 감춘다 해도 냄새는 필연코 새나오는 것이니 항상 성품을 바르게 하고 서로 공경하라. 결코 악한 마음을 품지 않아야 재앙이 숨어들지 못하니라. 마음으로 지극히 하늘을 공경하고 백성과 가까이 하라. 그러면 복록이 무궁할 것이니 너희 오가(五加)들아 교만하지 말고 겸손하라."

말씀을 마치시고 왕검 성존께서 황좌에서 몸을 일으키셨다. 오가의 신하들은 두 무릎을 꿇어 절하고 삼가 가르침을 받들어 모실 것을 맹세 했다.

또 신유(辛酉)년 어느 날 친히 마한산(馬韓山)에 오르시어 하늘에 제사 지낸 뒤 아래를 굽어보시고 말씀하셨다.

"사람이 거울을 본 즉 자신의 곱고 미운 모습을 알 수 있듯이 백성들이 임금을 보고 세상이 다스려지는 것과 세상이 어지러운 것을 저절로 아는 도다. 정치를 보는 거울은 먼저 임금의 모습을 보는 것이니 임금이 바르면 정치도 바르지 않겠는가."

BC 2182(己亥, 기해)년 5월 3세 단군 가륵께서 홀로 황궁 연못가에 서서 노니는 물고기를 보시면서 환인 한님과 환웅 천제의 가르침에 대해 골똘히 생각하시다가 학식이 높은 삼랑(三郎) 을보륵(乙普勒)을 부르셨다. 을보륵이 급히 달려오자 연못가에 있는 한 평평한 바위 위에 앉으시고 을보륵도 앉기를 권했으나 감히 앉지 못하고 서서 하명을 기다렸다.

"을보륵이여, 그대는 나를 위해 모든 신들의 왕이신 환인 한님과 대신선으로서 신인(神人)이셨던 환웅 천제의 도(道)에 대해서 강론해주지 않겠는가?"

단제(檀帝)께서 말씀하시자 비로소 을보륵이 한 번 허리 굽혀 절하고 얼굴에 화사한 빛을 띠었다.

"참으로 훌륭하십니다. 환인 한님과 환웅 천제님의 도를 물으시니 이는 천하 만백성의 복이 아닐 수 없나이다."

하고 말한 뒤 두 손을 모아 엄지손가락을 十자로 교차시켜 허리를 세 번 가볍게 굽혀 절하고 한 발 앞으로 나아가

머리를 땅에 닿을 만큼 굽혀 여섯 번 절했다(이를 三六大禮라 한다). 그리고 천천히 말문을 열었다.

"신(神)은 능히 만물을 끌어내었으며 만물은 모두 이름이 있나이다. 그리고 만물은 모두 신의 성품을 묘(妙)하게 소유하고 있어서 백성이 의지하고 살아가오니 왕은 능히 덕과 의(義, 바름)로써 세상을 이치롭게 하여 천하 만백성 하나하나를 모두 편안케 하여야 하옵니다. 이에 왕이 명령하면 천하 백성이 다 승복하게 되나이다. 상고(上古) 신인(神人)이셨던 환웅 천제께서는 7일간을 돌아가며 삼신께 나아가 3번 맹세하여 지키시니 구환(九桓)의 백성이 환웅 천제의 도(道)의 우산 아래에 있었나이다. 맹세의 말씀은 어버이 된 자는 어버이다워야 하고, 임금 된 자는 임금다워야 하고, 스승이 된 자는 스승다워야 하고, 자식 된 자는 자식다워야 하고, 신하된 자는 신하다워야 하고, 제자 된 자 제자다워야 하는 것이었나이다.

그러므로 신시(神市) 개천(開川)의 도(道)는 역시 환인 한님의 가르침을 행하는 것이오니 자신을 알아야 하는 것이나이다. 이에 스스로 마음을 비워 홀로 구하면 만물이 능히 사람 사는 세상에 복이 되오니 천신(天神)을 대신해 제왕이 천하에 홍익의 도로서 만백성을 이롭게 하시되 한사람이라도 참 성품을 잃지 않도록 하시고 만왕(萬王; 여러 나라 제후)

을 대신해 인간을 주관하시어 병을 물리치시며 원한을 풀어
주시고 한 생명이라도 해가 되는 일이 없도록 하시어야 하
며 천하 백성들이 망령되면 깨우쳐 알게 하므로써 참되게
해야 하나이다. 이 교훈이 바로 환인 한님께서 내리시고 환
웅 천제께서 행하신 것이옵니다."

을보륵이 말을 마치고 다시 한 번 절하고 물러났다. 단제
께서 크게 기뻐하시고 3,7일을 기한으로 모든 사람으로 하
여금 계(戒)를 지키도록 명하셨다.

가륵 단군께서는 명만 내리신 것이 아니라 스스로 지키고
수행을 게을리 하지 않으셨다. 그리고 드디어 큰 깨달음을
얻으시고 칙서를 내려 천하 제후들이 교훈을 삼도록 하시니
그 교훈이 다음과 같다.

"천하에 큰 근본은 우리들 마음 가운데 하나(一心)에 있도
다. 사람이 일심(一心)을 잃으면 만 가지 일이 성사되지 않고
만물이 중심(一心)을 잃은 즉 그 몸이 엉크러져 위태롭게 되
는지라. 임금은 오직 두려운 마음으로 뭇 백성의 마음을 미세
한 것까지 온전하게 되도록 하라. 사람의 마음을 고르게 하는
큰 줄기는 실수한 연후에 급히 안정하여 마음을 하나로 모아
야 하느니 도는 마음 가운데 오직 하나로 있기 때문이로다.

그런 연후에 어버이 된 자는 마땅히 자비롭고 자식 된 자는
마땅히 효성스럽고, 임금 된 자는 마땅히 의롭고, 신하된 자

는 마땅히 충성스럽고, 부부된 자는 마땅히 서로 공경하고, 형제 된 자는 마땅히 서로 사랑하고, 늙고 젊은 자는 마땅히 질서가 있고, 친구 된 자는 마땅히 믿음이 있게 되느니라.

몸을 가꾸고 공손하고 검소하며 학업을 닦고 생업에 열중하며 지혜를 열고 능력을 발휘하며 홍익으로 서로 힘써 돕고 몸을 바르게 갖추어서 자유롭고 길흉을 알아내 업을 성취하되 모두가 평등하면 천하가 자기 임무를 스스로 떠맡아 하리라. 마땅히 국가의 대통을 엄숙히 전하고 법을 지켜 각자가 맡은 바 소임에 최선을 다할 것이며 근면하고 성실하게 산업에 힘쓰도록 하라. 국가에 일이 생기면 몸을 던져 의로움을 따라 힘차게 앞으로 나아간다면 만세토록 부강한 나라를 이룰 것이로다."

BC 425(丙辰)년 제 44세 단군위에 오르신 구물 황제께서는 치세하시는 동안 날로 국력이 약화되어 가는 것을 보시고 신단수에 나아가 비셨다.

"환인 천존님이시여 천존님께서 땅에 세우신 하늘 나라 환국이 배달을 거쳐 조선으로 내려오는 동안 천하가 복종하고 교화되지 않은 때가 없었나이다. 그러나 소손 구물에 이르러 천하에 병란이 그치지를 않고 어려운 일만 닥쳐오니 어찌 하오리까 천하를 제대로 지키지 못하니 참으로 부끄럽고 황망한 마음 이를 데가 없나이다. 소손 구물에게 가르침을 내려 주소서."

그날 밤이었다. 환웅 천제의 가르침이 꿈속에서 들려왔다. 가르침을 낱낱이 기억한 단제께서 다음날 환웅 천제를 모신 사당에 나아가 마당에 큰 박달나무를 세우도록 하시고 큰 북을 매달았다. 그리고 모든 신하들을 신단 앞에 모이도록 명하시고 3,7일간 기도하며 가르침을 이와 같이 내리셨다.

신단을 향해 간절하게 한 번 절한 뒤에 신하들을 뒤돌아보고 간절한 목소리로 말씀하셨다.

"그대들은 집에서는 효도함을 게을리하지 말라. 집에 있는 부모와 처자식에게 성심을 다해 공경하고 받들 것이며 형제를 진심으로 사랑하라. 제사를 모심에는 일심(一心)으로 은혜를 보답하는 마음으로 하라. 손님을 접대할 때는 공경하고 이웃과 사이가 좋도록 노력할 것이며 자식과 동생을 교육함에 근면하게 하라. 자식과 동생을 뛰어난 재능으로 길러주는 것이 인류을 교화하는 가장 큰 일이로다. 이것이 효도하고 자애롭고 순응함이며 예(禮)이니 감히 행하지 않을 수 있으리오?"

이에 모든 신하들이 황망히 무릎 꿇고 한 목소리로 말했다.

"그렇게 하겠나이다. 그리 못하는 자는 추방하겠나이다."

그 말을 들으시고 황제께서 흡족한 표정을 지으시고 다시 신단을 향해 간절한 표정으로 두 번째 절하신 뒤에 또 신하들을 뒤돌아보시고 말씀하셨다.

"그대들은 형제간에 우애가 있도록 하라. 형제는 부모가 한 뱃속에서 둘로 갈라 놓으신 것이라. 형이 좋아하는 것이면 동생도 좋아하는 것이어야 하고, 동생이 좋아하는 것이면 형도 좋아하는 것이어야 하느니라. 모든 물건을 좋아하고 좋아하지 않음은 타인이나 자신이나 다르지 않도다. 또한 자신이 물질과 가까워지고자 하면 마땅히 도에 따라야 하느니 이러한 도가 고향에 울려 퍼지면 고향은 부흥할 것이요, 천하에 울려 퍼지면 천하가 교화될 것이니 이것이 바로 우애 있고 화목하고 어질고 용서함이라. 그대들은 감히 이것을 수행(修行)하지 않겠는가?"

이에 모든 신하가 일제히 대답했다.

"그렇게 하오리다. 그리 아니하는 자는 추방하겠나이다."

그 말을 들으시고 황제께서 흡족한 표정을 지으시고 다시 신단을 향해 간절한 표정으로 세 번째 절하시고 신하들을 뒤돌아보고 말씀하셨다.

"그대들은 스승과 벗에 믿음이 있도록 하라. 스승과 벗은 도법(道法)이 바로 서는 기초가 되느니라. 도의(道義)는 서로 갈고 닦아서 잘못과 실수를 서로 경계하므로써 지켜지는 것이오. 학문을 세우고 업을 성취함은 모두 스승과 벗의 힘에 의해서 이루어지는 것이라. 이에 믿음과 진실함과 성실함과 근면함이 있어야 하나니 그대들은 이를 감히 수행(修行)하지 않겠는가?"

이에 모든 신하가 한목소리로 대답했다.

"그렇게 하오리다 지키지 않는 자는 추방하오리다."

황제께서 흡족한 표정을 지으시고 신단을 향해 간절한 표정으로 네 번째 절하신 뒤에 다시 모든 신하들을 향해 말씀하셨다.

"그대들은 나라에 충성하라. 나라는 선왕(先王)께서 세우시고 지금 백성들이 먹고 사는 곳이 아니냐. 국정(國政)을 새롭게 개혁하여 국가를 부강하게 하여 국토를 수호하여 국권을 넓히고 나라의 위세를 떨쳐 역사에 길이 빛나게 함은 모두 국가로부터이니 충의(忠義)와 기개와 절개가 있어야 하는 도다. 그대들은 이것을 감히 수행하겠는가?"

이에 모든 신하들이 한목소리로 대답했다.

"그렇게 수행 하오리다. 거부하는 자는 추방하겠나이다."

황제께서 흡족해하시고 다시 신단을 향해 다섯 번째 절하시고 돌아서서 신하들에게 말씀하셨다.

"그대들은 일가 친척 타인들 모두에게 겸손하라. 만인은 모두 나와 함께 환인 한님의 백성이니 삼진(三眞; 참性, 命, 精)을 같이 받아 그것이 천성으로 본성에 자리잡고 있어서 국력에 큰 힘이 되느니라. 윗사람이 겸손하지 않으면 아랫 사람이 떠날 것이며, 오른쪽이 겸손하지 않으면 왼쪽이 이탈할 것이며, 앞에서 이끄는 자가 겸손하지 않으면 뒤따르는 자가 물러설 것이며, 아랫사람이 겸손하지 않으면 윗사람이 싫어하고 왼쪽이 겸손하지 않으면 오른쪽이 떨어져 나가고 뒤에 따르는 자가 겸손하지 않으면 앞에서 이끄는 자가 멀어질 것이다. 이에 서로 겸손하여 양보하고 서로 존경하여 군중이 화합하므로써 하나로 뭉치면 밖으로부터 업신여겨 넘보는 자가 없을 것이며 내치(內治) 또한 바르게 다스려 지리라. 이에 겸손하고 공경하고 삼가야 하느니 그대들은 이를 감히 수행하지 않겠는가?"

이에 모든 신하들이 한목소리로 대답했다.

"옳은 말씀이나이다. 수행하지 않는 자 추방하겠나이다."

황제께서 흡족해 하시고 다시 신단을 향해 간절하게 여섯 번째 절하시고 돌아서서 말씀하셨다.

"그대들은 나라 일을 바르게 알고 밝게 보라. 나라 일은 어려운 것을 다스림에 있나니 풍백은 약속을 바로 세우고 우사는 정무(政務)를 바르게 시행하고 운사는 각 형벌을 행함에 그 직권에 도전하는 자가 없도록 하고 또 월권을 행사해도 안되느니라. 이제는 슬기롭게 높이 뛰어난 안목으로 보고 언로(言路)를 크게 넓힐 것이며 기예를 연마하여 그 경험으로 치적(致積)을 쌓는 즉 나라 일이 균등하게 되리니 백성의 일이 넓혀지리라. 이것이 밝음과 슬기와 뛰어난 식견이니 그대들은 감히 이를 수행하지 않겠는가?"

이에 모든 신하들이 한목소리로 대답했다.

"옳은 말씀이오이다. 수행하지 않는 자는 추방하겠나이다." 하였다.

황제께서 흡족해하시고 다시 신단을 향해 간절한 마음으로 일곱 번째 절하시고 신하들에게 말씀하셨다.

"그대들은 전쟁에 임하면 용감하게 싸워라. 싸움터는 나라의 존망이 결정되는 곳이라. 나라가 없으면 임금도 아비도 나락에 떨어져 나무 허수아비가 되니라. 주인이 바로 서지 않으면 처자는 몰락하여 노예가 되리라. 또 응당 해야 할 일은 천지 사이에 있는 모든 것들과 가까이 하려면 도를 깨우치지 않으면 안되니라. 전해지는 가르침 역시 깨달아 행하지 않으면 아니 되느니라. 그것을 깨닫고 행하면 나라가 흥할 것이나 깨닫지 못하고 행하지 못하면 나라도 없느니라.

나라가 없으면 주인은 살아 있어도 편안하게 살아갈 수 없으니 주인이 있어도 종말을 고해 죽은 것이나 다름이 없도다. 이제 분명한 것이 있으니 스스로 마음을 비워 희생하는 풍속의 정숙한 규범과 제도가 있노라. 자신을 다스려 온 무리가 착한 것이 그것이노라. 이에 상과 벌은 치우침이 없이 할 것이며 타인과 나는 서로 신의를 가지고 홍익하면 온 무리가 해로운 것을 평정하여 천만인이 복을 받으리라. 이에 용기 있고 담력이 있으며 무협(武俠)이 있어야 하나니 그대들은 이를 감히 수행하겠는가?"

이에 모든 신하가 한목소리로 대답했다.

"그리 하오리다. 수행하지 않는 자는 추방하겠나이다."

황제께서 흡족해 하시며 다시 신단을 향해 간절한 마음으로 여덟 번 째 절하시고 일어나 말씀하셨다.

"그대들은 행실을 청렴하게 하라. 행실이 청렴하지 않으면 자신의 양심이 어두워지고 청렴하면 능히 신명(神明)이 자신과 통하리라. 사사로이 이익을 취한 즉 필연코 병을 앓을 것이며 스스로 착하지 않고 마음이 부패하면 스스로를 좀 먹어 해독을 입어 자신을 해치고 타인을 해쳐 영어의 몸이 되리라. 이것이 쌓이면 물구덩이에 빠져 구원 받지 못할 것이니 그대들은 겸손하고 곧고 청렴해야 하느니 이를 수행하겠는가?"

이에 모든 신하가 한목소리로 대답했다.

"그리하오리다. 그리 수행하지 않는 자 추방하겠나이다."

하였다.

황제께서 흡족해하시고 다시 신단을 향해 간절한 마음으로 아홉 번째 절하신 뒤 돌아서서 말씀하셨다.

"그대들은 각자의 업에 의로움으로 일하라. 사람이 자기 업을 가지고 일히는 데는 반드시 책임이 있나니 단 한 가지

189

라도 불의한 일은 스스로 온 힘을 다 기울여 물리쳐라. 불의
한 일을 물리치지 못하면 반드시 업신여김을 받고 멸시 받
아서 무너져버리리라. 그러나 정의로우면 백성들이 다 믿어
주니 감히 누가 능멸하고 업신여기며 침탈하리오. 의(義)는
온 무리의 기운을 일으키는 것이니 올바른 기운을 발하라.
이 기운을 구규(九竅; 인체의 아홉 구멍)에 숨겨두면 천지에
넘쳐나리라. 이것이 정의롭고 바른 도리이니 그대들은 감히
이것을 수행하겠는가?"

이에 모든 신하들이 한목소리로 대답했다.

"그렇게 수행하오리다. 만약 수행하지 않는 자가 있으면
추방하겠나이다."

단군 구물 황제께서 흡족해하시며 비로소 기도와 가르침
을 마치시고 황궁으로 돌아가셨다.

이때 이후로 순박하고 후덕한 풍속을 숭상하고 의로운 전
쟁에서는 용감하였으며 홍익의 도에 충실하므로 서로의 이
익을 위해 노력했다. 또 스스로 예의를 지켜 자애하고 삼신
을 다시 찾아 의지하는 풍속이 계속되었다.

그러나 사람은 때가 지나면 한때의 결심을 잊어버리고
개인의 욕망을 쫓아 내달리니 옛 교화의 덕은 무너져 버렸
으니 누구를 탓할 수 있으랴!

단군 성존의 교훈을 여기서 맺는다.

교훈기 소의

나는 이와 같이 생각하고 풀이하였다.

한민족의 교훈은 유교와 도교와 불교와 기독교를 포괄한다.

나라에 충성하고 부모에게 효도하고 형제간에 우애 있고 친구 간에 신의가 있고 부부간에 화목해야 하고 방종하지 않고 예의를 지켜야 함은 유교의 덕목이며, 교만하지 않고 겸손해야 히며 교화로써 무위로 천하를 다스려야 함은 도교의 덕목이며, 숨을 고르고 마음을 하나로 모아 악한 업을 제거해 착해야 한다 함은 불교의 덕목이며, 하느님을 경배하고 섬겨야 함은 기독교의 덕목인 것이다.

역사의 오램을 두고 보아도 모든 종교의 가르침은 한민족으로부터 전래되었음을 알 수 있는 대목이다.

중국에서 공자에 의해 유교가 발생하였다고 하나 그 당시 우리 민족은 예 그 자체였으므로 규범이 필요 없었고 중국은 예가 없었으므로 예라는 하나의 규범이 절실히 요구되었던 것이다. 따라서 예의 근원적인 교화의 기록이 중국에 전래되어 공자가 이를 다듬어 여러 가지 규범을 나열해 꽃을 피웠으며 이것이 다시 한민족으로 역수입해 들어와 열매를 맺은 것으로 볼 수 있다.

　도교에 있어서 노자의 도덕경을 살펴보면 환웅의 가르침인 천부경전을 오천자로 나열한 것에 지나지 않으며 역시 제왕의 치세에 대한 기록 역시 단군 성존의 가르침 범주 안에서 여러 가지 비유를 들어 설명한 것에 지나지 않는다. 노자가 젊은 시절 황실의 도서관 책을 정리하는 관직에 있었다는 기록으로 보아 중국에 전해진 배달 조선의 교훈을 다 읽고 스스로 깨우친 것이라 할 수 있다.

　불교의 교지는 비록 석가모니 스스로 깨달은 바와 교훈을 팔만대장경이란 방대한 내용으로 발간되어 있지만 그 내용은 환웅 단군의 교훈 속에 모두 들어 있는 수많은 비유법인 것이다.

　기독교의 하느님은 고대 메소포타미아까지 진출했던 아리안의 정신문화로부터 비롯되었던 것이다. 다만 나라 없는 그들 민족의 단합과 생존을 위해 그들의 토속신 '야훼'라는 존재를 우주관으로 확대해서 한 신(神)의 깃발아래 뭉치도록 한 그들 나름의 민족자존이라 할 수 있다.

이렇게 여러 종교의 철학성 내지 사상성을 포괄한 한민족의 교훈은 오직 홍익인간에 그 목적을 두고 있다.

널리 인간을 이롭게 하는 것, 이것이야말로 인간세상을 가장 이치롭게 하고자 한 신의 뜻이자 인간의 이상인 것이다. 그러므로 종교의 최종 목표 내지 인류의 지상·목표가 바로 홍익인간에 있다.

하여 한민족의 건국이념이 홍익인간이었으며 이를 실행해 이화세계를 끊임없이 추구해온 배달 환웅과 조선 단군의 치세는 힘보다는 교화만을 고집하므로서 결국 무력을 동원한 이민족들에 의해 대제국이 멸망의 길을 걷게 되었던 것이다. 마음을 닦고 하늘과 교통하며 신선의 경지에 오르고자 한 한민족의 순수한 이상이 무력을 최고의 통치수단으로 삼은 이민족들의 힘 앞에 굴복하고 만 것이니 최후의 승자는 어느 쪽이 될지 그것은 신만이 알 것이다.

한 나라의 역사는 반드시 흥망성쇠가 있다. 지금 흥하다 해서 영원한 것이 아니며 지금 약하다 해서 멸망하는 것은 아니다. 흥한 것은 망하고 망한 것은 흥하는 것이 역사가 가르쳐 주는 교훈이다. 지금 땅이 넓고 힘이 세다고 해서 영원히 보존한다는 보장이 없고 지금 땅이 작고 힘이 약하다 해서 더 몰락해지지는 않는다.

과학문명이 세계를 지배하는 듯하지만 정신문화가 우위에 있을 날은 반드시 오게 될 것이며 그때에 이르러 지금 잠자고 있는 한민족 정신이 세상의 밝은 등불이 되리라 확신하며 교훈기의 작은 의견을 피력하였다.

종교의식

나는 이와 같이 사유하고 실천하기로 하였다.

한민족 종교 의식(儀式)은 고대 배달국으로부터 발생되었다. 물론 그 이전 환국에서 하늘에 제사지내는 풍속이 있었으나 배달 환웅에 의해 보다 구체화돼 가장 중요한 국가 풍속으로 전래되었던 것이다.

그러한 옛 풍속을 따르는 것을 풍류(風流)라 하였는데 그렇다고 해서 풍류가 한 민족의 종교 명칭은 아니다.

처음 종교 의식은 자연에 신단(神壇)을 만들어 하늘에 제사지내는 풍류가 전래되어 신단수(神壇樹) 아래에 제물(祭物)을 두고 제사지내는 풍류가 있었고 이 풍류가 소도(蘇塗; 또는 首頭)로 내림되어 서낭당으로 이어졌는데 소도 시기에 새로 생긴 풍류가 있었으니 바로 '절' 이란 것이다.

절은 자연에서 제사지내던 풍류에서 한걸음 나아가 현대식으로 성전을 짓고 그 안에 박달나무로 만든 신상(神像)을 단상(壇上)에 모셔놓고 제사지내는 풍류였다. 오늘날 사찰(寺刹)을 절이라 하는 것도 그때의 용어를 그대로 이어받은 것이며 불교의 말은 아니다.

따라서 한민족의 성전 이름을 여전히 '절' 이라 해야 한다. 다만 사찰과 구분 짓기 위해 '배달 절' 또는 '하느님 절' 이라 하는 것이 좋을 듯하다.

그리고 의식(儀式)을 행함에 있어서 옛 법을 그대로 따르는 것이 좋다. 즉 풍류를 지속하는 것이다. 풍류의 법은 먼저 삼신 하느님께 제사를 올리는 것부터 시작된다. 그리고 단상 앞에서 환웅 천제와 단군 성존의 교화기를 제사 주제자가 강연하고 마지막으로 마음 닦는 수련을 하는 것이다.

단상에 신상(神像)을 모심은 가운데 환인 한님을 모시되 한님은 모습이 없으시므로 흰 바탕에 대우주를 표하는 공(空)을 그리고 그 안에 '환인천존(桓因天尊)' 이라 글을 써놓고 한단계 아래에는 옛 법대로 박달나무로 깎은 환웅 거발환 상을, 우측에는 단군 왕검상을 놓는 것이 좋을 듯하다. 그런데 옛날 어느 때 , 그리고 이즈음 어느 도인에 의해 환인 천존을 꿈 속에서 친견하고 말하는 너의 모습이 있으므로 이 상을 가운데 모시는 것도 그릇되지 않는다.

의식의 법은 제물을 차려놓고 환인 한님께 먼저 아홉 번을 절한다. 아홉이란 하느님이 세 쓰임으로 나타나 삼신이 되셨으므로 각 세 번씩 아홉 차례가 되기 때문이다. 다음은 환웅 거발환 천제는 땅에서 가장 위대한 신이 되셨으므로 땅의 수리인 6수대로 여섯 번을 절하고 단군 왕검 성존은 세 번 절하는 것이 옳을 듯 하다.

이렇게 의식을 행함은 한민족 특유의 종교적 철학성과 사상성 내지 내세관과 신관이 있기 때문이다.

철학성은 본래 신성(神性)이었던 사람의 본성이 땅에서 타락하므로써 그 업에 의해 고통 받는 자신의 영혼을 구원하고 자 하는 데에 있다. 그렇다고 구원을 신에 의지하는 것은 아니다. 오직 스스로 타락해진 마음을 닦아서 본래의 본성을 되찾는 데 있는 것이다. 따라서 조식(調息; 숨을 고르는 법)으로 마음을 고요하게 해서 끊임없이 자신을 관찰하는 수행이 필수적으로 따른다. 그리고 사상성은 도리를 바르게 지킴에 있는데 이는 뒤에 나오는 참전계의 내용에 모두 명시되어 있다. 또 자연의 모든 것에 신성(神性)이 있으므로 자연을 존경하고 아끼는 것이다. 이것을 미신 운운하지만 자연을 존경하는 것만큼 신을 따르는 일은 없다. 왜냐하면 자연 그 자체가 신의 몸이며 생명이기 때문이다.

내세관은 불교의 논리와 다름 아니다. 인과응보의 논리이니 지은 만큼 보답 받는다는 믿음이다. 그리고 하늘의 북두칠성에 의식으로 살고 있던 신선으로부터 내림받은 민족이기 때문에 신선의 위에 올라 옛 고향으로 돌아가 환인 환웅 단군의 궁전에서 영원한 복락을 누리는 것이 최상의 목표이다. 때문에 사람이 죽으면 칠성판을 깔고 끈으로 몸을 일곱 번을 묶는 풍습이 지금도 이어져 오고 있는 것이다.

신관은 환인 하느님의 가호를 받는 것이다. 제사를 드리고 끊임없이 환인 한님을 찾으면 반드시 머릿골에 이미 강림해 계신다 하고 삼일신고에서 가르치고 있거니와 정성을 다해 수행한 기운으로 그리고 소리로써 환인 한님을 찾으면 반드시 한님을 친견할 수 있다. 이는 현재 환인 한님을 만나고 있는 한 진녀(眞女)가 좋은 예가 된다.

만약 마음에 환인 한님을 정성으로 모시고 친히 말씀을 들을 수가 있다면 누구든 보살핌을 받을 것이다. 원하는 것이 있으면 그 원하는 바를 성취할 방편을 알려주실 것이며 어려움이 있으면 어려움을 벗어날 길을 열어주실 것이다. 다만 그것이 황당하지 않아야 하고 그릇되지 않아야 한다.

참전계에 보면 '전생의 업이었던 현생에 지은 업이었던 그 업이 크면 백 가지 귀신이 붙어서 하는 일마다 방해해 한 가지라도 이루는 것이 없다.' 하였다. 이에 한님을 모시고 간절히 소원하면 악귀는 저절로 물러갈 것이며 그 소원은 성취될 것이다.

하여 우리의 진정한 종교의식을 피력하고 내가 사유한 바를 기록하였다. 만사가 인연 따라 가고 오는 것이니 인연심을 일으키는 이는 믿을 것이요, 일으키지 않는 이는 믿지 않을 것이니 그것은 사람마다 지니고 있는 지혜요 의지며 업이기도 하고 천성이기도 하리라.

제사의식(祭祀儀式)

이는 옛 법을 그대로 따르되 현대적 종교의식을 가미한 의례이다.

1. 제물
1) 환인 천존 앞에는 쇠고기 삶지 않은 것을 놓고 환웅 단군 앞에는 삶은 쇠고기를 놓는다.
2) 삼색 과일을 놓는다.
3) 사과, 배, 시루떡, 산나물, 과일을 놓는다.
4) 정한수를 모신다.
5) 촛불을 밝히고 향을 피운다.
2. 의식
1) 환인 천존을 향해 아홉 번 절한다.
2) 환웅 천제를 향해 여섯 번 절한다.

3) 단군 성존을 향해 세 번 절한다.

이때 제주가 선창하고 일제히 따라서 절한다.

4) 마지막으로 절했을 때는 엎드린 채로 기원문을 읽는다.

기원문

〈첫째 기원〉

세상을 다스리시는 환인 천존께 귀의합니다. 저를 천손으로 태어나게 해주시고 길러주신 은혜 한량없이 크나이다. 대자대비한 어버이 마음으로 저의 온갖 고통 덜어주시고 온갖 환란에서 벗어나게 하시고 온갖 악귀 물리쳐 주시어 저의 소원 이루어지도록 굽어 살펴주소서. 하늘의 뜻에 순응하여 환인 천존님 모시기를 영원히 하겠나이다.

〈둘째 기원〉

대신선이신 환웅 천제께 귀의합니다. 대성인이신 단군 성존께 귀의합니다. 옛적에 교화로써 천하를 다스리신 그 공덕의 힘을 저에게도 내려주시어 큰 깨달음 얻게 하소서. 현생에서 그 어진 덕의 감화로 온전하게 삶을 보존하고 후 세상에서는 신선되어 천궁에 올라 천제님과 성존님 함께 뫼시오리다.

기원문이 끝난 뒤 주문을 외우며 기도한다.

주문

命盡歸依 救苦救難 救誤救我 業臟消滅

명진귀의 구고구난 구오구아 업장소멸

惡殺制去 惡鬼滅盡 七星如來 所願成就 桓因天尊

악살제거 악귀멸진 칠성여래 소원성취 환인천존

3. 찬환가

본문의 어아가를 함께 낭송한다.

4. 교훈

5. 수행

신선 수행기

신선(神仙)은 사람이 산에서 진리를 바로 세워 말해 보이는 것이라 풀이된다. 불교적으로 붓다(Buddha; 깨달은 자)와 격이 같은 단어인데 신선의 조종(朝宗)인 환웅 천제가 신단수(神檀樹) 아래서 득도해 교화를 펼친 모습에서 일컬어진 말인 듯하다. 환웅 천제가 득도한 수행법은 앞에서 여러 차례 언급한 조식(調息)이었다.

조식(調息)은 숨을 고른다는 뜻인데 가늘고 부드럽게 그리고 길게 숨을 들이쉬고 내쉬면서 마음을 숨과 일치시켜 육신과 의식(意識)으로부터 일어나는 일체 생각을 여의고 오직 일념(一念)에 이르러 본래 신성(神性)이었던 자아를 찾아내는 최상의 법이다.

신성이었던 자아를 찾아내 본다는 것은 인간 자신의 영원한 생명력을 깨닫는 것이며 육신의 죽음은 겨울에 지는 낙엽처럼 아무것도 아님을 알게 된다. 그러므로 생노병사에 대한 고통에서 벗어나는 길이기도 하다.

인간의 괴로움은 육신과 의식의 욕망에서 비롯된다. 보이는 것과 냄새 맡는 것과 듣는 것과 감각되는 것과 맛보는 것과 의식되는 것에서 마음이 요동해 자아를 상실하게 되는 것이다. 이는 마치 슬픔에 빠져있을 때 어떤 아름다운 소리도 들을 수 없고 아름다운 모습도 보이지 않는 것과 같다. 때문에 마음에 의해 자기 본성을 알지 못하므로 마음을 모아 일심(一心)에 이르러야 신성(神性)을 깨달아 볼 수 있다.

그러나 일심(一心)에 이르기란 대단히 어렵고 힘들다. 일생에 단 한 번만이라도 그런 경지에 이를 수 있다면 그로서 큰 복이 될 것이다. 수 천 년을 두고 이 일심을 얻고자 수많은 승(僧)과 도인(道人)이 수행에 정진했으나 진정으로 일심을 얻은 이는 불과 몇 사람에 지나지 않는다.

그러나 바른 행법을 알고 그 법을 끝없이 반복 수행하면 어느날 일심에 이르러 신선의 반열에 오를 수 있다.

바른 행법은 불경에 자세히 설명되어 있지만 그중에서도 조식(調息)만큼 훌륭한 것은 없다. 석가모니 스스로도 이 법을 최상의 방편이라 하고 조식법을 자세히 설명하여 그 경전을 안반수의(安般守意; Anapanasathi)라 하였던 것이다.

이에 환인의 가르침으로 내림된 환웅의 조식하는 방법이 우리에게 전해지는 사서가 없으므로 안반수의경의 내용을 대신하기로 하였다.

호흡과 마음을 다스리는 법은 비로소 수행 공부의 시작을 의미한다. 그러나 시작이면서도 가장 오묘하고 가장 기초적 이면서도 가장 어렵고 힘든, 그래서 끝까지 행해야 할 법이 다. 만약 호(呼)와 흡(吸)을 잘못하거나 마음을 다스리지 못하 면 천만년 수행도 쓸모가 없으며 비록 기묘한 법으로 기력(氣 力)을 몸속에 받아들여 혹 신비한 체험을 한다 하더라도 자신 의 영혼과는 아무런 관계가 없는 오히려 또 다른 망념에 빠지 는 결과가 되므로 정성스럽고 진실 되게 행해야 할 것이다.

내가 설명하고자 하는 호흡법과 마음을 다스리는 법은 붇 다(Buddha)가 직접 행하고 각(覺)을 얻었던 법이며 이 법을 설(說)한 것도 역시 붇다이다.

우선 붇다의 호흡에 대한 가르침을 들어보자.

'들숨(흡, 吸)은 생명의 창조가 되고 날숨은 그치고 집중 은 잘못되지 않도록 지키는 것이다. 또 들숨은 생(生)을 얻 고 날 숨은 멸(滅)하며 집중은 도(道)가 된다. 따라서 들숨과 날숨 그리고 집중은 마음을 제어하여 무위의 도를 얻는다. 들숨은 도(道)를 얻고 날숨은 죄(罪)를 풀며 집중은 죄에 떨

어지지 않게 한다.'

그러므로 들숨과 날숨 그리고 집중은 위없이 신령하고 평등한 주문인 것이다.

여기서 호(呼)와 흡(吸) 외에 집중(集中)이라는 말이 있다. 집중은 마음을 하나로 모으는 것이다.

사실 들숨에서 우주 본성 에너지(氣)를 받아들여 생명을 얻고 날숨에서 죄의 기(氣)를 멸하는 것은 당연하다. 그런데 문제는 들숨과 날숨을 행할 때에 마음의 집중이 없다면 수련의 원인인 생멸(生滅)을 증득할 수 없다는 것이다. 왜냐하면 마음의 움직임에 따라서 흐르는 기가 흩어지기도 하고 모여들기도 하기 때문이다. 그래서 들숨에서 생을 얻었으면 집중으로 흩어지지 않게 하고 날숨으로 죄를 멸했으면 집중으로 마군(魔群)이 다시 침범하지 않도록 차단해야만 하는 것이다.

그런데 행해 보면 참으로 어렵고 어려운 것이 집중이라는 사실을 금방 깨닫게 된다. 들숨에서도 날숨에서도 부질없는 생각과 생각들이 상속(相續)해서 일어나고 사라지는 것을 완전하게 차단하기란 불가능한 것으로 여겨질 만큼 마음이란 항상 나(我)를 떠나서 밖으로 돌아다니기를 좋아하여 내 몸에 머물지 않기 때문이다. 그래서 우선 마음을 다스리는 법에 대한 붇다의 가르침을 보자.

마음을 다스리는 법에 대해서 눈, 귀, 코, 혀, 피부에 의해서 일어나는 번뇌와 마음이 객관의 세계에 의한 느낌으로 생긴 의식(意識)의 번뇌를 꼭 잊어야 한다는 생각을 갖지 말고 있는 그대로 받아들이라고 하였다. 즉 피부가 간지럽게 느껴지면 '간지럽다' 하고 생각하고 보이는 것이 있으면 '보인다' 냄새가 나면 '냄새가 난다' 슬프고 불행하면 '슬프고 불행하다' 어떤 생각이 떠오르면 '생각이 떠오른다' 하고 생각하므로써 오히려 번뇌를 차단할 수 있다고 하였다. 왜냐하면 느껴지는 감각이나 일어나는 생각을 차단해야겠다 하고 생각하면 할수록 또 다른 번뇌가 생겨나기 때문이다. 그러나 느껴지는 감각을 그대로 인정해 버리면 오히려 감각에 대한 집착, 생각에 대한 잘못을 나(我)의 본성이 훈섭(訓攝)하므로써 번뇌를 여의일 수 있다는 것이다.

이러한 가르침은 붇다의 경전(經典)에 자세히 실려있다. '네 몸에 대하여 네 몸을 쳐다보며 머물고, 감각되는 기능에 대하여 감각 기능을 관찰하여 머물고, 생각에 대하여 생각을 관찰하여 머물고, 법에 대하여 법을 관찰하여 머물러라.' 하고 모두 네 가지로 구분하여 말하였다. 이를 구체적으로 설명하면 다음과 같다.

첫째 숨에 대하여 숨을 어떻게 관찰하여 머무는가?

〈숨에 대하여〉

조용한 곳에서 결가부좌(結跏趺坐)하고 몸을 바르게 세우고 마음을 가다듬는다. 항상 바른 마음을 갖고 숨을 들이쉬고 내쉬며 숨을 짧게 쉬려면 '나는 숨을 짧게 쉰다' 하고 생각하며 짧게 쉬고 숨을 길게 쉬려면 '나는 숨을 길게 쉰다' 하고 생각하며 길게 쉰다.

처음 숨을 고를 때는 먼저 숨을 짧게 들이쉬고 짧게 내쉬기를 몇차례 하다가 딴 생각들이 나지 않고 몸과 마음이 조절되면 점차적으로 길게 쉬는 것이 좋다. 그러나 결코 억지로 길게 쉬려하지 말고 폐활량과 알맞게 숨을 쉬되 들숨에서나 날숨에서나 절대로 숨을 멈추어서는 안된다. 마치 비단물결처럼 부드럽고 감미롭게 천천히 들이쉬고 천천히 내쉰다. 그리고 숨을 들이쉴 때는 내 몸을 인지한 다음 배꼽밑 3cm 되는 곳에 마음을 머물며 청정한 기가 들어온다 하고 생각한다. 이때 억지로 배를 내밀어서는 안된다. 평상시와 같이 자연스러워야 하고 배꼽 아래에 마음으로 큰 바위 하나를 세워두는 것이 좋다. 그러면 기(氣)가 새나가지 않는다.

또 숨이 배를 내미는 속도보다 빠르거나 늦어서는 안되며 끝까지 함께 한나. 그 다음, 숨을 내쉴 때는 들숨에서 날숨으로 교차되는 순간에 몸의 움직임을 그치고 '나는 숨을 내쉰다' 하고 생각한 다음 마군(魔群)이 멸한다고 생각하며 천천히 앞으로 내민 배를 뒤로 당기되 역시 자연스러워야 한다. 이때도 배가 뒤로 당겨지는 것을 인지하고 숨과 밸런스가 맞게하여 자연스럽게 뒤로 당긴다.

이와같이 몸 속을 관찰하고 몸 밖을 관찰하며 생(生; 청정한 생명의 기운)을 관찰하고 멸(滅; 업의 멸과 탁한 기운)을 관찰하며 마음을 머물고 호흡을 계속하되 어금니는 가볍게 깨물고 입을 다물며 미소 짓는 듯하고 혀는 입천장에 가볍게 대고 한다. 눈은 완전히 감거나 완전히 뜨지 않아야 하는데 완전히 감으면 번뇌가 더욱 심하게 일어나고 완전히 뜨면 눈으로 보이는 경계 때문에 집중할 수 없다. 그러므로 가늘게 실눈을 뜨되 코끝을 보는 듯이 하는 것이 제일 좋고 힘들면 눈을 가볍게 감되 눈동자는 뜨고 코끝을 보는 각도를 유지한다.

〈행동에 대하여〉

몸과 마음이 상반되게 움직이면 죄에 떨어지기 쉽고 함께 움직이면 도(道)를 얻는다.

사람들은 생각하기를 마음이 움직여서 몸이 따른다고 생각하지만 일생생활을 돌아보면 전혀 몸과 마음이 따로 놀고 있음을 알 수가 있다.

가령 갈을 걸어가면서도 내 마음은 몸과 함께 있지 않고 다른 생각에 떠돌아 다니고 일을 하면서도 마음은 몸 밖에

서 움직인다. 즉 길을 걸으면서 내 발이 어디에 놓이고 몸은
어떤 자세를 취하고 있는지에 대해서는 전혀 무관심하고 시
야에 들어오는 풍경들과 들리는 소리들에 마음이 달아나 있
고 일을 하면서도 마찬가지로 그 일에 움직이는 내 몸에 마
음이 있지 않고 눈에 보이는 경계 또는 일 외의 다른 생각에
수시로 마음을 잃는다.

그러므로 몸과 마음이 함께 조화롭지 못하여 실수를 범한
다. 때에 따라서 실수는 돌이킬 수 없는 과오를 초래하고 더
욱이 마음이 어지럽게 나(我)를 떠나서 돌아다니므로 그 마음
따라 움직이는 기(氣)가 업장으로 쌓이게 된다. 다시 말해서
탐욕, 애증, 슬픔, 기쁨 등의 원인이 마음이 내 몸을 떠나서
여기저기 갈피없이 돌아다니며 보고 듣고 하는데서 비롯되는
것이다. 따라서 마음이 내 몸을 떠나지 않고 머물면 진실하고
떠나면 죄에 빠지게 된다. 그래서 붇다는 이렇게 가르쳤다.

내가 가면 '간다' 하고 생각하고 머물면 '머문다' 하고 생
각하고 서면 선다, 앉으면 앉는다, 누우면 눕는다 하고 생각
하며 행하고 또 몸이 어떤 모양을 하고 있는가에 대해서 관
찰한다. 그리고 길을 걸으면 내 발이 어떻게 놓이고 몸은 어
떤 자세인가를 생각하고 음식을 먹으면 수저를 집는다, 무
엇을 먹는다, 또 어떻게 씹는다 하고 생각하고 일을 할 때도
마찬가지로 무엇을 어떻게 행하고 있다 하고 생각한다.

이렇게 마음이 몸에서 떠나지 않고 머물면 세상의 어느 것에도 집착하지 않고 평화로워져서 생사(生死)가 일체라는 깨달음을 얻어 두려움이 없고 너와 내가 둘이 아니라 하나임을 알아차리고 그래서 사랑이 제일임을 알게 되는 것이다.

사실 마음이 몸을 벗어나지 않으면 실수란 없다. 혹 잘못된 일을 행할 때에 마음이 몸을 떠나지 않고 있으면서 '나는 지금 무엇을 하고 있다' 하고 생각하면 내 몸속의 진실한 본성이 나를 훈섭해서 즉시 그 일을 하지 않아야지 하고 깨닫게 되므로 실수도 없고 죄에 빠지지 않게 되는 것이다.

〈몸에 대하여〉

마음이 내 몸을 떠나 세계를 돌아다니다 오고 예쁜 여자나 남자를 찾아갔다 오고 황금을 찾아갔다 오고 권력에 앉았다가 오고…… 이렇게 갈피없이 돌아다니기를 좋아하는 마음을 내 몸에 꽁꽁 묶어둘 수 있는 때에 이르면 이제 내 몸 안과 밖을 관찰한다.

몸 밖은 객관의 세계로서 내 마음과 몸이 일체가 되었으므로 나는 주관이 뚜렷하고 주관이 뚜렷하므로 상대적인 객관의 세계도 뚜렷하게 나타난다. 그러므로 객관에 대한 주관의 법도가 올바르고 지혜롭다. 법도가 바르고 지혜롭기 때문에 현명하여 죄에 물들지 않는다.

몸 안은 구조적인 신체의 조건들이다.

소우주(小宇宙)로서의 구조 즉 열(熱, 氣)과 바람(風(숨))과 흙(몸체)과 물(피, 소변, 침 등)로 구성된 체(體) 그리고 오행(五行)이 분화되어 구성된 폐와 위와 간과 신장 그리고 심장 그 외 뼈와 힘줄과 동맥과 눈, 코, 귀, 입 등 일체의 부분들을 관찰하며 머무는 것이다. 그러므로 속속들이 내 몸속을 알아차릴 수가 있게 되고 속속들이 알아차림으로써 건강을 얻는 비결을 알게 되고, 그리고 동시에 언젠가 내 영혼이 이 것들을 떠날 것을 알아차려서 때에 이르러서 두려움없이 영혼이 몸을 벗어날 수 있게 된다. 즉 본시 흙(土)이고 불(火)이고 바람(木)이고 물(水)인 체(體)이기 때문에 물과 불과 바람과 흙으로 흩어진다는 진리를 깨닫고 청정한 본성 삼신(三神)이 이 세상과 더불어 영원하면서 끝없는 쾌락을 누릴 수 있다는 즐거움을 증득(證得)하게 된다.

둘째, 감각(感覺)에 대하여 감각 작용이 있을 때는 어떻게 머무는가?

감각 작용이 있을 때 일어나는 갈등을 제어(制御)하기란 대단히 어렵고 힘든 수행공부임에 틀림이 없다. 그러나 마음과 육체에 부딪쳐서 일어나는 느낌에 의한 번뇌는 무아의 경지에 몰입해 들어가고자 하는 수행자의 최대 방해꾼이 되므로 꼭 단절하지 않으면 안된다.

감각에는 즐겁고 슬프고 괴로운 마음의 느낌들과 아프고 고통스럽고 쾌락스러운 육체의 느낌들이 있다. 이 느낌들은 내 마음과 육체의 상대적인 세계에 의해서 작용된 것이다. 다시 말해서 우리가 일상생활에서 겪게 되는 기쁨과 슬픔과 즐거움과 분노 그리고 행복과 불행은 나를 자극하는 상대적인 성품이 있기 때문에 일어나는 현상이며 마찬가지로 육체의 고락(苦樂)도 나와 대립되는 어떤 현상이 자극한 결과이다. 그러므로 이러한 감각 작용에 의해서 나타나는 반응은 지극히 당연한 감정의 발로이자 본능적인 습관이다. 따라서 감관(感官)에 의한 느낌을 멈추려들지 말고 그대로 받아 들이므로써 오히려 번뇌를 여의일 수 있다고 하였다.

그것은 마치 흐르는 물을 역류하면 할수록 더 거센 저항을 받지만 흐르는 물을 그대로 따르면 아무런 저항없이 물과 함께 순조로운 이치와 같다. 즉 불행을 불행으로 받아들이려 하지 않으면 상대적인 행복이 불행을 극명하게 갈라놓으므로써 더욱 불행을 느끼게 되고, 내 몸이 아프면 아파서는 안된다는 상대적인 성품이 더욱 고통으로 빠뜨리는 것이다. 그러나 불행을 불행으로 인정해 버리고 아픔을 아픔으로 '본래 아픈 것 이다' 하고 인정해 버리면 상대적인 관념이 없으므로 오히려 불행과 아픔을 이길 수가 있다고 본다는 가르치고 있다.

이러한 관점은 사람의 도덕성 회복에도 많은 교훈을 주는 가르침이라 하겠다. 가령 사람이 어떤 잘못을 행할 때에 모르고 무심하게 또는 우발적으로 행하는 경우가 대부분이다. 그러나 스스로 '나는 이 일을 지금 행하고 있다' 하고 인정해 버리면 즉시 그것이 잘못인 줄을 깨닫게 되는 것이다. 그래서 알고 저지른 잘못보다 모르고 저지른 잘못이 더 크다고 말한다.

아무튼 감각되어진 느낌을 부정하려 들지 말고 인정해 버리면 역순(逆順)의 번뇌를 쉽게 여의고 고요로움에 들 수 있다는 붇다의 구체적인 가르침은 이러하다.

즐거우면 '나는 즐겁다' 하고 받아들이고 괴로우면 '나는 괴롭다' 하고 느낄 것이며 괴롭고 슬프지 않으면 '나는 괴롭고 슬프지 않다' 하고 느낌을 깨달아야 한다. 그리고 받아들인 느낌에 대해서 깨달은 바의 사실에 마음을 머무르면 느낌이 생(生)한 원인을 알아차리고 마음이 머물고 그래서 느낌이 멸하는 법에 자연히 마음이 머물러 집착하지 않게 되는 것이다. 라고 하였다.

셋째, 마음에 대하여 마음을 보고 마음을 머무름으로서 잘못에 떨어지지 않는다고 하였다.

'마음을 보고 마음을 머물러' 하는 것은 자신이 무엇을 행하고 있는지 즉시 알아차리고 바르게 마음을 머무르라는 것이다.

마음은 걷잡을 수 없는 것이어서 천변만화(千變萬化)의 조화를 부려서 아무도 마음을 알 수가 없다. 성내고 즐거워하고 기뻐하고 슬퍼하며 착하기도 하고 악하기도 하며 부자가 되기도 하고 가난뱅이도 되며 성스러워지다가도 사악해 지기도 한다. 이런 가지가지 변덕을 부리는 마음은 하루 사이에 또는 시간마다 또는 순간마다 수도없이 반복해서 일어나고 사라진다. 그러므로 마음이란 본래 근본이 없다. 다만 감관에 의해서 그 모습을 달리하는 허깨비와 같은 것이다. 그러나 마음은 마치 수증기가 바다를 의지해서 일어나듯 진실한 본성을 의지해서 일어난다.

따라서 바닷물이 더위에 요동하지 않으면 수증기가 일어나지 않고 고요하듯 본성이 감관에 요동하지 않으면 마음은 일어나지 않아서 고요하게 머물게 된다. 그런데 그렇다 하더라도 태양이 있는 이상 바다에서 수증기가 일어나지 않을 수 없듯 감관에 의한 느낌 없는 사람이 있을 수가 없으므로 본성을 의지해서 일어나는 마음을 억제할 수는 없다. 때문에 앉을 자리를 보고 앉아야 하듯 마음을 보고 머물 곳에 머물러라 하는 것이다.

즉 성을 내면 성을 낸다하고 알아차림으로서 성을 가라앉히고 미워하면 미워한단다. 급하면 급하다 느리면 느리다. 어리석으면 어리석다. 현명하면 현명하다하고 먼저 행하기 전에 행하고자 하는 바를 알아차리면 부질없는 마음이 함부로 일어나서 세상을 두루 돌아다니고 온 느낌으로 본성을 미혹(迷惑)시키지 않게 되는 것이다.

넷째, 법에 대하여, 법을 어떻게 알아차리고 머물 것인가? 법이란 어떤 마음이 일어나게 되는 동기를 관찰하여 머무는 것이다. 다시 말해서 값비싼 보석이 있다면 탐욕이 일어난다. 탐욕이 일어난 원인은 먼저 눈으로 보석을 보았기 때문이다. 그래서 내 눈이 탐욕의 감각기관 이었음을 알아차리고 또 눈을 미혹시킨 것이 보석이었다 하고 알아차리면 탐욕이 사라지고 고요해 진다는 것이다. 그래서 수행시나 일상생활에서 일어나는 온갖 번뇌의 법을 먼저 알아차리고 그곳에 마음을 머물면 고요가 지극해져서 본성을 환하게 깨달을 수 있다고 하였다.

호흡 조절법에 있어서는 들숨(吸)에서 청정한 우주 본성의 기(氣)를 받아들여 업장(業障)의 기를 흩어놓고, 날숨(呼)에서 마군(魔群)을 토해내며, 집중으로 요동(搖動)하는 망념(妄念)을 제어(制御)한다. 그러므로 들숨은 생명의 창조가 되고 날숨은 창조를 쉬고 마(魔)를 멸하며 집중은 본성을 지키는 것이 된다.

이 때문에 들숨은 이미 창조된 내(我) 육체의 생명 세포를 부활시키는 활력소가 되고, 날숨은 세포를 파괴하는 사기(邪氣)를 멸해 육체를 밝게 하며, 집중은 부활된 생명 세포를 지속시켜 주므로 도(道)가 된다. 그리고 들숨과 날숨과 집중에서 마음을 다스려 망념이 사라지고 또 망념이 일어나지 않게 하므로 본성을 환하게 깨닫게 해주어 호흡과 집중은 이 세상에 다시없는 주문(呪文)이라 하였다.

그런데 들숨과 날숨과 집중 셋으로 구분지어 수행의 근본으로 설명하였지만 이 셋은 불가분의 연동적(連動的) 관계이다. 즉 생멸법(生滅法)인 들숨과 날숨은 상호 의존관계로서 생명을 유지하고자 하는 마음의 인연에 의해서 연속되어지며, 집중은 영원을 갈망하는 인연심이 일어난 결과이다. 따라서 들숨없는 날숨이 없고 날숨없는 들숨이 없으며 들숨과 날숨 없는 집중이 있을 수 없기 때문에 숨을 고르지 않고서는 마음을 다스리기 어렵다. 이러한 까닭은 마음에 따라서 숨이 움직이고 숨의 움직임에 따라서 마음이 움직인다는 사실에서 능히 깨달을 수가 있는 일이다. 그래서 숨을 고르는 호흡 조절법에 의한 집중, 집중에 의한 호흡조절을 수행의 근본이자 진리이며, 이 진리는 한 치의 오차도 허용되지 않는다.

세간(世間)에 여러 가지 기묘한 자세의 수행법이 소개되고 숨을 쉼에 있어서는 들숨에서 멈추고 날숨에서도 멈추어 오래 참기도 하고 혹은 들숨은 길게, 날숨은 짧게 하기도 하는 호흡법들이 알려져 있지만 나는 아직 붇다의 가르침 외는 달리 올바른 법을 발견하지 못하였다. 진실과 거짓에 대한 판단은 오직 대각자(大覺者)의 가르침인가 아닌가에 대해서 먼저 판단한 다음에 행해야만 잘못된 길로 빠져들지 않는다.

그러므로 호흡은 마음을 다스려 죄에 물들지 않게 하고 업을 멸하며 생명을 창조한다는 사실에 미루어 조심해서 행해야 할 것이다. 그리고 운명과 육체의 개조는 물론 미래세의 나(我)를 복되게 하는 무상(無上)의 법이기도 하므로 더욱 함부로 행해서도 아니 되며 소홀히 행해서도 아니 되고 오직 진실을 알아차리고 한결같은 마음으로 지극히 정성스러워야 한다.

그러면 수행의 제일 덕목인 호흡을 조절하는 법에 대해서 자세히 수시(受持)해 보자. 재론하거니와 이 법은 앞에서 누누이 설명했던 창조 본성의 기를 받아들이고 마기(魔氣)를 멸하는 법이다. 따라서 운명과 육체의 개조는 물론 선악(善惡)없는 성품과 청탁(淸濁)없는 목숨과 후박(厚薄)없는 정기인 삼신(三神)을 환하게 깨달아서 그 스스로 신(神)이 되어

이 우주와 더불어 영원히 존재하게 해주는 신령한 법이므로 다른 어떤 기묘한 법보다 지극한 정성으로 수지하고 행해야 한다는 점을 천만번 강조해 두고자 한다.

숨을 들이쉬면 저절로 배가 불러오고 내쉬면 꺼진다. 들숨에서 생명의 기가 들어오고 날숨에서 마기(魔氣)가 멸한다. 따라서 숨을 쉴 때는 흐트러짐이 없는 몸과 마음을 가지고 행하되 지금까지 무의식적으로 숨쉬던 것을 의식을 집중하여 숨을 쉬어야 한다. 이 의식의 집중은 나중에 무의식으로 깊이 몰입해 들어가지만 이 때의 무의식은 평소의 무의식과는 전혀 다른 결과가 나타난다. 즉 들숨에서 청정한 생명의 기를 받아들인다는 의식과 날숨에서 마군(魔群)을 멸한다는 의식은 무의식 가운데서도 그대로 실행되는 것이기 때문이다.

의식은 들숨에서 날숨으로 날숨에서 들숨으로 교체되는 순간의 잠시 멈추는 듯한 때에 순식간에 이루어지며 그 다음은 숨을 내쉬면 '내쉰다' 들이쉬면 '들이쉰다' 하고 생각한 다음 배꼽 아래 3cm 되는 곳에 의식을 집중하고 숨을 무리없이 천천히 쉬되 들숨은 자연스럽게 배가 앞으로 나오고 날숨은 뒤로 자연스럽게 움츠리며 이 때 배를 내밀고 훔츠리는 속도는 숨을 쉬는 속도와 밸런스가 맞아야 한다. 즉 숨이 정점에 다달으면 내민 배도 정점에 다다르고 움츠린 배도 내 쉰 숨도 함께 정점에 다다라야 하는 것이다.

숨을 고르기 전에는 반드시 자세가 바르고 눈은 코끝을 응시하는 각도로 실눈을 뜨며 어금니는 가볍게 깨물고 혀끝을 입천장에 살짝 댄다. 그런데 여기서 가장 어려운 점은 눈을 어떻게 뜨는가 이다. 눈을 완전히 뜨면 보이는 경계가 마음을 어지럽히고 완전히 감으면 생각이 마음을 어지럽힌다. 그래서 코끝을 보는 각도의 실눈이 알맞은데 초보적인 단계에서는 이도 어렵다. 그러므로 눈을 감되 눈꺼풀만 살짝 눈을 덮고 눈알은 뜨되 코끝을 본다는 의식으로 각도를 유지하고 숨을 쉰다. 그리해서 수행이 깊어지면 실눈을 뜨고 행한다. 만약 수행이 깊어서도 눈을 감고 숨을 고르면 반드시 마군이 침범하게 된다는 사실을 명심해야 한다.

눈을 뜨면 눈에 보이는 경계가 있어서 집중이 될 수 없다 하고 말들을 하지만 눈을 감고 온갖 번뇌가 일어나는 것보다 오히려 눈을 뜨고 코끝 한 가지 경계만 생각이 멈추면 번뇌가 단순해서 쉽게 집중이 될 수 있다. 그러나 코끝을 본다고 해서 정말로 코끝을 바라보아서도 안 된다. 코끝은 다만 보는 각도이지 의식은 배꼽 밑에 가 있어야 하므로 눈의 초점은 없는 것이다.

이와 같이 숨을 고르는 법을 먼저 수지(受持)하였으면 다음은 숨을 고르면서 일어나는 번뇌를 차단하는 법에 대해서 알고 그대로 행해야 한다. 제아무리 호흡을 잘해도 번뇌를 차단하지 못하면 수행이라는 말 자체가 성립되지 않는다. 왜냐하면 사람이 본성 삼신(三神)을 깨닫지 못함이 바로 번뇌가 나를 미혹하기 때문이다.

번뇌(煩惱)란 마음이 청정(淸淨)해 있지 못하고 사랑하고, 미워하고, 즐거워하고, 괴로워하는 온갖 인연들에 마음이 요동(搖動)하는 것을 말한다. 요동하는 이 마음은 마치 솥에 물을 붓고 불을 때면 물이 부글부글 끓어 오르다가 불길을 멈추면 본래 고요한 물의 성품으로 돌아가는 것과 같이 마음이 나를 떠나서 세상의 온갖 것들에 자극되지 않으면 요동하지 않는다. 따라서 요동하지 않고 물과 같이 마음이 잠잠해 졌을 대 본성이 거기에 있는 것이다. 그렇지만 마음이란 늘 고삐 풀린 망아지와 같아서 한순간도 고요하지 못하고 몸 밖으로 뛰쳐나가 세계를 돌아다니기도 하고 별과 달과 태양에 갔다 오기도 하고 인연 있는 모든 사람들을 찾아가서 가지가지 번뇌를 일으키고 부귀공명을 한손에 쥐었다가 놓기도 하면서 나의 감관을 통해 희로애락을 나타내게 한다. 그러나 내 몸 밖을 떠나서 번뇌를 가져다주는 마음의 실체는 분명 내가 아닌 허깨비에 지나지 않는다. 즉 물거품이 일었지만 거품은 물을 의지해서 일어난 허상인 것과 같이 마음은 본성을 의지해서 일어난 허상일 뿐 흔적이란 없다. 그런데도 마음은 또 다른 번뇌를 일으키는 변덕을 부린다. 이런 까닭에 평범한 가운데 마음을 붙들어 매기란 요원한 것이어서 수행법이 이 세상에 전해지게 되었던 것이다. 그런데 번뇌를 차단하는 법에 대해서 보다 마음에 의해서 굳어진 습관을 개선하는 법에 대해서 먼저 앎이 마땅하므로 이를 우선 인지해 두자.

마음은 행동을 수반하고 행동은 습관을 낳는다. 따라서 습관은 마음의 거울이어서 습관을 보고 사람의 마음을 능히 판단하기도 한다. 때문에 나쁜 습관은 스스로 알아차리는 지혜가 있어야 하고 지혜가 있으면 고치고자 하는 습관을 길러야 함이 마땅하다. 그러나 한 번 굳어진 습관은 천성(天性)이 되기 때문에 무의식 중에도 행하고 의식하면서도 행하는 도무지 고치기 힘든 무서운 마음의 최면(催眠)에 걸린 상태라 할 수 있다.

이 모두 마음이 나를 떠나서 외부 세계의 유혹 내지는 안위와 쾌락을 누리고자 하는 허망한 감성(感性)이 자극한 결과이다. 그러므로 수행을 위한 별도의 수행 시간도 중요하지만 일상 생활에서의 수행지심(修行之心)도 중요하다. 어쩌면 생활 그 자체가 수행인지도 모른다. 그래서 분다는 늘 이렇게 가르쳤다. '길을 걸으면 걷는다 하고 알아차리고 밥을 먹으면 먹는다 누우면 눕는다 앉으면 앉는다 하고 알아차려서 그 행함이 옳지 못하거든 옳지 못함을 알아차려서 숨을 고르고 옳게 행하는 습관을 길들이라.' 하였던 것이다. 만약 수행 중에서만 옳은 습관을 알고 평상시에 행하지 못하면 습관은 습관대로 굳어있어서 마음을 조율하기란 어렵고 어렵다. 마음을 조율하지 못하면 어찌되는가? 고삐풀린 망아지가 밭곡식을 버려놓듯 마음이 함부로 세상을 내달리며 못된 업장(業障)만 지어서 본성을 더럽힐 뿐인 것이다.

참 생명의 기(氣)이던 마(魔)의 기이던 불러들이고 내모는 것은 모두 마음의 장난이다. 그래서 철학적인 용어로 '의식의 옷'이라 하였다. 마음으로 지은 옷이 두터우면 해(害)가 되고 엷으면 복이 되며 없으면 신(神)이다. 그렇기 때문에 마음으로 지어서 굳어진 나쁜 습관이 있다면 이제 좋은 마음으로 굳은 것을 풀어가는 습관이 필요한 것이다.

물론 이 습관은 정식으로 행하는 수행공부로부터 시작해서 점차적으로 길들여 나가야 하며 일상생활을 수행의 연장선으로 보고 스스로 알아차려서 행해야 할 것이다.

그러면 호흡조절 중에 일어나는 번뇌는 어떻게 차단할 것인가?

이 세상에 있는 모래알보다 많은 수련법이 있다 해도 이 법만 분명하게 깨닫고 행한다면 이로서 수행의 목적을 달성할 수 있으리라.

그러나 본시 번뇌란 객관의 세계로부터 받아들인 느낌에 의해서 일어난 것이기 때문에 외부세계와의 접촉 없는 삶이 있을 수 없는 사람의 입장에서 본다면 불가능한 것으로 여겨질 것이다. 그런데도 번뇌를 어떻게 끊어야 하는가?

바로 객관의 세계를 실체 그대로 받아들이라고 붇다는 가르쳤다.

이미 앞에서 밝히었듯 번뇌란 마음이 지어낸 허상이었다. 이 허상은 사람에 따라서 여러 가지 형태로 나타난다. 가령 한 괴이한 돌멩이가 있다고 하자. 이 돌을 보고 어떤 사람은 그 모양이 짐승 같다 하는 사람도 있고 천길 절벽같이 생겼다 하는 사람도 있을 것이며 또 어떤 사람은 사람과 같이 닮았다 하고 말하는 사람도 있을 것이다. 그러나 어디까지나 돌은 돌일 뿐 짐승도 아니고 절벽도 아니고 사람도 아니다. 그런데도 보는 사람의 마음에 따라서 이 돌멩이의 모습은 전혀 다르게 표현된다. 왜 그런가? 당연히 보는 사람의 마음이 제각기 다르게 움직이기 때문에 돌 하나가 전혀 다르게 그 모습이 비쳐 보이는 섯이다. 그러므로 마음이 짓는 것은 허상이지 실상은 아니다.

또 다른 비유로 한 사람이 어떤 아름다운 꽃밭에 갔다고 하자. 만약 그 사람이 아주 고독하고 슬픈 마음을 가지고 이 꽃밭을 본다면 비록 천상(天上)의 세계처럼 꽃밭이 아름다워도 그 눈에는 전혀 아름답게 보이지 않을 것이지만 반대로 행복에 가득찬 마음을 가지고 본다면 그 꽃밭은 한없이 아름답게 느껴질 것이다. 이러한 현상은 사람과 사람의 관계에서도 여실히 나타난다. 죽자살자 사랑하던 사람도 어느날 문득 미워지고 한 번 미워지면 잠자고 밥먹는 모습마저 밉게 보이는 때가 있다. 같은 꽃밭, 같은 사람인데 무엇 때문에 한 마음이 상반되게 나타나는가? 바로 실체없는 마음이 변덕을 부렸기 때문인 것이다. 따라서 돌멩이와 꽃밭과 사람의 실체를 그대로 인식할 줄을 모르고 마음이 지은 허상이 감관을 통해 표출해 낸 것이 번뇌이므로 진실되게 마음이 고요하면 마음은 허상을 짓지 않으므로 번뇌가 사라지는 것이다. 이럴때 행하는 행위를 무위의 위(無爲의 爲) 또는 무위의 도(無爲의 道)라고 한다. 즉 물 흐르듯 위함없이 위한다는 뜻이다.

이러한 무위의 도는 끊임없이 자기 성찰과 수행없이는 불가능하다. 그러므로 호흡을 수련하면서 상속(相續)해서 일어나고 사라지는 마음의 허상을 차단하는 법을 거듭해서 행하므로서 습관화 시켜야 한다. 이러한 습관은 생멸(生滅)하는 기론(奇論)적 관점에서 본다면 업장의 소멸, 운명과 육체의 개조, 내지는 창조 본성에 의한 불로(不老), 불사(不死), 장생(長生)의 기반이 된다 하겠다.

이렇게 번뇌가 마음이 지은 허상임을 분명하게 깨달았다면 숨을 고르면서 번뇌가 일어나면 즉시 '이것은 허상이지 진실이 아니다.' 하고 생각하면 번뇌를 여의어야 한다는 원칙을 단단히 인지하고 이제부터 마음이 나를 떠나지 않도록 꽁꽁 묶어두며 수련하는 호흡 조절법을 증득(證得)해 보자.

이 법은 숨을 고르되 수(數)를 헤아리고 숨과 마음이 함께 하며 마음이 숨에 머물며 자신을 바라보자는 말로 압축된다.

수를 헤아리라 함은 들숨과 날숨을 시작할 때 하나부터 열까지 혹은 하나부터 다섯까지 수를 헤아리며 숨을 쉬라는 것이다. 이때 들숨보다 날숨이 긴 것이 원칙인데 그 이유는 멸해야 할 업장이 많은데다 늘 욕구불만에 쌓여있는 것이 인간이기 때문에 본능적으로 숨을 길게 쉬어 토해내려 하기 때문이다. 다시 말해서 초조하고 긴장하면 초조하고 긴장한 만큼의 외부 에너지가 필요하기 때문에 본능적으로 들숨이 길고 날숨은 짧으며 성을 내고 괴로워하면 내부에 쌓인 불만을 역시 본능적으로 토해내고자 하는 무의식 작용이 있어서 숨이 빠르되 들숨은 짧고 날숨은 길어진다. 그래서 숨을 고르기 전에 들숨과 날숨의 길이를 알아차리고 들숨에서 열을 헤아릴 때 혹은 빠르게 혹은 느리게 완급을 조절해서 수를 헤아리고 날숨에서는 들숨의 완급 만큼 수를 헤아리되 열이 넘어서 열둘이 되기도 하고 열셋이 되도록 수를 헤아린다.

수를 헤아리며 숨을 쉼에 있어서 숨은 숨대로 쉬고 수는 수대로 헤아려서는 안된다. 이 경우 이미 마음이 몸을 떠났기 때문이므로 수를 헤아림을 멈추고 허상에 떠도는 마음을 바로잡고 다시 하나부터 수를 헤아려야 한다. 그리고 수가 숨의 빠르기를 따르게 하거나 숨에 수의 빠르기를 따르게 하여 수와 숨이 일체가 되도록 해야 한다.

수와 숨은 서로 밸런스가 맞아야 하는데 열이나 혹은 다섯의 수를 헤아렸는데 숨은 아직 남아 있어서는 안 되는 것이며 숨은 이미 정점에 닿아서 더 쉴 수가 없는데 수는 아홉이나 혹은 넷밖에 헤아리지 못해서도 안된다. 그러므로 하나에 숨이 시작되면 열이나 다섯을 다 헤아렸을 때 숨도 더 쉴 수 없는 정점에 다달아야 하는 것이다. 이 모두 마음이 수와 숨에서 떠나지 않게 하므로써 집중을 하기 위해서이다. 그러나 이렇게 숨과 수를 맞추는 것은 어디까지나 번뇌를 차단하기 위한 초보적인 법이므로 숨과 수에만 집중해서는 자신의 본성을 관조(觀照)할 수가 없다. 따라서 어느 정도 숨과 수가 밸러스가 맞아 마음이 허상을 일으키지 않으면 진아(眞我)를 관조한다는 마음으로 배꼽 밑에 의식을 집중해야 한다. 이 의식의 집중이 깊어지면 숨을 쉬는 법도 수를 헤아리는 법도 의식속에서 사라지고 배꼽밑에 집중한다는 의식마저 사라지게 된다.

이때가 되면 여러 가지 신비스럽고 기적 같은 현상이 일어나는데 어떤 현상이었던 그것에 집착하면 안된다. 오직 집중을 거듭해야 한다. 이때가 가장 힘든 인내의 순간이다. 이 인내가 한계에 부닥치면 반사적으로 무의식으로 일어난 감정이 스스로 성을 내게 하거나 의심하는 마음이 들어서 수행을 포기하는 경우가 있는데 절대로 그런 우를 범해서는 안 될 것이다. 이러한 우는 집중이 되지 않아서 번뇌없는 경지에서의 참 마음의 기쁨을 모르기 때문이므로 그런 경우가 생기면 지체없이 수행을 중단하고 가벼운 운동이나 산책으로 기분을 푼 뒤에 다시 시작하는 습관을 거듭해서 기르면 반드시 참 기쁨을 증득하게 될 것이다.

수를 헤아리는 호흡 조절법 외에 또 다른 법은 배를 내밀고 움츠리면서 숨과 밸런스를 맞추는 법이 있다. 즉 들숨에서 배를 앞으로 내밀 때 숨이 배를 내미는 빠르기와 같이하고 배를 뒤로 당길 때도 배를 움츠리는 빠르기와 내쉬는 숨이 같도록 하는 것이다. 이 때도 수를 헤아림과 마찬가지로 더 이상 배가 앞으로 또는 뒤로 내밀고 당길 수 없는데 숨은 아직 남아서는 아니 되며 숨은 다 찾는데 배는 아직 더 내밀고 더 움츠릴 여유가 남아서도 안 되는 것이다. 숨이 배에 머물고 배가 숨에 머물러 함께 움직이면 숨과 배는 시작과 끝이 같아진다.

그리고 수와 숨을 함께하던 숨과 배를 함께하면 숙달이 되면 능히 마음이 숨에 머물고 숨이 마음에 머물러서 수와 숨의 밸런스를 맞추고 숨과 배의 밸런스를 맞추려는 노력이 없어도 저절로 호흡이 조절되며 더 숙달되면 마음이 숨과 관계없이 저절로 본성을 관조하며 머물게 된다.

그런데 마음이 일으키는 번뇌를 차단하는 법은 이와 같다 하더라도 앉아서나 혹은 서서 혹은 누워서 숨을 고르며 수행 할 때에 육체가 받아들이는 감각인 아프고 간지럽고 쓰린 괴로움이 주는 번뇌는 어떻게 여의어야 하는가? 어찌보면 마음을 붙들어 매기보다 더 현실성있게 집중할 수 없는 요인이 육체적 감각에 의한 번뇌일 것이다.

혹자는 육체적인 것이니까 참아야 된다. 그것도 참지 못해서야 어떻게 수행이라 할 수 있는가? 하고 핀잔을 주지만 사실 육체적인 감각은 실감나게 적극적으로 마음을 어지럽히므로 억지로 참는다는 것은 여간 힘든 일이 아니다. 참으면 참을수록 감각이 심해지는 것이 육체에서 번뇌가 더욱 기성을 부려 집중은커녕 호흡마저도 산란해 질 것이다. 물론 오래 인내하면 안 될 것도 없겠으나 인내하는 동안의 혼란을 감내하기란 쉽지가 않다. 그래서 이런 사실을 체험하고 극복한 붇다는 '간지러우면 간지럽다고 하고 간지러운 곳에 마음을 머물고, 아프면 아프다 쓰리면 쓰리다 하고 아프고 쓰린 곳에 마음은 머물면서 현실을 부정하지 말고 그대로 긍정하라.' 하고 가르쳤던 것이다.

무슨말이냐 하면 간지러울 때 긁어주면 쾌감을 느끼지만 긁어주지 않으면 더 간지럽다. 그러므로 간지러우면 간지럽다하고 마음으로 긁어주며 간지러운 것은 당연하다 하고 인정해 버리면 참아야 한다는 괴로운 감정없이 마음이 간지러움을 해소하고 무의식적으로 참아지는 마음으로 바뀌어 가볍게 간지러운 감각을 여의일 수 있다는 것이다.

이러한 논리는 눈에 보이는 실체를 있는 그대로 인정하고 봄으로서 번뇌를 일으키지 않는다는 것과 같다. 따라서 온갖 생각들이 상속(相續)해서 일어나는 것들도 마찬가지 방법으로 끊어야 한다. 즉 수행 중에 문득 사랑하는 사람에게 마음이 가 있다면 사랑하는 마음을 갖도록 하되, '이 생각은 수행의 방해꾼이다.' 하고 알아차려서 끊고 슬프고 즐겁고 불행한 곳에 마음이 가 있으면 그대로 슬프고 즐겁고 불행하다 하고 긍정하여 버려두었다가 슬프고 즐겁고 불행한 것은 마음이 지어낸 허상이다. 또는 '이 모든 생각들은 물거품처럼 일었다 스러지는 허망한 것들이다.' 하고 알아차려서 끊는 것이다.

이렇게 일어나는 생각마다 긍정한 뒤에 그것이 잘못임을 스스로 알아차려서 끊고 또 끊으면 자신도 모르게 습관이 되고 습관은 잘못되게 요동(搖動)하며 일어나는 마음을 무의식중에 제어하여 번뇌를 끊는다는 의식없이 끊어 점점 무위의 도에 이르게 된다고 하였다.

이처럼 갈피없이 일었다 스러지는 마음을 제어하면 '들숨에서 청정한 생명 본성의 기(氣)가 내 몸속에 가득히 들어와서 마기(魔氣)를 흩어놓고 날숨에서 이를 멸해 업장이 소멸되므로 운명이 바뀌고 허물어져 가는 육신의 세포가 창조의 기를 받아 되살아 나므로 병이 없이 육체가 개조되어 오래 산다.' 하고 말하고 '마기가 흩어져 없으므로 이윽고 본성 삼신이 환하게 나타나서 이 우주와 더불어 영원한 신이 곧 나이다.' 하고 말하는 것이다.

호흡에 의한 생멸법(生滅法)을 행할 때에 물론 여러 가지 자세가 요구된다. 왜냐하면 호흡은 코와 입으로만 되는 것이 아니라 온 몸이 호흡기이기 때문이다. 이 때문에 수련이 극에 달하면 코와 입으로 숨을 쉬지 않아도 피부만으로도 생명을 유지할 수 있다고 한다. 특히 육체의 호흡기능 중에서 손, 발, 정수리, 미간(眉間) 등 모든 혈(穴) 부위들은 중요한 역할을 담당한다. 그러나 정상적인 호흡기에 의한 호흡이 수행의 기초가 되고 근본이 되며 본성에 몰입해 들어가는 관문이 된다. 따라서 지극한 호흡조절로 이 관문만 지나도 보고, 듣고, 냄새 맡고, 맛보고, 생각되고, 감각되는 일체가 천둥소리(불교에서는 소울음소리라 함)와 함께 미세하게 쉬던 숨 마저 뚝 끊어짐(사실은 숨을 쉬고 있는데도)과 동시에 눈부신 태양이 가슴 가운데서 떠오르고 그 다음 둥근 달이 환하게 떠올라 태양과 겹치게 되는 것을 보게 된다고 하는데 곧 신인합일이 이루어지는 순간이다.

그런데 이 순간이 되기 전에 신인합일을 두려워하는 여러 가지 환상이 선명하게 나타난다고 한다. 자신이 믿었던 바의 환상 즉 부처와 공자와 예수와 노자 또는 알 수 없는 옛 성자나 조상 그리고 자칭 하느님이라 하면서 예언도 하고 겁도 주고 계시도 하며 유혹도 한다고 하였다. 그러나 이러한 현상은 비록 완전한 무아(無我)의 경지에 몰입해 들어가지 않았다 하더라도 마음으로 원하면 나타나기도 하므로 여기서 수행의 가장 큰 고비가 되는 위험이 따른다는 사실을 명심하지 않으면 안 된다. 만약 사람들이 수행 중에 나타난 어떤 형상에 현혹되어 이에 감격하고 그 형상에 경배하려 든다면 즉시 '나는 귀신들렸다.' 하고 알아차려야 할 것이다. 왜냐하면 사람의 본성이 본래 신이고 하느님으로서 독존히기 때문이므로 나 외의 모든 것은 진실이 아닌 것이다. 따라서 나타난 형상에 현혹되어 집착하면 마(魔)에 빠지고 집착하지 않고 '이것은 신이고자 하는 나를 방해하는 방해꾼이다.' 하고 생각해서 물리치면 어떤 형상도 즉시 사라져서 관조한 본성이 환하게 나타난다.

환하게 나타난 본성을 '불(火)의 씨앗'이라고 한다.

이 불씨는 이 세상을 있게 한 한 빛으로서 홀로 변한 일신
(一神)이며 사람의 근본으로 존재하는 세 쓰임(三神)이다.
이 삼신은 가슴 중심부에서 오른쪽으로 4센티 쯤 되는 곳에
거하면서 갈피없이 나돌아 다니며 망상을 일으키는 마음을
끊임없이 훈섭하여 본성으로 회기 하도록 한다고 한다. 그
형상이 바로 순간순간 자기 잘못을 깨닫는 것들이다. 그래
서 사람이 악을 물리치고 선하게 되는 것은 하느님도 아니
고 스승도 아닌 바로 그 자신이라고 하였다. 따라서 수행에
임하는 사람, 임하지 않는 사람, 열심히 하는 사람, 게을리
하는 사람 모두 그 자신의 인연에 기인하는 것이라 하겠다.

그러나 인연법이 비록 그렇다 하더라도 마음이 빚어낸 것
이 또한 인연이라면 마땅히 인연이 없는 사람도 인연을 만
들면 되는 것, 이 글을 읽는 분들은 새로운 인연심을 발할
것으로 믿는다.

맺은 인연의 응보는 응당 그 스스로 받는 법임에야 옳고
바른 새 인연을 맺어 복을 지어야 함은 곧 사람의 도를 행하
는 것이고 사람의 도를 행하는 것이 바로 하늘의 도를 얻는
것이 아니던가!

신선 계율기

　신선의 계율은 신선에 이르기 위해 지켜야 할 법도이다. 이것을 참전계경(參佺戒經)이라 한다. 참전계경은 AD2세기 고구려의 산상황제의 신하로서 명 재상이었던 을파소(乙巴素)께서 남기신 신선에 이르는 교화의 글이다. 옛 사서(史書) 태백일사 소도 경전본훈에 기록되어 있기를 '을파소 재상께서 일찍이 백운산(白雲山)에서 하늘에 기도하던 중 천서(天書)를 얻었는데 이를 참전계경이라' 하였다. 천서(天書)를 얻는다 함은 하늘로부터 내려오는 하늘의 가르침의 글을 받았다는 뜻이다. 이런 일은 옛 도인들에게 흔히 있는 일이며 지금도 누구나 하늘에 간절히 원하면 수행중에 책을 눈으로 볼 수 있고 때로는 글자가 눈앞에 나타나는 것을 볼 수 있다.

을파소 재상께서 천서를 받으시고 "대시(大始)에 밝은 분이 위에 계시사 인간의 일 360여 가지를 주관하시었다." 하므로써 환웅께서 인간사 360여 가지를 주관하시어 세상을 교화하여 홍익인간하셨다 함을 뒷받침하고, 그때의 가르침을 그대로 천서로 받았으므로 참전계를 설하신 분은 환웅 거발환이신 것이다. 또 재상께서 말씀하시기를 "신시이화(神市理化)의 세상은 교화가 크게 행해져 홍익제물(弘益濟物, 만물을 구제하여 널리 이롭게 함)하여 참전(參佺; 삼신을 깨닫고 신선이 됨)이 이뤄지지 않음이 없었다 하였으며, 신시이화(神市理化)의 세상은 날마다 지극한 다스림으로 백성들의 지혜가 열려 만세에 바꿀 수 없는 표준이 되었다. 그러므로 참전계가 있어 신의 계시에 따라 중생을 교화하였다." 하므로써 참전계는 신시(神市) 때 환웅이 가르친 바 신선에 이르는 교훈인 것이다. 모두 366가지 행해야 할 인간사의 도리가 모두 기록되어 있다. 이대로 지키고 행하기만 하면 누구나 신선의 반열에 오르게 된다.

유교, 불교, 도교, 기독교, 힌두교 등 모든 종교의 본질이 이 참전계 속에 다 들어있다. 사람마다 이 참전계 읽기를 매일하고 지키기 위해 노력하면 그 덕이 한량없이 클 것이다.

1. 성령(聖靈)께서 위에 계시면서 삼백예순 여섯 가지 인

간사(人間事)를 주재(主宰) 하시는데 그 강령(綱領)을 말하건대, 성(誠; 공경, 진실, 정성)이요, 신(信; 믿음)이요, 애(愛; 사랑)요, 제(濟; 구원)요, 화(禍; 재앙)요, 복(福)이요, 보(報; 보답)요, 응(應; 응답)이라 한다.

2. 성(誠; 진실, 공경, 정성)은 충심(衷心; 참 마음)에서 우러나온 혈성(血性; 본성에서 나오는 성품)으로 6체(六體; 땅에 나타난 1의 모습. 즉 好, 惡, 喜, 怒, 哀, 樂)등에 47용(用; 47가지 쓰임)이 있다.

3. 공경은 지극한 마음을 다하는 것이다.

신(神)은 천신(天神)인데 해, 달, 별과 바람, 천둥, 번개는 모습 있는 하늘의 형상이나 보이지 않아서 헤아릴 수 없고 소리가 없어 들을 수 없는 것은 모습 없는 하늘의 형상이다.

모습 없는 하늘을 따르는 것은 하늘을 따름이요, 하늘의 하늘은 곧 천신(天神)이라. 사람이 하늘을 공경하지 않으면 하늘이 사람에게 응하지 않으므로 초목에 비와 이슬과 서리와 눈이 내려 길러주지 않음과 같다.

4. 존경은 숭배함이요 받들음은 한마음으로 성성을 다함이다.

사람이 천신(天神)을 존경하고 받들면 천신 역시 사람에게 정기(精氣)를 내려 주시니 배고픈 갓난아이에게 젖을 주고 추운 몸에 옷을 입혀주는 것과 같이 하신다. 만약 성의 없이

존경하면 귀먹고 눈이 멀어 듣고 싶어도 들을 수 없고 보고
싶어도 볼 수 없다.

5. 숭(崇; 숭배)은 존경함이요 덕(德; 베푸는 것)은 천덕(天
德; 하늘이 베푸는 것)이다.

하늘의 덕(天德)은 가문 땅에 내리는 단비와 같고 음침한
골짜기의 무리들(초목 등 온갖 생명체)에 내리는 봄볕과 같
다. 천지간에 조화로운 하늘의 덕이 없다면 사람이 사람의
일을 할 수 없고 만물은 제 구실을 못한다. 이런 까닭으로
밝은 사람은 언제나 좋은 마음으로 하늘의 덕을 찬양한다.

6. 도(導)는 손잡고 바르게 이끌어 줌이고 화(化)는 하늘이
지은 조화로 인도함이다.

사람이 하늘이 지은 조화를 알지 못하면 곧 하늘이 사람
에게 입힌 이치를 모르니 어찌 자신의 타고난 성품이 어디
서 왔는지 알겠으며 역시 자신의 몸도 어디서 왔는지 알겠
는가. 이러한 것을 먼저 깨닫지 않으면 다른 것도 깨달을 수
없나니 밝은 이는 마땅히 깨닫고 뒷사람을 인도할 것이다.

7. 창(彰; 밝음)은 찬양함이요 도(道)는 천신(天神)의 정도
(正道)이니 창도(彰道)란 천신의 밝은 도를 찬양함이다.

사람이 바른 도를 행한 즉 요괴(妖怪)가 나타나지 못하며
사악한 마귀가 간사함을 드러내지 못한다. 정도(正道)란 치
우침이 없는 중도(中道)이다. 중도를 한결같이 지키면 천도

(天道)로서 찬양받으리라.

8. 극(克)은 지극함(極; 창조의 道)이요 예(禮)는 천신(天神)을 공경하는 예다. 예가 없는 즉 불손하고 불손한 즉 정성이 없다.

만약 예를 다하여 공경이 지극하면 천신(天神)이 하늘에서 평화롭게 임할 것이다.

9. 숙정(肅靜)은 삼가 엄숙하고 고요함이다.

숙(肅)은 기(氣)를 바로잡음이며 정(靜)은 마음을 안정하는 것이다. 기(氣)를 바로 세운 즉 물욕(物慾)을 짓지 않고 마음을 안정한 즉 하늘의 이치가 자명(自明)하여 햇빛 아래 거울과 같아서 어둡고 그늘진 곳을 비추니 이런 까닭으로 삼가 엄숙하고 고요하여 공경하면 능히 하늘에 계시는 성령이 돌볼 것이다.

10. 깨끗하고 정결한 집 정실(淨室)은 천신(天神)을 존중하여 받드는 곳이라 맑은 날을 택해 나쁜 냄새와 더러운 것을 금하고 언행을 삼가 시끄럽지 않은 가운데 번잡하지 않게 식(式)을 하되 기구(器具)는 보화로운 것 보다 청결하고 소박함이 중요하다.

11. 택제(擇齊)는 엄숙한 날을 택힘이다.

택(擇)은 지극히 정(精; 맑고 신령하고 가림)한 때에 의식(儀式)을 행하는 것이며 제(齊)는 고요하게 고하는 마음이다.

비록 기도할 것이 있더라도 육감(六感; 경험 이외의 감각) 直感으로 급히 서둘러 구하면 천신(天神)을 업신여김이니 반드시 택일(擇日)하여 마음을 가다듬어야 한다. 도(道)는 한결같은 정성을 기반으로 가슴에 무성하게 서리게 한 연후에 행한 즉 천신(天神)이 굽어 살피시니라.

12. 향(香)을 올리는 글귀에 이르기를, 향로 하나를 받들어 올림에 공손한 마음으로 천리길을 가듯 하면 향 연기는 흩어지지 않으며 고요히 깊고 지극한 정성으로 향하니라.

13. 바른 마음(正心)은 바른 천신(正天心)이다.

마음은 구규(九竅; 사람 몸에 있는 아홉 가지 구멍 눈, 코, 입, 귀, 항문, 생식기) 육감(六感; 직감)에 희롱당해 하늘의 이치를 얻지 못한다.

만약 한 조각 마음(靈臺; 영대, 사방을 바라볼 수 있도록 세운 대로서 백성들이 그 덕을 사모하여 일컫는 말. 즉 숭고한 마음)이 외연(巍然; 산이나 건축물 따위가 매우 높이 선 모양으로서 인격이 높은 모양)하게 바로 서면 태양이 광명(光明)하여 구름과 안개를 소멸(消滅)시킴과 같고 큰 바다 출렁이는 물결에 티끌 먼지가 사라짐과 같다.

14. 의(意)는 마음으로부터 명(命)을 받고 식(植)은 뿌리깊이 움직이지 않음이다.

의(意)는 천심(天心)의 명령을 받지 않고 사람의 욕심에 따라서 망(妄. 망령, 허망)이 움직여서인즉 온 몸이 천명(天命)을 어김이라. 공덕을 거두지 못하고 바람이 나뭇가지가 흔들림에 뿌리까지 흔들림과 같다. 천심(天心)으로 바른 마음을 갖고자 한다면 먼저 마음의 밭을 갈아 저울처럼 형평을 유지하도록(中庸)하여야 한다.

15. 입(立)은 바르게 세움이며 신(身)은 몸이라 마음에 부끄러움이 없는 연후에야 세상에 몸을 바르게 세울 수 있다.

마음이 바르지 않은 즉, 작은 허물을 숨기는 사이에 온갖 번뇌가 교차되어 정기(精氣)가 흩어져서 기(氣)가 쇠퇴한다. 그러므로 밝은 이는 순수하고 윤택하며 중생은 굽실거린다.

16. 불혹(不惑)은 만물에 미혹되지 않음이니 마음이 바른 즉 만물을 밝게 비추어 봄으로 추하고 곱고 정밀하고 거칠게 나타나는 것을 스스로 환하게 알게 되어 자신이 분별하려고 기대하지 않아도 만물을 먼저 명확히 알게 된다. 그러므로 어찌 유혹에 빠지겠는가.

마음이 밝지 못하면 발(갈대 등으로 엮은 가리개)을 두껍게 쳐서 막아 놓은 것 같아서 발 밖에서 뛰고 나는 것이 짐승인지 새인지 알지 못하여 결국 미혹에 빠지고 만다.

17. 넘침은 물이 가득차서 과해서이고 엄한 것은 바르고 큰 기색(氣色; 기미)이다.

하늘이 추상같은 뜻을 머금으면 엄숙한 기운이 세상에 넘치고 사람이 바른 마음을 머금으면 큰 기색(엄한 기미)이 한결같이 움직여 위엄이 신용(神龍)하여 형상이 높은 산과 같다.

18. 허(虛)는 만물이 없음이며 령(靈)은 심령(心靈)이다.

심령이 텅 비면 색(色; 온갖 것)에 굳어져서 마음을 가리는 것이 없으므로 영롱(玲瓏. 구슬이 울리는 소리 즉 맑음 마음)하고 텅 빈 중에 이치로운 기(氣)가 생하여 대 천계(天界)를 주유하며 작게는 티끌 속에 들어가는 이치로운 기(氣)임에야 허(虛)하고 또 령(靈)해야 하는 것이다.

19. 치지(致知)는 알지 못함을 깨달아 아는 것이다. 올바른 마음이 한결같은 즉 심신(心神; 마음과 정신)은 신령(神靈; 혼령, 신기하고 영묘함)을 손바닥 보듯 환하게 깨달아서 신(神)과 통하여 소리를 듣고 만물의 령(靈)을 깨우치니 지나간 일과 장차 올 일을 손바닥 보듯이 환하게 안다.

20. 폐(閉)는 열리지 않음이고 물(物)은 사물(事物)이다.

사람의 마음은 사물을 감추어 둔 창고와 같고 사람의 몸은 행사 할때 쓰이는 긴요한 기구와 같다. 그러므로 감추어 둔 것을 꺼내지 않으면 좋은 것을 지어 편함을 얻을 수 없다.

개척하여 발전시키는데는 때와 장소가 있다. 때와 장소에 맞춰서 장소(마음)을 열지 않고 꺼내지 않으면 오로지 어리석고 못나서 천리(天理)에 어두워 사람의 도(道)가 뒤집힐 뿐이다. 그러므로 밝은 이가 만물을 닫고 개발을 신중히 하는 것이다.

21. 척(斥)은 물리침이고 정(情)은 욕심이다.

기뻐하고 화냄이 있는 즉 바른 마음을 얻을 수가 없으며 가난과 천한 것을 싫어한 즉 바른 마음을 얻을 수가 없다. 바른 마음을 얻고자 한다면 먼저 정(情)을 물리쳐야 한다.

22. 묵(默)은 오래 잠겨있는 것이며 안(安)은 기분이 맑고 꾸밈이 없는 것(담박. 淡泊. 빛깔과 맛이 담백한 것)이다.

오래 잠겨 있으므로써 가까이서 광란을 일으키는 마음을 지키는 것이며 기분이 맑고 꾸밈이 없으므로써 번잡한 진흙탕 물이 점점 맑아져서 청정한 마음을 지키는 것이다. 이것이 바로 심하게 탁(濁)함을 안정시키고 오로지 청정한 마음을 갖게 하는 으뜸이라. 청정한 마음을 갖고자 한다면 바른 마음이 바탕이 된다.

23. 불망(不忘)은 잊지 않으려는 욕심이 아니라 저절로 잊혀지지 않는 것이다.

정성으로 도(道)를 이룸이 일을 함에 큰 원인이다. 저절로 잊혀지지 않음이 그 마음에 품어져 있으므로 정성스러운 즉 그 정성으로 오로지 어김이 없어지니 어찌 바른 말을 듣지 않겠는가.

24. 자임(自任)은 스스로 맡음이니, 다른 것에 연유하지 않고 저절로 일어나는 정성이므로 스스로 하고자 하지 않아도 마치 봄가을이 번갈아 오고 가고 낮과 밤이 서로 바뀌는 것과 같다.

25. 자기(自記)는 스스로 기억하여 기록하는 것이 아니라 마음에 구하는 바가 있어서 기억하는 것이다.

저절로 기억한다는 것은 마음으로 바라는 바가 없어도 스스로에게 있음이라. 수행으로 도(道)를 닦는 선비의 정성으로 정성을 다함이 이치로우니 제 몸을 위해 국과 죽을 먹어도 정기가 머릿골에 젖어 든다. 그러므로 비록 만가지 생각이 번갈아 침노한다 해도 끊고 끊어 일념으로 정성을 다하는 것 밖에 없다.

26. 첩응(貼膺; 가슴에 접어 둠)은 가슴에 응해서 떠나지 않음이니 신에게 정성이 지극한 사람은 몸속의 신령이 응해서 추워서 굳어진 몸을 열기로 풀어주듯 첩응을 풀어준다.

27. 재목(在目)은 항상 보이는 것을 정성스럽게 생각하는 것이 아니다.

본다는 것은 보이는 만물을 보는 것이 아니라 정성스러운 생각으로 보아야 하므로 가까이 있는 만물의 이룸을 알지 못하며 멀리 있는 그림을 보듯 해야 한다.

28. 우뢰소리는 정성스러운 마음의 텅 빈 곳에서 나오니 귀에 우뢰소리를 매단 것 같은데 이를 뇌허(雷虛)라 한다. 정성이 지극하여 소리가 날 때에 우뢰와 같은 큰 소리가 나므로 스스로 텅 비워 듣지 않아야 한다.

(수행 시에 일어나는 현상으로서 생각이 집중되어 외부 소리마져 잊었을 때 천둥소리가 난다고 함. 요가경 우파니샤드. Upanisyad의 증언)

29. 신(神)은 정신(精神)이고 취(聚)는 합하는 것이다.

사람의 모든 부분에 신(神)이 각기 지키고 다스린다. 그러므로 신이 간(肝)은 폐(肺)에 간여하지 못하고, 위(胃)는 신장(腎臟)에 간여하지 못한다. 다만 모든 점으로 신(神)이 취합(聚合)하는데 한가지라도 없으면 정성을 능히 이루지 못한다.

30. 지극한 정성을 쉬지 않고 계속하지 않는 것을 불식(不息)이라 한다.

지극한 정성을 사라지지 않게 하는 것과 사라지게 하는 것은 각자 다르며 그것은 도력을 떨치고자 하는 사람의 욕심에 따라서 사라지기도 하고 길게 기어지기도 하는데 실오라기 같은 차이지만 서로 천양지 차이가 난다.

31. 면강(勉强)은 애써서 힘을 쓰는 것이니 힘쓴다 함은 스스로 강한 것이다.

스스로 강한자는 극기하여 나아감을 꾀해야 하는데 갈림길에서 머뭇거림없이 바르게 나아가야만 어려움을 극복하고 마침내 그 목적을 얻는다. 애써서 힘들이면 근본적으로 정성이 깊어지므로 강하게 하고자 하지 않아도 강해져서 능히 이루지 못할 것이 없다.

32. 원전(圓轉)은 정성을 쉬지 않는 것이다.

마치 둥근 물건이 넓고 평평한 땅을 굴러가는 것과 같아야 하므로 머물러도 얻지 못하고 느려도 얻지 못하며 빨라도 얻지 못한다. 그러므로 몸에 따라서 구르며 쉬지 않아야 한다.

33. 휴(休)는 느긋함이고 산(算)은 계산이다.

정성을 다하는 마음이 있다면 정성을 기울인 날부터 번번이 계산하여 말하기를 정성 중에 감화가 있지 않을까 하고 생각하며 마음을 억압하면 정성을 기울이지 않음이다. 정성이 쉬지 않는다는 것은 시작한 정성의 해(年)를 계산하지 않고 하는 것이며 또 정성이 끝나는 해도 계산하지 않아야 한다.

34. 실(失)은 잊어버림이고 시(始)는 처음이다.

처음 정성을 시작하고자 하는 욕심이 있었다면 점점 깊은 경지에 몰입해 들어가므로써(정성을 들인다는) 욕심은 점점 미세해 지고 정성이 점점 커진다. 또 진실한 경지에 몰입해 들어가므로써(정성을 들인다는) 욕심은 없어지고 오직 정성을 다하고자 하는 마음 뿐이다.

35. 진(塵)은 티끌과 먼지이다.

티끌과 먼지는 바람에 따라 날아가서 오랜 세월 산의 남쪽(山陽. 地名)에 쌓이고 쌓여 한 개의 산을 이룬다. 이와 같이 미세한 흙이 지극히 큰 인덕을 이루는 것은 티끌이 바람에 날려 쉬지 않아서이다. 정성 또한 이 같이 쉬지 않으므로써 정성의 산을 이루게 된다.

36. 방(放)은 정성을 본받는 생각이고 운(運)은 정성의 힘이다.

쉬지 않는 정성을 본받음으로써 어둔 밤에 밝은 달이 떠오름과 같고 정성의 힘을 쉬지 않고 이룸으로써 한 손으로 만균(萬鈞)을 들어 올린다. 그러나 비록 정성이 저절로 있더라도 부침(浮沈; 물 위에 떠오름과 잠기는 것. 즉 인생의 흥망)하는 한 생각으로 정성이 미혹되면 정성의 힘이 약하고 강해져서 그 결과는 능히 알 수 없다.

37. 만(慢; 자만)은 마음에 있지 않아야 하고 타(他)는 생각밖의 일이다.

마음에 정성이 일념으로 있으면 일념(一念) 정성이 사라지지 않으므로 생각 밖의 일이 능히 맹동(萌動. 초목이 싹틈. 즉 어떤 일이 일어나지 못함) 하지 못한다.

이런 까닭으로 빈천(貧賤)이 정성을 방해하지 못하고 부귀(富貴)가 정성을 혼란스럽게 하지 못한다.

38. 지감(至感; 지극한 느낌, 감정, 정성)은 지극한 정성으로써 지극히 감응(感應; 느낌의 반응)하니 하늘이 사람에게 감동하여 응하는 것이다. 사람에게 지극한 정성의 느낌이 없으면 하늘도 어찌 느낄 것이며 사람에게 정성으로 응하지 않는데 어찌 하늘이 응하기를 바라는가. 정성이 지극하지 않으면 정성이 없는 것과 같아서 느껴도 불응(不應)하니 느끼지 못하는 섯과 다름이 없다.

39. 순천(順天)은 하늘의 이치에 정성을 다해서 따르는 것

이다.

슬기로운 하늘의 이치를 역행하여 혹 비는 사람이 있거나 하늘의 이치가 어렵다하여 기도로서 빨리 알고자 하는 자는 천리를 역행함이니 이는 모두 깨달음을 그친 까닭으로 응답을 받을 수 없다. 만약 응답을 받고자 한다면 하늘의 이치에 순응해서 역행하지 말며 급하지 않아야 한다.

40. 응천(應天)은 정성을 길러서 하늘의이치에 응하는 것이다.

하늘의 가르침은 환란(患難)도 감수(甘受)해야 하는 까닭으로 정성으로 어귀지 않아야 하고 하늘이 길상(吉祥. 길하고 좋음)을 줄 때는 반대로 정성을 태만하지 않아야 하고 환란(患難)이 돌아와서야 없던 정성을 부탁하는 정성(기도)은 정성이 아니다.

41. 청천(聽天)은 천명(天命)을 듣는 것이므로 정성 아닌 것으로 감응(感應)을 기대할 수 없다. 우리는 일컫는 정성이 지극하지 않으면 필연코 느낌(감동. 즉 모든 것을 깨닫는 감동적인 느낌)에 이르지 못하므로 어찌 응답을 바라겠는가. 더욱 오래고 더욱 담백하며 더욱 근면하고 더욱 고요히 하여 정성이 어디에 있는지 조차 알지 못해야 하늘의 명을 듣는다.

42. 낙천(樂天; 천명을 즐거워 하는 것)은 하늘의 뜻을 사람이 사사로움없이 지극히 공명하게 하는 나의 깊은 정성인

즉, 하늘은 깊이 감동하고 나의 정성이 얕은 즉, 하늘도 역시 감동함이 얕다. 스스로 깊고 얕은 하늘의 감동을 앎은 내 정성의 깊고 얕음을 아는 것이다. 그러므로 점점 정성을 더할수록 즐거움도 깊어진다.

43. 대천(待天; 하늘의 명을 바라는 것)은 필연코 지극한 정성의 사람이라야 하늘의 감응을 기대할 수 있다. 깊은 믿음이 없는 즉 천명을 기대할 수 없다.

하늘은 정성을 기대함이 무한한 까닭으로 역시 정성이 무한해야 한다. 따라서 비록 자신에게 하늘이 감응으로 다스리지 않아도 하늘을 믿고 정성을 다해야 하는 것이다.

44. 대천(戴天; 하늘을 받듦)은 머리로 하늘을 받들어 이는 것이다.

물건이 머리에 있으면 잔털(毫)이라도 무겁게 느껴지듯 하늘을 받들음에 무거운 물건을 받들어 이듯 하면 몸을 함부로하여 머리를 감히 비뚤어지게 하지를 못할 것이다.

공경하여 받들기를 이와같이 하면 그 성의(誠意)에 지극하여 하늘이 감응한다.

45. 도천(禱天; 하늘에 비는 것)은 탄식하여 하늘에 기도하는 것이다.

기도하는 법을 알지 못하면 어렵다고 생각하여 어렵게 고하고 쉽다고 생각하여 쉽게 고한다. 기도하는 법은 그렇지가 않아서 기도를 쉽게 생각하면 정성이 통하지 아니하며 어렵게 생각하여 어렵게 기도하면 그 정성은 능히 하늘과 통한다.

46. 시천(恃天; 하늘에 의지하는 것)은 하늘을 믿고 의지함이다.

정성이 낮은 사람은 하늘을 의심하고 정성이 중간 쯤 되는 사람은 하늘을 믿기만 하나 커다란 정성을 가진 사람은 하늘에 의지한다. 이런 까닭에 지극한 정성으로 세상과 접(接)하면 하늘이 필연코 도움을 준다. 그러므로 스스로 의지할 곳이 있으니 무릇 남다른 괴이하고 험(險)한 것을 찾아 행하면서 지극 정성을 어찌 아니 행하리오.

47. 강천(講天)은 하늘의 도(道)를 풀어서 강론(講論)하는 것이다.

인간사(人間事) 순리에 따른 즉 하늘의 도(道)와 화합하고, 역행한 즉 하늘의 도와 어긋난다.

순리와 역리(逆理)를 알아서 어긋난 역리를 하늘의 강론을 생각하고 생각하여 두려운 마음으로 조심해서 근신(謹愼)해야 하며 순리를 버리지 않은 마음인 즉 정성에 하늘은 지극히 감동한다.

48. 대효(大孝; 큰 효도)는 지극한 효도이다.

한사람의 효(孝)는 능히 일국(一國)을 감동시키고 천하를 감동시킨다. 그러므로 지극한 정성이 아니고서야 어찌 천하를 감동시키겠는가. 사람이 감동하면 하늘도 역시 감동한다.

49. 안(安)은 평화로움이고 충(衷)은 마음으로 부르는 노래 곡목(曲目)이다.

사람의 자식은 부모의 마음을 편안하게 하여 항상 부모 마음을 기쁘게 해야 한다. 편안한 부모의 마음을 먼저 살펴서 알면 상스러운 구름이 집을 감돌고 서기(瑞氣; 상스러운 기운)가 뻗친다.

50. 쇄(鎖. 잠그다)는 닫음으로써 감추고 우(憂; 근심걱정)는 즐겁지 않은 일이다.

부모에게 근심 걱정 있으면 자식은 마땅히 근심 걱정을 없애드려서 편히 해 드려야 한다. 더불어 근심 걱정을 없애 드릴려고 근심 걱정하는 것을 감추어 부모가 듣고 알게 해서는 아니 되며 기력이 쇠잔하여 일어서지 못하더라도 오직 지성(至誠)으로 모시어 만족하게 해 드려야 한다.

51. 순(順; 따름)은 편안해 지는 것이고 지(志. 뜻)는 지기(志氣; 의지와 기개를 이루려는 의기)이다.

부모의 지기(志氣)는 각자 다른데 자식이 부모가 하고자 하는 바를 알지 못한 즉 부모가 뜻을 얻지 못하여 오로지 집 안에서 몸이 궁색할뿐이니 즐겁고 좋은 일에도 항상 생기(生氣)가 없어 평화롭지 못하다. 그러므로 큰 효자는 능히 부모의 뜻에 순종해야 한다.

52. 양체(養體; 몸을 위함)는 부모의 몸을 위함이다.

부모의 온 몸이 건강해도 마땅히 봉양(奉養)함을 게을리하지 말아야 하고 잔병(殘病)이 있거나 중병(重病)이 있으면 치유함은 물론 성한 몸처럼 편하도록 해 드려야 하며 중병도 남은 증세가 없도록 해 드린 연후에라야 가히 자식 된 도리를 다하여 효자라 할 것이다.

53. 양구(養口; 입맛에 맞게 함)는 부모의 입맛에 맞게 봉양하는 것이다.

부유하여 맛있는 음식을 차려 드린다 해도 남에게 맡기면 봉양이 아니다. 그러므로 가난하더라도 물고기를 잡고 나물을 뜯어서 스스로 힘써 봉양해야 한다.

이와 같이 봉양하지 않으면 부모의 식성(食性)을 알지 못해 부모의 입맛을 어기게 되니 비록 바다와 육지의 만 가지 진수성찬이라도 음식에 만족하지 못한다. 그러므로 큰 효자는 봉양함을 알아서 네 계절의 다섯 가지 식성에(신맛, 단맛, 쓴맛, 매운맛, 짠맛) 맞는 음식물을 제때에 맞추어 올리면 실로 하늘이 감동한다.

54. 신(迅; 빠르게)은 즉시하는 것이고 명(命)은 부모의 명령이다.

부모의 명령이 있거든 자식은 필히 받들어 행해야 한다. 부모의 명(命)은 자애(慈愛)로운 명이다. 그러나 엄하게 재촉할 때는 자애로움을 표하지 않는다.

만약 선후좌우(先後左右) 완급(緩急)을 잃으면 다땅히 입을 다물고 생각을 새롭게 함이 옳다.

이런 까닭으로 큰 효(孝)는 명에 따르되 남김이 없이 해야 한다.

55. 망형(忘形; 형상을 잊음)은 자신의 몸을 잊는 것이다.

자식이 부모의 일로 감히 그 몸을 돌보지 않음은 부모의 무거운 은혜에 보답하는 것이다. 이러한 사실을 알고 있으면서도 제 몸을 잊지 않는다면 제 몸만 생각하기 때문이다.

큰 효자(孝子)는 부모가 세상에 계실 때 제 몸을 슬기롭게 잊고 부모 별세 후에야 비로소 몸을 생각해야 한다.

56. 신(信. 믿음)은 하늘의 이치에 당연코 부합되고 인간사(人間事)를 오로지 성취하는 길이다.

믿음에는 5단(五團) 35부(三十五部)가 있다. ※해석 不

57. 의(義)는 큰 믿음으로 부응(浮應)하는 기운이다.

그 기운은 감동을 발(發)하고 용기를 일으키게 한다. 용기로서 안정되게 일을 성사시키고자 하면 마음이 야무져서 벽력(霹靂)도 파괴하지 못하는 금석(金石)같고 도도하게 흐르는 강물과 같다.

58. 정(正; 바름)은 사사로움이 없는 것이고 직(直; 곧음)은 굽음이 없는 것이다.

무릇 의(義)로서 바르게 뜻을 세우고 곧게 일을 처리해야 하므로 세상일에 사사로움과 굽음이 없어야 하는 것이다. 그러므로 일을 이루지 못할지라도 믿음을 잃어서는 아니된다.

59. 공(公; 공정)은 지우치지 않음이고 렴(廉; 청렴)은 결백(潔白)한 것이다.

공(公)으로서 일을 봄에는 사랑하고 미워함이 없어야 하며 만물을 대할 때에 결백하면 이익에 욕심이 없어지고 사랑과 미움도 없다. 이와 같이 사람은 의(義)로서 욕심이 없고 신(信)으로서 청렴해야 한다.

60. 사람의 의(義)는 대나무와 같이 절개가 있다.

대나무를 불태운 즉, 마디에 소리가 나며 불타서 재가 되지만 절개는 불타지 않는다.

의(義)도 어찌 대나무와 다르겠는가.

사람이 절개를 사랑하는 것은 그 절개가 무너져 믿음을 잃고 세상에 이름을 남기게 될까 보아 두려운 것이다.

61. 불이(不貳)는 사람이 배반하지 않는 것이다.

흐르는 물을 일거에 돌이키지 아니하고 의로운 사람은 한번 허락하면 그 마음을 바꾸지 않는다.

그러므로 시작이 있으면 끝도 바꾸어서는 아니 된다.

62. 친(親; 친함)은 친하므로써 가까운 것이다.

의(義)는 친하다 하여 가깝고 친하지 않다 하여 배척함이 아니다. 의로운 즉, 오로지 마음을 합하고 불의(不義)인 즉 친해도 버린다.

63. 사기(捨己. 몸을 버림)는 몸을 나누지 않음이다.

사람은 이미 한 번 허락한 마음에 환란(患難)을 당하면 의(義)를 온전하게 지키기 어려운데 중생은 의를 버리고 밝은 이는 몸을 버린다.

64. 허광(빈말로 속임)은 허언(虛言)으로 사람을 속이는 것이다.

바른 사람이 나(我)를 믿으면 역시 나 또한 그를 믿을 것이며 바른 사람이 나에게 의롭게 하면 나 역시 그 사람에게 의로울 것이며 바른 사람이 어려움을 겪으면 나는 응당 그 사람을 구원하고 속이지 않는다 해도 편협된 말은 옳지 못하다. 작은 절개는 버리더라도 신의(信義)로서 온전히 해야 한다.

65. 불우(不尤; 탓하지 않음)는 사람을 탓하지 않는 것이다.

의로운 자는 스스로 중심을 바로 잡고 판단하여 일하므로 길흉(吉凶)과 성패(成敗)에 남을 관계하지 않아서 비록 흉하다 하여도 남을 원망하지 않으며 비록 실패해도 남을 탓하지 않는다.

66. 체담(替擔)은 남의 근심 걱정을 함께하는 것이다.

착한 사람은 원통한 일이 있어도 스스로 능히 풀지 못하고 바른 사람(正人)은 화급한 일이 있어도 스스로 능히 구하지 못한다.

밝은이는 남을 한결같이 측은하게 여기고 그 근심 걱정의 짐을 짊어지니 이것이 곧 의(義)인 것이다.

67. 약(約; 약속)은 믿음에 대한 좋은 중매요, 믿음에 대한 엄숙한 스승이며 믿음의 근원이자 믿음에 대한 영혼(靈魂)이다.

중매가 아니면 합하지 못하고 스승이 아니면 꾸짖지 못하고 근원이 없는 흐름도 없으며 혼백(魂魄) 없는 생(生)도 없다.

68. 천실(踐實)은 진실로 약속을 지키는 것이다.

때에 합당하게 일하고 일을 마치면 물건을 깨끗이 하여 어긋나거나 그릇됨이 없이 하고 남을 흉보거나 참소하는 일이 없어야 한다.

69. 지중(知中; 중용을 앎)은 약속을 중도(中道. 지우침이 없음)로서 지켜야 함을 아는 것이다.

약속이 끝나기 전에 중도에 그만 두거나 수고스럽다하여 그만 두거나 다음으로 미루고자하여 그만두거나 헛된 소문을 믿고 그만 두거나 하는 것은 모두 중도가 아니다. 그러므로 알만한 사람은 스스로 계(戒)를 지킨다.

70. 속단(續斷; 끊어진 것을 잇는 것)은 중단한 약속을 계속하는 것이다.

정대(正大)한 약속을 이룸에 간사한 인간은 희롱하고 의심하며 편협하여 장차 약속을 끊어버리지만 밝은이는 성실한 믿음으로 모든 것을 이해하여 처음의 약속을 자연스럽게 지킨다.

71. 배망(徘忙; 바쁜 일을 예스럽게 함)은 매우 분주한 일을 예스럽게 버리고 초연히 약속을 따르는 것이다.

사람의 성품이 신의(信義)를 지킴에 매사에 질서가 있고 이치로움을 위배(違背)하지 않고 자신의 이유 없이 바쁜 일 때문에 약속을 어기는 것은 생각이 미혹된 것인 즉 달이 구름을 헤친 뒤에야 밝은 줄을 알 듯이 믿음이 적은 자는 어려움을 겪은 뒤에야 약속을 지킨다.

72. 중시(重視; 다시 봄)는 보고 또 보는 것이다.

약속을 할 때는 귀중한 보물을 다시 보듯 살피고 또 살펴서 해야 하며 장차 약속을 할 때는 신령스럽게 하여 이미 한 약속은 마음에 두고 때에 이르러서는 힘을 다해야 한다.

73. 천패(天敗; 하늘이 무너뜨림)는 사람이 약속을 내치는 것이 아니라 하늘이 약속을 무너뜨린다.

이와 같이 하늘이 약속을 무너뜨리고 약속을 이루지 못하거든 모든 것을 하늘에 맡기고 하늘에 고해 다시 물어 보아야 할 것이다. 큰 약속은 하늘에 맡기고 작은 약속은 하늘에 고하라.

74. 약속을 이루고 못 이루고는 나에게 달려있다.

어찌 남의 권고를 이루고 남이 참소한다고 이루지 않을 것인가. 남의 권고도 나 때문이고 남의 참소도 나 때문에 있으니 믿음이 큰 힘이다.

75. 촌(忖; 헤아림)은 법도(法度)이고 적(適; 적당함)은 마땅함이다.

추운데서 더운 것에 약속은 불가하며 약한데 강한 것에 약속함도 불가하고 예사로우면서 친할 것을 약속함도 불가하다. 그리고 가난하면서 부유함에 약속하는 것 또한 불가하다.

오로지 춥고 약하고 예스럽고 가난하다 하더라도 능히 약속을 지키는 자라면 덥고 강하고 친하고 부유한 자 참된 믿음을 헤아리고 서로 믿고 의지할 것이다.

76. 이익 때문에 약속을 배반하면 이익은 있으나 신의가 없고 사랑을 이율로 약속을 배반하면 사랑은 있으나 신의가 없다. 이미 신의가 없으니 이익에 미혹하여 약속을 어길 것이며 사랑 또한 얻지 못할 것이니 장차 후회하게 되리라.

77. 찰합(화합)은 평평한(매끈한) 나무와 도구가 서로 합한 것과 같다.

한 사람의 믿음이 숭고하면 일국(一國)의 믿음이 빛나고 한 사람의 신의가 바로 서면 천하가 신의에 따르니 큰 약속은 찰합으로 물샐 틈이 없어서 능히 먼지가 끼어들지 못한다.

78. 충(忠; 마음 가운데)은 임금이 알아줌에 의(義)로써 성의(誠意)를 다하고 도(道)를 닦아 하늘의 이치로움으로 임금에게 보답하는 것이다.

79. 정사(正事)를 맡은 자는 임금이 신하를 믿고 맡긴 것

이니 신하는 임금을 대신해서 정치를 하되 나아가서 뛰어난 인물을 구해서 쓰고 자신보다 어진 이가 있다면 간곡히 고해 그 임무를 자신과 바꾸도록 해야 한다.

80. 담중(擔重)은 중대한 일을 맡는 것이다.

나라에 큰 일이 있으면 마땅히 직분에 따라서 어떻게 일하는 가에 따라 안정과 위기가 온다. 그러므로 세상의 기운을 잘 파악하여 순리에 역행하지 않고 이치롭게 하되 지혜와 재주를 다하는 것이 성쇠(盛衰)의 도리(道理)이다.

81. 영명(榮命)은 임금의 명령을 영광스럽게 함이다.

손님을 맞을 때 부드럽고 친절히 하고 나라를 벗어나면 성심껏 일하고 충심을 빛내어 서릿발 같은 기상으로 사명을 맡긴 임금의 명령을 천하에 드날려야 한다.

82. 안민(安民)은 백성을 무사(無事)하게 하여 나라를 편안히 하는 것이다.

임금이 자기를 믿으니 신의를 지켜 백성에게 도덕을 펴서 교화하고 학문에 힘쓰면 나라 안이 편안해 진다.

83. 어진 이는 임금에게 추천하여 집에 머무르지 않게 하고 있는 재물은 개인의 영달보다 전체를 위해서야 하며 재주 없으면 친척이라도 천거하지 말며 임금이 일을 맡겨도 받지 않아야 한다.

84. 무신(無身)은 나라를 위해 임금이 몸을 허락하였으므

로 그 몸을 아끼지 말아야 한다.

임금이 명령하면 죽음을 불사하여 고통을 행복으로 알고 또한 나라가 안락하여 우환이 없더라도 마음에는 나라 생각을 품어서 늙음도 잊고 늙음이 찾아오는 것도 잊어야 한다.

85. 열(熱)은 여자의 정절이다. 정절이 있는 여자는 남편에게 절개를 지켜 삶을 버리고 목숨도 버린다. 한 번 시집가거나 두 번 시집가거나 도리는 믿음이다.

86. 빈객(賓客)은 아내가 남편을 존경하여 손님의 예(禮)로 대하는 것이다. 가난하고 천하더라도 더욱 사랑하고 늙어 갈수록 더욱 공경하며 자녀가 집안에 가득해도 음식을 손수지어 드려야 한다.

87. 육친(育親)은 자식 없는 시부모를 모심이다.

금석(金石)같은 약속을 믿은 남편이 죽고 혼자 살고 싶지 않더라도 늙은 시부모를 봉양함에 살아생전의 남편같이 해야 한다.

88. 사고(嗣孤)는 유복자(遺腹子)를 보호하여 남편 뒤를 잇게 하여 신의로서 대(代)를 보존하는 것이다. 그러므로 인륜 지사의 의(義)는 하늘의 이치를 쫓아서 정도를 펴는 것이다.

89. 고정(固貞)은 그 마음을 굳게 지켜 바뀌지 않는 것이다.

정절(貞節)로서 함부로 움직이는 일이 없이 일념 정절을 변함없게 하여 신의로서 남편을 보고 세상 일에 눈을 돌리고 자식의 말에 귀 기울이지 않아야 한다.

90. 일구는 남편이 원통하게 죽으면 아내가 마땅히 원한을 풀어주는 것이다. 원한을 품게한 사람이 스스로 찾아오면 머잖아 도(道)를 이룰 것이니 밝은 이는 불쌍히 여긴다.

91. 멸신(滅身)은 세상에서 잠깐 사이에 몸이 없어지는 것이다.

육신은 영혼과 서로 만날 수 없지만 영혼은 서로 짝을 이룰 수 있으므로 속히 영혼이 되어 남편의 영혼과 만나도록 원해야 한다.

92. 순(循; 따름)은 모습 있는 하늘과 같이 윤회(輪回)하는 것이다.

모습 있는 하늘은 정확한 수리로 윤회하여 조금도 틀림이 없다. 그러므로 사람은 우러러 믿고 재앙을 살펴 스스로 이러한 이치를 불신해서는 안된다.

93. 사시(四時; 사계)는 춘하추동이다.

봄, 여름, 가을, 겨울이 차례로 기후(氣候)가 바뀌면서 만물이 생(生)하여 수확하듯 신의로시 입(業)을 지으면 바다와 육지가 서로 바뀌는 것처럼 천한 것은 귀하게 해로운 것은 이익 되게 얻는다.

94. 낮이면 해가 뜨고 밤이면 달이 뜨니 양(陽)이 가면 음(陰)이 오고 음이 다하면 양이 생하는 것은 털끝만큼의 차이

가 없다. 이것이 바로 하늘의 믿음이니 사람은 믿음으로서 하늘과 같이 한 연후에라야 가히 밝은 이의 믿음이라 할 수 있다.

95. 덕(德)은 성스러운 덕이고 망(望)은 사람이 우러러 봄이다.

성덕(聖德)은 소리가 없어도 모든 곳에 미쳐서 사람이 우러러 보니 하늘이 윤회하며 소리 없이 모든 곳에 만물의 빛을 있게 한 것과 같다.

덕(德)은 우러러 보지 않을 수 없고 윤회는 빛을 내지 않을 수 없게 하니 이는 사람의 신의가 하늘의 신의와 같기 때문이다.

96. 무극(無極)은 두루 돌아서 처음으로 돌아오는 원기(元氣)이다.

숨을 멈추는 것과 같으면 하늘의 이치는 멸한다. 사람이 믿음을 키우는 것 역시 무극(無極)과 같은 원기(元氣)라 만약 털끝만치라도 끊어지면 사람의 도는 사라진다.

97. 애(愛)는 자비로운 마음으로 자연스럽게 어진 성품이 사람의 본질인데 6범 43위(六範 四十三圍)가 있다.

※ 6범43위 해석 不

98. 서(恕; 용서)는 사랑을 바탕으로 일어나는 자비이며 어진 마음의 결정이고 참지 못함을 참는 것이다.

99. 추아(推我)는 남을 나와 같이 생각하는 것이다.

내가 춥고 더우면 남 역시 춥고 더우며 내가 배고프면 남
또한 배고프고 내가 어쩌지 못하면 남도 어쩌지 못한다.

100. 사시(似是)는 같으면서도 같지 않고 같지 않으면서
같은 것이다.

사랑은 만물을 포용하여 버리지 않는다. 가깝다 해서 보
면 일백이요 멀다 해서 보면 오십밖에 되지 않는다. 이에 사
람은 가깝다 해서 끌어 들이고 멀다 해서 거절하면 안 된다.

101. 기오(旣誤)는 이미 오해(誤解)해서 잘못된 길을 가는
것인데 힘써 도와서 처음부터 바르게 가도록 해야 한다. 그
러한 즉 그 어진 공덕은 물에 빠진 사람을 건지는 것과 같다.

102. 장실(將失)은 장차 무엇을 하려다 이치를 잃어버리는
것이다.

교만하여 목적에 이르지 못하면 능력이 없다 할것이나 빨
리 달려 가서 목적을 초과하면 능력이 없다고 할 수는 없다.
그러나 한가지 씩 실수한 것은 같으므로 교만한 자 깨우치
고 너무 빠른 자 목적한 곳으로 불러야 한다.

103. 심적(心蹟; 마음의 행적)은 표면은 착하고 안은 악한
자로서 그 악함을 숨기고 나타내지 않지만 밝은 이는 이를
꿰뚫어 본다. 물은 그 원류를 막으면 과하여 넘치고 초목은
뿌리가 오래되면 잎이 없다. 이것이 어진 자연의 이치다.

104. 용(容)은 만물을 용납하는 것이다.

만리 바다에 물이 만리로 흐르고 천일 높은 산에 흙이 천 길이나 쌓였다. 물이 넘는 것도 용납하는 것이 아니고 흙이 무너짐도 용납이 아니다.

105. 고연(固然)은 사람이 이치로서 항상 저절로 행하는 것이다.

천도(天道)로서 실운(失運)하면 천도로 실정(失正)한다. 뽕 벌레는 돌 위에 오르지 않고 산 닭은 공중에서 급하지 않다. 이것이 용납의 근본이다.

106. 유정(由情; 정으로 말미암은)은 모든 것은 정에서 나올 분 달리 나올 곳이 없다. 놀란 뒤에 후회하고 슬퍼한 뒤에 진정하면 깨닫지 못하다가 깨닫는 것이므로 깨달아서 아는 자와는 용서함에도 경중(輕重)이 있다.

107. 정외(情外)는 진실한 정(情)이 아닌 것을 말한다.

조각배가 우환으로 태풍을 만나면 갈팡질팡하고 누각에 실수로 큰 불이 일어나면 익숙하게 뛰어 내리지 못한다. 태풍과 불에 의한 변고는 정외(情外)이니 용납하는 계기가 된다.

108. 면고(免故)는 일을 피해 행하므로써 본래 의도를 중지하는 것이다. 그릇되게 권유하여 잘못 인도하면 한 말(斗)의 양(量)이 없어지는 것과 같다.

성품이 편협되고 소식하면 경솔하고 조급하여 진실을 알

지 못하면서 스스로 진실하다고 하는 자는 크게 용납함을 배워야 한다.

109. 전매(全昧)는 이치로운 성품을 깨닫지 못해 어둠속에 모두 잠긴 것이다.

신령한 본성은 천리(天理)를 머금어 천리(天理)로서 사람을 머금는다. 사람의 도(道)는 정욕(情欲)에 쌓여서 심하면 폐기되니 하늘의 이치(天理)는 침묵하고 신령한 성품은 파괴된다. 그러므로 혼란을 피하고 고요함으로 스스로 깨달아야 한다.

110. 반정(半程)은 중도에 그침이다.

착한 것과 그렇지 않은 사이에서 진퇴를 모르고 중간에 서면 능히 착한 것과 착하지 않은 것을 깨닫지 못한다. 만물의 이치는 용납하되 용납하지 않는 성격의 이치가 있으므로 스스로 이치롭게 경계하면 본성(本性) 이치가 번성하게 할 것이므로 용납하되 경계해야 한다.

111. 안념(安念)은 편안한 생각이다. 지나침은 본성이 사라지고 좁으면 뜻이 멸(滅)한다. 본성과 뜻이 멸해 버린다면 존망(存亡)을 판별해 낼 수 없다. 이러한 것을 사람이 깨달았을 때는 불붙는 불꽃에 몸을 태우게 되는데 누가 기뻐하며 용납을 바라겠는가.

112. 완(緩)은 느린 지경이고 급(急)은 빠른 지경이다.

급한 지경을 당해서 요사스러운 요물 같은 사람이 혹 용납되는 수가 있으나 느린 지경에서는 용납되지 않는다.

113. 시(施; 베풂)는 넉넉한 물질로 덕을 베푸는 것이다.

넉넉한 물질로 굶주린 자에게 덕을 베푸는 이치로서 본성을 밝히는 것이다.

114. 원희(原喜)는 사람의 천성은 원래 남을 사랑하고 기뻐하는 것이다.

사람이 천리(天理)에 반(反)하여 남을 사랑하지 않은 즉 외롭고, 기쁨을 베풀지 않은 즉 천(賤)하다.

115. 인간(認懇; 남에게 간절히 함)은 남이 어려움을 겪으면 마땅히 내가 겪은 것처럼 여겨야 하는 것이다. 남의 어려움이 화급하면 간절한 마음으로 구원할 방도를 찾아야 하는데 나에게 무슨 힘이 있어서가 아니라 남을 사랑하는 마음이 나를 사랑하는 것과 같기 때문이다.

116. 긍발(矜發; 불쌍히 여김을 내는 마음)은 자비심(慈悲心)으로서 친하고 친하지 않음이 없고 선악(善惡)이 없어서 다만 불쌍히 여기는 마음을 낼 뿐이다. 이런 까닭으로 사나운 짐승도 사람에 의지하면 기쁜 마음으로 구원해 주어야 한다.

117. 공반(公頒; 널리 알림)은 천하에 두루 베푸는 것이다.

한 번 선(善)을 펴면 천하가 선(善)을 따르고 선하지 못함을 바로 잡음으로써 천하가 허물을 고치며 한 사람이 착하지 못하면 도(道)는 세속에서 어긋나고 만다.

118. 편허(偏許; 허락 함이 지우침)는 화급하면 구원하고 넉넉하면 협조하지 않는 것이다. 그러므로 베풀어 줌에는 역시 꾀를 겸비해야 한다.

사랑에도 사랑의 방법이 있고 자비로움에도 자비로운 방법이 있고 어진 중에도 어진 방법이 있는 것이다. 따라서 많이 알고 두루 통하면 합당하지 않게 베풀어 주는 일이 없다.

119. 균련(均憐; 균등하게 어여삐 여김)은 남의 고생을 멀리서 들으면 눈으로 직접 보듯이 하여 고기를 먹기 위해 거세(去勢)한 소와 같이 곤경에 처하지 않도록 해야 한다. 하늘이 강아지 풀에도 비를 내리면서 추하게 내리지 않듯이 이치롭게 베풀고 균등하게 함이 비가 골고루 적셔 줌과 같이 해야 한다.

120. 후(厚; 후함)는 지나치지 않음이고 박(薄; 야박함)은 부족함이 아니다. 베풀어 줄 때는 과하지 않게 적당히 해야 한다. 목마를 때 작은 물로 해갈 하기 어렵 듯 마땅히 준비할 것은 준비하고 생략할 것은 생략해야 한다.

121. 부혼(付混; 부탁해서 흐리게 함)은 베풀었다고 해서 보답을 바라지 않는 것이다. 사랑으로 행하고 자비로움이 우러나서 어진 마음으로 판단하니 공덕은 수시로 잊어야 한다.

122. 육(育; 키움)은 가르침으로 사람을 키우는 것이다.

사람은 일정한 교육이 없으므로써 물고기 그물 같이 엉성해서는 아니 되며 옷깃을 여미지 않은 것 같이 허술해서도 안된다. 그리고 각자 제 주장만 세우면 세상이 혼란스럽다. 그러므로 많은 사람을 교육으로 기르고 보호해야 한다.

123. 업(業)은 생계(生計)이다.

사람의 이치로운 성품은 비록 같으나 성질과 기질은 달라서 굳세고 부드러우며 강하고 약하여 각자 다르다. 때문에 크게 교화(敎化)로서 성질을 윤택하게 하고 기질을 안정시키면 움집에서 기업을 스스로 번영시켜 새 집에 거하게 된다.

124. 보산(保産; 산업을 보전함)은 부실한 산업(産業)을 보전함이니 마음을 굳히고 뜻을 단단히 세워 방만하게 늘어놓고 팔지 않으므로써 산업은 오래 가고 또 산업 경영에 능통해져서 모자람없이 이름을 떨치고 능히 산업을 보전한다.

125. 장권(근면한 것을 권장 함)은 근면하도록 사람을 권고하여 기르는 것이다. 사람을 교육하여 사람답게 하는 것은 봄에 만물이 싹이 터서 점점 자라는 것과 같고 먼지 낀 거울을 닦으면 점차 맑아지는 것과 같다. 그러므로 사람의 단점은 가려지고 장점은 높이 드러나서 착한 것을 능히 나타낸다.

126. 경타(警墮; 게으름을 경계함)는 교육을 게을리 함이다.

가다가 다시 돌아오고 자다가 다시 깨는 것이 오히려 가지 않고 잠들지 않은 것 보다 낫다. 이와 같이 밝게 가르침은 어둡고 먼 곳에 번개가 번쩍대는 이치와 같다.

127. 정로(定老; 노인이 안정되게 함)는 편하도록 안정되

게 노인이 교화하는 것이다.

　어진 늙은이는 스승으로서 널리 교화를 펴서 스스로 덕을 기르고 넉넉한 늙은 이는 교화로서 정성스럽게 늙음을 지키고 스스로 편안해 진다.

　128. 배유(培幼; 어린 것을 가꿈)는 어린 것을 가르쳐 키우고 가꾸는 것이다.

　풀싹이 이슬에 젖지 아니하면 필경 줄기가 시들고 어린 아이가 가르침에 불복(不服)하면 늙어서도 어리석다. 그러므로 식물을 가꾸고 키움으로써 큰 나무가 되어 잎이 무성하듯 교화로서 어린 것을 번성케 해야 한다.

　129. 권섬(勸贍; 너그러움을 권함)은 너그러운 덕을 권하는 것이다. 너그럽게 덕(德)이 있는 자는 성품이 혹 남보다 앞서는 것을 좋아하는 교육을 하지 않고 스스로 착하고 어질어서 마땅히 진취(進就)적인 것을 권한다.

　130. 관학(마른 곳에 물을 댐)은 개천에 물이 마르면 큰 물을 대주는 것이다. 개천이 마르면 농산물이 생성되지 못해서 싸라기만 남으니 내리는 비가 은혜롭듯 사람은 교육으로 이와같이 해야 된다.

　131. 교(敎; 가르침)는 가르침으로서 사람이 도덕과 윤리를 배우는 것이다.

　사람이 배운 즉 백가지 행실의 근본을 얻고 배우지 못한 즉 목수(木手)가 먹줄이 없는 것과 같다.

132. 고부(顧賦; 되돌아 보고 헤아림)는 되돌아 보고 헤아려 여쭙는 것이다.

하늘이 헤아려 보는 까닭으로 사람은 이치로워야 하며 이치로움은 정기(精氣)이다. 모든 일은 하늘에 의지해야 이치에 부합된다.

정기(精氣)는 모두에게 주지 않고 행하는 자의 것이니 상철(上哲)은 목숨을 헤아리고 중철(中哲)은 헤아림을 맡아보고 하철(下哲)은 되돌아서서 헤아린다.

133. 양성(養性. 성품을 기름)은 천성(天性)을 충실하게 채우는 것이다.

천성(天性)의 으뜸은 선(善)하지 않음이 없는데 다만 사람의 성품(人性)이 잡다하게 물욕(物慾)이 부글부글 끓어서 천성보다 승(乘)하게 되었다. 이는 다만 성품을 충실히 넓히지 못하므로써 천성이 뒤집어져 없어진 것이므로 본성을 잃을까 두려워해야 한다.

134. 몸은 영혼이 거주하는 집이며 몸을 부리는 마음의 처소다.

모든 것이 마음이 아닌 까닭은 고요한 생각에 방자한 기운이 선(善)이 아닌 것을 향하여 본래 진리를 해치기 때문이다. 그러므로 몸을 닦아서 천성을 잃지 않아야 한다.

135. 주륜(湊倫; 윤리를 모음)은 모든 윤리를 항상 모아서 행하는 것이다.

륜(倫)은 사람의 대의(大義)이니 윤리가 없으면 가축과 같이 생활하게 된다. 그러므로 배운 사람은 윤리를 먼저 앞세우니 정당하고 서로 사랑하는 이치이다.

136. 불기(不棄; 버리지 않음)는 가르쳐서 사람을 버리지 않음이다. 가르침이 아니면 영혼은 사람과 짝을 이루지 않고 가르침이 없으면 마음이 사람과 합하지 않는다. 그러므로 신령한 하늘이 듣지 않고 천심(天心)을 지키지 않는 자, 버리지 않은 이치를 알지 못한 것이다.

137. 물택(勿擇; 선택함이 없음)은 거리낌 없고 걸림이 없다.

교화(敎化)는 마치 해 그림자가 물건을 따르며 만물을 비추지 않음이 없듯이 교화함에 어진 자만 선택하고 어질지 않은 자는 선택하지 않아서는 안 된다. 그러므로 교화는 우매함을 바꾸어 현명하게 하는 것이다.

138. 달면(達勉; 깨달음에 힘씀)은 교육에 힘써서 가르침으로 깨닫는 것이다. 가르침을 행하는 것은 배우는 것보다 어렵고 배움에 힘쓰는 것은 가르침보다 어렵다. 배운 것을 다 깨달아서 가르침에 힘쓰는 것도 어려우니 달통한 즉, 능히 만물을 사랑하는 이치를 알게 된다.

139. 역수(力收; 힘으로 얻음)는 오로지 힘을 쏟아 공덕을

거두는 것이다. 굴러 떨어진 돌은 능히 다듬지 못하고 구부러진 나무는 능히 곧게 하지 못하고 어리석고 우매하면 능히 교화하지 못하니 필히 힘을 쏟아서 공덕을 거두어야 하는데 이웃에 물들지 않도록 해야 한다.

140. 사랑에는 여러 부류가 있으니 가장 바람직한 사랑은 사랑이라는 사실을 듣지도 보지도 않고 무궁하게 사랑을 쌓아가는 것이다. 그러므로 사랑은 역시 방법을 쫓아서 하는 것이 아니다.

141. 미형(未形; 모습이 없음)은 사물(事物)의 모습이 없는 것이다. 그러나 모습이 없어 보이지 않아도 무궁하게 사랑하며 모습이 나타남을 기다리는 것은 보호하려는 어진 마음의 변화이다.

142. 생아(生芽; 싹이 생함)는 만물의 시작이다.

무릇 만물을 사랑하는 자, 만물을 사랑하는 시작부터 의심하여 중간에서 사랑을 파기하고 끝에 가서 영광을 힘써 기대한다면 결과는 사랑에 반하는 것이다.

143. 관수(寬遂; 너그럽게 이룸)는 너그러울 때에 이루어지는 것이다.

사람은 내가 너그러우면 즐거워하고 너그럽지 않으면 우울해 한다. 너그럽지 않으면 내가 이익 되고 너그러우면 내가 해롭다고 여기는 자, 너그럽고 너그럽지 않음을 겨누어 본다면 내가 너그러울 때 드디어 즐거움을 이룰 것이다.

144. 온양(穩養; 봉양하여 편리함)은 안정되게 봉양하는 것이다.

만물이 의지할 곳이 없어서 외롭고 위험하여 환란을 겪으면 거두어 봉양하여 안정되게 성장하도록 도와주고 알맞은 업을 갖고 그 일을 하도록 해야 한다.

145. 극종(克終; 좋은 끝맺음)은 좋은 끝맺음이다.

사랑을 시작하고 끝에 가서 사랑하지 않으면 만물에 사랑은 끝내 없다. 늙은 누에가 나무 가지에서 떨어지면 명주실을 어찌 얻을 것인가. 그러므로 만물을 사랑하되 필연코 끝까지 사랑해야 한다.

146. 전탁(傳托; 이어서 보존함)은 만물을 전해서 보존하는 것이다.

밝은 이는 만물을 사랑함이 오로지 시종(始終) 여일하여 끝맺음이 어렵지 않으니 바르고 부적(不適) 한 때를 가리지 않아서이고 보존함을 상속해서 끝까지 한다.

147. 제(濟; 구제함)는 덕(德)으로써 선(善)을 겸비하여 도(道)로서 남에게 미치는 것이다. 네 가지 규칙과 서른 두 가지 성질이 있다.

148. 시(時)는 만물을 구제하는 때를 말한다.

구제하는데도 때가 있는 까닭은 제비와 기러기가 서로 어굿나게 찾아오고 물이 먼 산에 더불어 있을 수 없고 털이 껍질과 같지 않은 것과 같다.

149. 농재(農災; 농사에 재앙이 듬)는 농사에 근면하지 않아서 재앙을 만나는 것이다.

농사는 천하지대본(天下之大本)이라 사업(四業. 農, 工, 商, 學)의 으뜸이다. 교화로서 두루 융성하게 하여 한가하게 게으름을 피우지 않도록 해야 한다.

건강한 자 농사짓고, 총명한 자 학업을 닦고, 민첩한 자 장사를 하고, 손재주있는 자 공업을 하되 공업은 능히 이치를 궁하게 여기고 상업은 탐욕하지 말고 학문은 능히 도(道)를 통하고 농사는 때를 잃지 않아야 한다. 농사에 때를 잃지 않으면 사람에게 재앙이 없다.

150. 양괴(凉怪; 괴이하고 서늘함)란 가을에 으스스한 바람의 기운에 요괴(妖怪)가 사람을 해치는 것이다. 마음을 바르게 하여 사기(邪氣)가 없고 기(氣)를 맑게하여 움직임이 없이 생각을 고요히 하면 요괴가 감히 근접하지 못한다.

151. 열염(熱染; 더위에 물듬)은 혹독하게 타오르는 더위에 요사한 마귀가 사람을 해친다.

육정(六丁; 넷째 天干)이 하늘에 스며들고 삼경(三庚; 三伏. 초복, 중복, 말복)이 땅에 잠복하여 위를 찌르고 아래에 엉켜서 그 사이에 요사스러움이 생긴다. 마음을 맑고 깨끗이 하여 금기(金氣; 가을 기운)를 한 모금에 모아 불어내고 만족하지도 주리지도 않으면 요마(妖魔)가 감히 생하지 못한다.

152. 동포(凍포; 추위에 굶어 죽음)는 추위에 굶어 죽는 것이다.

사업(四業: 農, 工, 商, 士)에 교화되어 있지 않아서 집에서 일도 없이 의지하여 한가하게 욕심만 가지고 소일하며 잘 먹고 잘 입으면 오래가지 않아서 막히고 추위에 굶어 죽는다. 그러므로 밝은 사람은 제일 먼저 만물을 안정되게 한다.

153. 무시(無時; 때가 없음)는 항상 때가 있음이라.

밝은 사람은 덕(德)으로서 만물을 안정되게 준비하기 때문에 때가 없이 도(道)를 편다. 그러므로 따뜻한 봄날에 찬 얼음이 녹듯 스스로 어려움을 사라지게 한다.

154. 왕시(往時; 지나간 때)는 이미 지나간 과거라. 병이 들어 때를 놓치면 새 기운을 능히 소생시키지 못하니 정도(正道)가 아니다. 그러므로 삿된 근원을 고치려면 삿된 근원을 뿌리 뽑아야 한다.

155. 장지(將至; 지극한 장래)는 다가오는 장래의 일이다.

밝은 사람을 대도(大道)로서 세상 사람의 규범이 되지만 만물이 너무 성(盛)한 즉 규범이 쇠퇴해 고질적으로 물욕에만 치우쳐 장래에 이루지 못한다. 그러므로 물리칠 것은 복과 이익만 바라는 것이다.

156. 지(地)란 만물을 온 땅에 안정되게 하는 것이니 지리 (地理)에 합당하게 해야 한다.

그러므로 마땅히 땅에 맞는 성질의 것(物)으로 안정되게 하는 것이 이치롭다. 만약 이에 응하지 않으면 만물은 바르게 자라지 못한다.

157. 무유(無柔; 부드럽게 어루만짐)는 땅의 성질을 부드럽게 어루만져 황폐하지 않도록 하는 것이다. 땅의 성질은 부드러운 즉, 사람의 마음이 반대로 되니 교화를 행하지 않아서 이다. 물을 끌어 들여 정원에 대고 대나무 숲에 깊은 우물을 파서 마시는 노력이 필요하다.

158. 해강(解剛; 강한 것을 풀어 놓음)은 억센 땅의 성질을 풀어 놓아 부드럽게 만회(輓回)시키는 것이다.

땅의 성품이 강한 즉 사람의 본질이 강폭(强暴)해져서 사욕으로 작은 해(害)에도 많이 싸우므로 덕(德)이 막히고 만다. 이럴 때는 흐르는 물을 마시고 버드나무를 심어라.

159. 비감(肥甘; 감미롭고 기름 짐)은 땅의 성질이 기름져서 감미로운 것이다.

땅이 기름지고 감미로운 즉 사람의 성품이 순수하고 후하여 화목하고 즐겁다. 덕을 베풀고 교육을 펴니 바람이 튼튼한 초목을 지나는 것 같아서 천성(天性)을 이루고 천심(天

心)을 길러 이웃에까지 파급된다.

160. 조습(燥濕; 마르고 습함)은 토질(土質)이 마르거나 습한 것이다. 토질이 조습한 즉 인심(人心)이 박악(薄惡)하여 이익에 눈이 멀어 의리롭지 않고 욕심을 쫓아 덕을 알지 못한다. 너그럽게 교육하여 성품을 침착히 하고 마음을 평화롭게 순화(順和)시켜 고요하게 본성으로 돌아가게 해야 한다.

161. 이물(移物; 물건을 옮김)은 하늘이 이 땅의 물건을 저 땅으로 옮기는 것이다.

하늘이 만물을 구제(濟物)함에는 편협되지 않아서 동쪽에 풍년이 들고 서쪽에 흉년이 들며 남쪽에 장마 지고 북쪽에 가뭄이 있는 것은 편협된 것이 아니라 회전하는 기혈(氣血)과 같아서 혹 통하고 혹 통하지 않으므로써 신체가 건강하고 건강해지지 않는 것과 같다.

162. 역종(易種; 종자를 바꿈)은 하늘이 종류별로 생산되는 장소를 바꾸는 것이다.

하늘이 제물(濟物)함에는 극히 귀하게 하거나 번성하게 함이 없고 천(賤)하고 쇠퇴(衰退)하게 함이 없다. 만물이 두루 귀하고 번성하면 필연코 천하고 쇠퇴해지며 천하고 쇠퇴하면 필연코 귀하고 번성하게 한다.

하늘이 만물을 옮기는 것은 만물을 옮김으로써 인간의 성품이 바뀌어 깨달음을 알게 된다.

163. 척벽(拓闢; 열어서 넓힘)은 궁벽한 땅을 열어서 넓히는 것이다.

하늘이 사람을 구제할 때는 먼저 만물을 내보인다. 그러므로 궁벽한 땅에 사람이 없게 하고 황폐한 땅에 만물이 없게 한다. 옛부터 신령스럽고 성스럽게 시작하여 어진 지혜로 돕게 하며 우매(愚昧)하면 교화로서 끝까지 이어가게 한다.

164. 수산(水山)은 바다와 육지라 하늘이 바다를 구제한 까닭으로 육지를 구제하고 육지를 구제한 까닭에 바다를 구제한다. 교화는 육지에서 바다까지 미치게 하니 도(道)는 자연히 육지와 바다에 펼쳐진다. 그러므로 교화가 바로 선 즉 공명(功明)과 도덕이 이루어지고 공덕이 드높다.

165. 서(序; 질서)는 제물(濟物)하는 도리이며 질서가 없으면 제물하지 못한다. 그러므로 형세를 살펴서 베풀고 마땅한 양(量)을 재차 계산함이 없도록 판단해야 한다. 이것은 이빨과 뺨이 있는 것과 같다.

166. 선원(先遠; 먼 곳을 먼저 함)은 먼 곳의 사람을 먼저 구제하는 것이 된다.

밝은 사람은 제물(濟物)을 교화하되 먼저 모퉁이에 있는 우매한 자를 밝게 깨닫게 하여 완고한 고집을 스스로 깨우쳐서 예절이 있게 해야 한다.

167. 수빈(首濱; 가장 임박한 것)은 가장 임박하게 위기에

있는 사람을 먼저 구제하는 것이다.

구제에는 선후(先後)가 있으니 손발을 묶어 거꾸로 매달린 사람보다 물에 빠진 사람이 더 급하고 물에 빠진 사람보다 불에 타는 사람이 더 급한 것이다.

168. 사람의 곤궁한 액(厄)에 경중(輕重)이 있으니 구제하고자 한다면 필경 경중을 알아야 할 것이다.

중하면 즉시 구제하고 가벼우면 시간을 두고 구제한다. 그러나 시간과 날을 따지지 않는 액(厄)이라면 경중이 없다.

169. 천 사람 중에 곤궁함이 팔할이고 백 사람 중에 백 사람 모두 곤궁하다면 그 곤란한 사람들 중에서 수(數)가 많은 곳을 먼저 구제해야 한다.

백 사람이 십분 다 곤란하지만 천의 팔이 더 많은데 구제함에는 많은 쪽은 덕(德)으로서 하고 적은 쪽은 베풀어서 구제한다.

170. 합동(合同)은 거세(擧世)적이다.

거세적(범세계적)으로 화합함에 있어서 덕(德)만을 숭상하는 뜻이라면 만물의 이치가 없고 만물의 이치만을 숭상한다면 덕을 펴고자하는 의사가 없는 것이다. 그러므로 밝은 사람은 사람을 구제함에 있어서 거세적으로 덕(德)과 만물을 서로 존중해야 한다.

171. 노인을 구제할 때는 은혜로움으로 하고 약한자를 구

제할 때는 방편으로 한다.

은혜로움에는 뜻을 바꾸지 말아야 하며 방편으로 할 때는 다함없는 방편을 생각해야 한다. 그러므로 정녕 은혜로도 못하고 방편으로도 못한다 하더라도 그 마음을 바꾸지 말아야 하리라.

172. 장건(壯健; 씩씩하고 건강함)은 하늘이 무너지는 낭패를 만나서 절지(絕地. 멀리 떨어져 있는 곳)에 외롭게 서 있더라도 힘을 내어 우물에서 바가지로 물을 뜨고 한가지로 은혜로운 구제를 기다림이 없어야 한다. 그리고 다시는 절지(絕地)에 있지 않도록 깨달아야 한다.

173. 지(智; 지혜)는 지식의 스승이고 재능의 스승이며 덕(德)의 벗이다. 지혜로 능히 통달(通達)하며 재능으로 판별하고 덕으로서 능히 감화시킨다. 그러므로 오직 밝은 사람은 지혜로서 사람을 구제한다.

174. 하늘의 이치를 밝혀서 천도(天道)를 기술하려는 자, 사람의 욕심을 미리 제거하여 천리(天理)를 세울 것이므로 운명을 경계하여 기록할 것이다. 마음을 모아 새기는 자, 수행으로 몸을 닦아 준비해야 하니 하늘이 세운 준비를 대신하기 때문이다. 그러므로써 만세(萬世)에 제물(濟物)로서 귀감이 되리라.

175. 금벽(禁癖; 즐김을 금함)은 사람이 금(禁)하므로써 즐

김으로 고질화된 버릇을 고치는 것이다.

사람이 교만하고 사납고 잔학(殘虐)한 고질은 오래가고 아첨하고 간사하며 속이는 것은 사람이 즐긴다. 그러므로 규범을 정해서 경계하되 빈틈이 없도록 하는 것이 약이고 치료법이다.

176. 요검(要儉; 검소한 것이 주요함)은 검소하게 일을 하는 것이다.

어그러지게 행하는 것은 사치하는데서 생기고 음란도 사치하는데서 생긴다. 따라서 검소하게 일하지 않으므로써 행동이 어긋나서 음란하다. 그러므로 검소한 즉 구하는 것이 없으므로 종신(終身)토록 검소해야 된다는 것을 먼저 깨달아야 한다.

177. 정식(精食; 음식을 가림)은 음식을 중히 여겨 구하는 것이 아니다.

호랑이가 고기를 중하게 여기다가 함정에 빠지고 물고기가 미끼를 중하게 여기다가 낚시에 걸리니 이 모두 입이 탐욕하기 때문이다. 입 때문에 몸을 상실하면 영혼이 붙어 살 곳이 없다. 그러므로 자신을 구제할 만큼 가려서 정(精)한 음식을 좋아해야 한다.

178. 윤자(潤資; 재물이 윤택함)는 윤택하게 재물이 있는 것을 말한다.

사람이 있는 재물을 윤택하게 하는 것은 구차하게 재물을 더 원함이 없이 자비심을 성숙시키는 것이다. 재물은 근면한데서 이루어지고 태만하므로 잃는다. 그러므로 의롭게 지키고 어진 즉 빛이 난다.

179. 개(改; 개조)는 버리는 것이고 속(俗)은 야만스러운 것이다.

스스로 구제하면 완전하고 남이 구제하면 흩어진다. 스스로 하는 구제는 제 때에 할 수 있으나 남이 구제하면 때를 놓치므로 완전한 구제는 나에게 있고 산만하여 때를 놓치는 구제는 남에게 있다. 때문에 남이 구제해 줄 것을 기대하는 자는 속되고 스스로 구제하는 자 아름답다.

180. 입본(立本; 근본을 세움)은 근본 뜻을 바로 세우는 것인데 지혜가 근본이고 뜻이다.

뜻을 간직하고 지혜로운 즉 구제되고 뜻을 잃은 지혜인 즉 구제되지 못한다. 그러므로 스스로 구제하고자 하는 지혜가 없으면 남을 구제할 지혜도 부족하다.

181. 수(收)는 인망(人望)을 얻는 것이고 식(殖)은 재산을 불리는 것이다.

사람을 덕(德)으로써 구제하되 인망(人望)이 아니면 통하지 않고 은혜로서 구제하고자 한다면 재물을 쓰지 않고는 믿지 않는다. 그러므로 사람을 구제하고자 하는 지혜는 인망을 귀하게 여기고 재물을 가볍게 써야하는 것이다.

182. 조기(造器; 그릇을 지음)는 하늘이 사람을 감당할 만한 그릇대로 창조한 것이다.

만(萬) 사람의 형상을 한결같이 창조하고 그 성품도 한결같이 창조하였다. 다만 여덟 가지 차이와 아홉 가지를 뛰어나게 창조 하므로써 사람의 본질을 이루었다. 이와 같이 서로 같지 않게 창조 하므로써 마치 질그릇처럼 녹이고 연마하여 완성을 이루도록 하였다.

183. 예제(預劑; 미리 절단함)는 병이 나기 전에 약을 다려 먹는 것이다.

진흙 구덩이에 빠진 뒤에 붙잡고, 취하여 쓰러진 뒤에 물을 끼얹는 것은 눈으로 보고 나서야 구제하는 것이니 미물(微物)의 지혜보다 못하다. 땅의 기운이 습하면 장차 비올 것을 알고 개미와 청개구리는 혈(穴; 구멍)을 만들어 놓지 않는가.

184. 화(禍)는 악을 부르는 것인데 6조 42목(六條 四十二目)이 있다.

185. 기(欺; 속임)는 속임으로서 사람이 어긋남이 과하면 속이지 않을 수 없다.

속임수는 본성(本性)을 불태우는 화로와 같고 몸을 내리찍는 도끼와 같다. 스스로 속이는 행위를 깨달으면 다시 속이지 말아야 하며 한 번 속이는 행위는 씻을 길이 없으므로 경계하지 않으면 안된다.

186. 닉(匿; 숨김)은 감추는 것이다. 마음을 감추고 속이는 마음이면 자신의 몸이 쓸모가 없다.

속임을 중지하면 땅에선 나무와 같이 쓸모가 있고 속이는 즉 죽은 몸이다. 그러므로 땅에 선 나무와 같다면 능히 만사를 논할 수 있으나 죽은 사람은 뒤돌아 생각할 뿐이다.

187. 만천(慢天; 거만 함)자(者)는 하늘이 밝게 비춰보고 있음을 알지 못하는 것이다.

선행(善行)으로 성공하는 것도 하늘의 힘이고 악행(惡行)으로 실패하는 것도 하늘의 힘이며 행동을 험하게 하여 중지되는 것도 하늘의 힘이다.

어리석은 자(蒙昧)도 선행하면 하늘이 힘써 성공하게 하고 지혜로운 자 악행하면 하늘이 역시 실패하게 하며 재주 있는 자 험하게 행동하면 하늘이 시험하고 그 힘을 거두어 들인다.

188. 신독자(信獨者; 홀로 믿는 자)는 속이고도 남이 모를 것이라 여기는 것이다.

스스로 힘써 속임에 비록 아는 자가 없다 하더라도 신령(神靈)이 마음에 알리고 마음을 하늘에 알리고 하늘은 신(神)에게 명(命)하니 신은 밝게 빛나는 일월(日月)처럼 비춰

본다.

189. 멸친(蔑親; 골육을 업신여김)은 골육을 속이는 것이다. 골육(骨肉)으로서 골육을 속이는 자 이익을 쟁취하기 위해서인가, 의리 때문에 싸워서 인가? 만약 마음이 맞지 않아서 상하(上下)가 서로 금지(禁止)하는 사이라면 아랫 사람은 윗 사람에게 진정으로 간청하고 윗 사람은 아랫 사람에게 간곡하게 타일러야 한다.

골육을 속이고 사사롭게 성공하고자 한다면 가정은 단연코 어지러워진다.

190. 구운(驅殞; 달리다가 떨어짐)은 사람이 달리다가 절지(絕地)에 떨어지는 것이다.

강한 자는 약한 자를 멸시하고 지모가 있는 자는 어리석은 자를 농락하여 궁지에 몰아넣어 마치 어두운 구덩이에 빠뜨리고 그물로 얽어 떨어진 날고기를 이리에게 주는 것 같이 한다면 하늘이 약하고 우매한 자를 다시 농락하지 못하도록 크게 노할 것이다.

191. 척경(놀라서 무너짐)은 사람을 걷어차서 넘어지게 하는 것이다.

건강한 사람들이 화합해서 꾀를 내어 아랫 사람을 걷어차서 넘어지게 하는 것은 잔인한 일이며 욕심 때문에 아부하여 동쪽 사람이 서쪽 사람을 걷어차면 동쪽 사람에 반하여 의심한 서쪽 사람은 아픔을 뼈에 새기어 괴로워하며 동쪽 사람을 속여서 마침내 동쪽 사람으로 하여금 서로 걷어차서 넘어지게 한다.

192. 가장(假章; 문장으로 속임)은 거짓 문장으로 속이는 것이다.

필을 잡고 글을 바꿔 문장으로 농락하여 어질고 선한 사람을 모질고 흉악하게 모함하여 선악을 전도(顚倒)시키고 길흉(吉凶)을 바꿔 땅을 속이고 세상 사람을 속이면 하늘이 기필코 용서치 않을 것이다.

193. 무종(無終; 끝이 없음)은 시작부터 끝이 없이 속임수를 쓰려는 생각이다.

사람이 일을 처리함에 있어서 시작만 있고 끝이 없는 사람이 있으며 좋게 시작하여 좋게 끝나는 사람이 있으며 어쩔 수 없이 절반밖에 못하고 멈추는 사람이 있는데 이 모두 행한 뒤에 알 것이다. 시작이 있고 끝이 없는 자, 시작할 때 오직 먼 이치를 가까운 이치라 유혹하고 좋게 하는 것을 나쁘게 하는 것이라 한다.

사욕(私慾)이 극에 달한 즉 반드시 뒤집어 진다.

194. 호(祜; 믿음, 의지)는 인(因)하는 것이다.

남이 은혜를 베풀면 마땅히 보은(報恩)할 것을 생각하고 나에게 베푼 은혜가 미약하다 하여 은인(恩人)의 은혜를 가볍게 생각하고 배반한다면 그것이 어찌 옳은 것인가.

195. 시(恃; 믿음)는 의뢰하는 것이다.

어린 사람이 남에게 총애를 받고 있으면 잔잎이 빼어나게 푸르는 것과 같으므로 감히 오만해 질 수 있으리오. 기만하고 해치려는 생각을 하면 마음에 좀벌레가 우글대는 것이다. 따라서 총애해 주는 사람의 마음은 차거워져서 스스로 멀어진다.

196. 물욕(物慾)이 영혼을 가리면 마음에 구멍이 막힌다. 아홉 구멍이 다 막히면 금수(禽獸)나 다름 없어서 먹이만 찾으며 염치(廉恥)도 없고 두려움도 없다.

197. 멸산(滅産; 산업을 멸함)은 남의 산업을 멸망시키는 것이다. 그리하여 내 것으로 한다면 어찌 능히 편안하고 또 오래 가겠는가. 결국 하늘이 대적하여 넋을 빼앗을 것이다.

198. 역사(易祀. 제사를 바꿈)는 남의 집 제사를 바꿔 지내는 것이다. 음모하여 남의 재물을 탈취하고 은밀히 모의하여 남의 제사까지 바꾸어 상속하면 인륜의 이치를 스스로 어긋나게 한 것이다.

199. 노금(擄金; 돈을 노략질 함)은 남의 돈을 겁탈하는 것이다.

농사는 곡식이 익어야 돈이 생기고 학업은 늙어서 돈이 생기고 상업은 날이 저물어서 돈이 생기고 공업은 아침에 돈이 생기고 노역은 때마다 돈이 생긴다. 어찌하여 노략질로 돈을 취할 것인가. 농사는 힘들고 학업은 수고롭고 상업은 강해야 하고 공업은 모질게 해야 하고 노력은 괴롭다.

이와 같이 돈을 어렵게 얻는데 어찌 수고로움도 없이 돈을 탈취하려 하는가.

200. 모권(謀權; 권리를 모의 함)은 남의 권리를 모의하여 빼앗는 것이다.

남의 진실하고 정당한 권리를 음모를 꾸며 빼앗으면 마치 돌 위에 씨앗을 뿌리면 뿌리가 나지 않는 것과 같다. 성공한다 해도 협소한 곳에서 배를 띄우고 섬에서 말을 부리는 것 같이 위험하고 쓸모가 없다.

201. 투권(偷卷; 책을 훔침)은 남의 책을 훔쳐 모방하는 것이다.

남의 책을 훔쳐 거짓으로 포장하면 마치 소 그림에 용의 문장이요 개(犬)에게 호랑이 가죽을 씌운 것과 같아서 백 걸음도 못가서 소는 넘어지고 개는 엎어진다.

202. 취인(取人; 남의 것을 취함)은 남의 명예를 도둑질하는 것이다.

남의 공을 자기의 공으로 남이 베푼 은혜를 자기가 베푼 은혜로 하는 것은 본받을 바 못된다. 이는 명예를 도둑질하여 이익을 훔치려 하는 것이지만 공명은 허무하고 이익은 사라진다.

203. 음(淫; 음란)은 몸을 망치는 시작이며 인륜을 어지럽히는 근원이라. 가정을 난잡하게 하는 근본이 된다. 돼지는 성품이 음란하고 개는 색(色)이 음란하고 양은 기운(氣運)이 음란하다. 그러므로 음란 사람은 세 개축이라 한다.

204. 황(荒)은 음란함을 즐겨서 몸을 망치는 것이고 사(邪)는 음란 한 것을 보고 목숨까지 망쳐 버리는 것이다. 음란을 즐겨 몸을 망치니 도리(道理)는 전복(顚覆)되고 음란을 보고 목숨을 망치니 환난이 중히 따르리라.

205. 장주(狀主. 주인을 해침)는 음란한 아내가 그 남편을 해치는 것이다. 음란하여 남편을 해칠 때는 우매하여 지혜가 없이 해치는 것과 지혜롭게 해치는 것이 있다.

지혜롭게 해치는 것은 귀신같이 꾀를 쓰고 우매하게 해치는 것은 일월(日月)같이 드러내니 음란함을 탐하는 아내는 바람이 초목을 흔들 듯 소리와 본색을 스스로 나타낸다.

206. 장자(藏子; 자식을 은익함)는 음란하여 야밤에 수태하여 은익하고 또 야밤에 생산하여 감추는 것이지만 이름(불륜으로 낳은 아이)을 피하기 어렵고 또 사랑을 끊기도 어려워 타인의 구원을 바라게 되니 어찌 행복하다 할것인가. 음란함에도 반드시 씨가 있다.

207. 유태(流胎; 유산시킴)는 음란하여 잉태한 것을 약으

로 유산시키는 것이다.

하늘이 악한 종자를 낙태시키더라도 땅은 반듯이 생명을 거두고 비와 이슬로 자라게 하니 누린내를 풍기는 풀이 있는 것이다.

하늘의 이치를 위반하면 반드시 이치대로 돌아간다.

208. 강륵(强勒; 억지로 함)은 음란하여 남의 처첩을 억지로 간음하는 것이다.

진하게 하는 음란은 간교한 뜻이 맞아서 하는 것이고 강간을 도적질 하듯이 하는 것이다. 뜻이 맞아 하는 감음도 하늘이 적대시 하는데 하물며 강간이겠는가. 이는 불나비가 등불에 뛰어들어 제 몸을 태워버리는 것과 같다.

209. 절종(絕種; 종자가 끊김)은 홀로된 어미를 간음하여 대를 끊는 것이다. 어린 자식이 우물 가까이 가면 반드시 멀리 옮기고 대나무 순이 싹트면 반드시 밟지 않는다. 그런데 하물며 어미를 밟으면 그 자식이 편하겠는가. 적막한 어둠 속에서도 하늘은 빠짐없이 보고 있다.

210. 상(傷)은 사람을 상하게 하는 것이다.

악인(惡人)이 사람을 상하게 하는 것을 하늘은 분노하여 천둥 번개로 경고하고 벽력(霹靂)으로 위협한다. 그래도 악인이 회개하지 않고 이롭지 못한 짓을 하면 악행(惡行)의 경중(輕重)에 따라서 음(陰)으로 양(陽)으로 벌을 내린다.

211. 흉기(兇器; 금속이나 쇠붙이)로 어찌 감히 사람을 상하게 하는가. 사람을 상하게 하는 자도 사람이고 상처를 입은 자도 역시 사람이다. 사람의 신체(身體)는 부모에게 받아서 부모가 길러 주는 것인데 사람을 상하게 하는 자 부모 없이 홀로 된 인간이 아니겠는가.

212. 짐독(독한 새 이름을 짐새라 하는데 짐독은 짐새의 털을 담가서 만든 독이며 지독한 사람을 일컬을 때 쓰는 말)은 짐새의 독약이다.

짐독은 독(毒)으로서 남을 상하게 하는 기구로 쓰는 것이다. 금속과 쇠붙이로 사람을 상하게 하면 혹 보호될 수 있으나 짐수(독물)를 사람에게 먹이면 목숨이 남아나지 않는다.

효자는 부모에게 받은 몸을 상한데 없이 온전히 하므로써 부모에게 기쁨을 드려야 하며 그러므로 효자는 짐독을 받아서 요절하지 않아야 한다.

213. 간계(奸計; 간사한 계책)는 간사한 계책으로서 사람을 상하게 하는 것이다.

간사하다는 것은 요사(妖邪)한 기술 능력으로서 간사하게 일하면 우환 아님이 없고 만물에 간사하면 패하지 않음이 없으니 하물며 간사하게 남을 상하게 한다면 그 간사한 계책을 제아무리 단청(丹靑; 꾸미고 치장 함)한다 해도 눈(雪)과 같이 금새 녹아 없어지고 말 것이다.

214. 최잔(모질게 꺾어짐)은 바람에 썩은 나무 가지가 꺾어지는 것이다.

오로지 원한이 맺혀 있어서 어진 세상을 인내하지 아니하고 모질게 한다면 어진 세상을 원한과 미움으로 짓밟는 것이다. 그러므로 스스로 이해하고 행복과 이익을 찾아야 한다. 그것은 마치 썩은 나뭇가지가 바람에 쉽게 꺾이지만 다음 해 봄에 그 자리에 부활(새싹이 남)되는 것과 같다.

215. 필도(必圖; 오로지 그림)는 마음으로 생각한 바를 새겨두는 것이다.

정성에는 반드시 지킬 것이 있고 믿음에는 반드시 실천할 것이 있고 사랑에는 반드시 용서할 것이 있으며 구제에는 반드시 지혜로움이 있어야 한다.

이러한 것이 사람의 천성(天性)이다. 이와는 반대로 미세한 미움으로 남을 상하게 하려는 의도(意圖)를 가지고 마음으로 음흉하게 계책을 세우고 기회를 엿본다면 남을 상하지 않더라도 상하고자 하는 마음을 잊지 않아서 천성이 멸하고 만다. 이러한 사람은 하늘에 검은 구름이 가득히 낀 것처럼 어둡게 보인다.

216. 위사(委唆; 부추겨서 맡김)는 남을 부추겨서 일을 맡기는 것이다.

일이 잘 돌아가지 않아서 남의 도움을 요청할 때는 정성으로 하고 신의를 지키기 위해 남의 도움을 청하는 것은 의로운 일이다. 그러나 사사로운 원한을 갚기 위해 부탁하는 것은 심히 어질지 못한 짓이며 남의 원환을 풀어 주기 위해 의롭지 못한 남의 부탁을 받아들이는 것은 지혜롭지 못하다. 그러한 부탁을 하는 자 위험하고 받는 자는 망한다.

217. 흉모(凶謀; 흉악한 음모)는 만행(蠻行)을 저지르는 것이다.

사람이 만행을 저지르는 즉 의로운 사람이 분노하고 의로운 사람을 헐뜯으면 어찌 만물의 이치를 없애버리는 악행이 아니겠으며 어찌 천도(天道)를 멸하는 것이 아니겠는가. 별안간 화(禍)가 미치지 않더라도 야밤에 부질없이 내리는 비처럼 끝없이 작은 화가 미칠 것이다.

218. 음(陰)은 음흉한 계략을 꾸미는 것이다.

의롭지 못할 때와 기술이 모자랄 때 그리고 욕심이 극에 달했을 때 음모(陰謀)를 꾸민다. 그러나 음모로서 성공하는 자 반드시 화가 미칠 것이다.

219. 흑전(黑箭; 음둠 속의 회살)은 어두운 곳에서 사람을 쏘는 것이다.

지혜로운 화살은 남과 같이 쏘지만 음모로 쏘는 화살은 반드시 혼자서 쏜다. 지혜로 화살를 쏠지라도 음모는 불가하다. 사냥꾼이 잠자는 짐승을 죽이지 않음은 어질기 때문인데 사람이 어질지 못하여 사람의 도리를 물리친다면 화가 넘칠 것이다.

220. 귀염(鬼焰; 귀묘한 불꽃)은 취한 사람이 집에다 불을 지르는 것이다.

불을 지르면 만물이 불타는 것은 자연의 이치이며 술에 취하면 정신이 혼미해 지는 것도 자연의 이치이다. 따라서 불타는 만물의 자연적 이치를 그대로 두거나 술취한 사람이 혼미해 지는 자연적 이치를 그대로 두며 큰 불이 일어나 큰 해(害)가 된다는 사실을 깨달아야 한다.

221. 투현(妬賢; 어진 사람을 질투함)은 소인배가 어진 사람을 악하게 대하는 것이니 어찌 질투하는 여자와 같지 않으랴.

자신의 단점으로 남의 장점을 질투하는데 단점이 능히 장점을 따라 갈 수 없기에 스스로 친 거미줄에 스스로 걸려 화를 당하고 말 것이다.

222. 질능(妬能; 능력을 시샘함)은 덕(德)이 없는 사람이 덕 있는 사람을 훼방놓고 재주 없는 사람이 재주 있는 사람을 헐뜯는 것이다.

이미 상대방에 미치지 못하면 양보함이 옳고 양보하지 않았다면 후에 양보할 것이다. 양보할 줄 모르고 후에도 양보할 것을 깨닫지 못하고 혼자서 욕심이 앞서 덕과 재주 있는 사람을 음해(陰害)하는 자, 인류의 큰 도둑이다. 이러한 도둑은 그물을 벗어날 수는 있어도 세상에 오래 남을 수는 없다.

223. 간륜(間倫; 인륜의 사이)은 인륜(人倫; 군신, 부자, 부부의 높고 낮음과 차례) 사이를 멀리 하는 것이다.

생각하기를 겨울의 따뜻한 하루에 기뻐하면 우매하고 봄의 추운 하루에 놀라워 하면 또한 우매하다. 자신의 욕심을 채우기 위해 모의하여 인륜을 끊은 즉 따뜻함이 오래 갈 수 없는 겨울과 같고 추위가 오래 갈 수 없는 봄과 같다.

인륜을 멀리하는 자, 겨울철의 따뜻함이요 봄철의 추위에 지나지 않는다. 따뜻한 겨울은 다시 추워지고 추운 봄은 다시 따뜻해지듯 화(禍)는 돌아오나니 이것이 하늘의 이치다.

224. 투질(投質; 본질을 버림)은 본질을 아래로 던져버리는 것이다. 남을 험담하여 거짓된 사실로 모함하므로써 그 사람의 작은 살길마저 던져 버린다 하더라도 하늘이 그 은밀함을 파헤쳐 내고야 말것이니 마치 꿩이 소리 내어 울면서 제 있는 곳을 알리는 것과 같다.

225. 송절(送絶; 주는 것을 끊음)은 밖으로 은혜로우면서 뒤에서는 원수같이 하는 것이다.

은혜를 원수같이 못하고 원수를 은혜같이 못하는 것이 사람의 이치이니 하고자 한다고 해서 되는 것이 아니다. 은혜를 모해(謀害)함이 깊어지면 그로 인해 남의 가정이 반드시어지러울 것이니 마치 피가 마르지 않았는데 이웃 닭이 번갈아 울어대는 것과 같다.

226. 비산(비방 함)은 소인이 말을 많이 하는 것이다.

비방하기를 온 마음으로 다하면 독한 악질(惡疾)처럼 사람을 곤경에 빠뜨린다. 소인의 비방은 보이지 않게 사람을 해치는 칼이며 그 칼은 진짜 칼보다 간악하다.

227. 역(逆)은 지극히 불순(不順)한 것이다.

사람의 백가지 행동이 순리(順理)적일 때 성공하고 역행(逆行)하여 큰 이익과 복을 구하는 자, 마치 토끼가 굴속에서 한결같이 머무는 것과 같다.

228. 설신(褻神; 더럽히는 말)은 불경(不敬)스러운 말로 천신(天神)을 더럽히는 것이다. 천도(天道)를 아는 자는 하늘을 업신여기지 않으며 천리(天理)를 아는 자는 하늘에 원한을 사지 않는다. 이 때문에 하늘을 더럽히는 자는 도(道)를 모르고 이치를 모르기 때문에 업신여긴다.

229. 독례(瀆禮; 예를 욕되게 함)는 예(禮)를 멸(滅)해서 없애 버리는 것이다. 예는 사람에게 있어서 몸의 손발과 같고 집안의 문과 같다. 손발을 움직이지 않고 몸을 옮길 수 없으며 문을 통하지 않고 집안에 들어갈 수가 없다. 그러므로 예(禮)를 없애버리는 행위는 세상의 풍속을 더럽게 어지럽히는 으뜸이다.

230. 패리(敗理; 이치를 무너뜨림)는 하늘의 이치를 파괴하여 어지럽히는 것이다.

선행(善行)을 버리고 악행(惡行)을 지으며 정(正)을 버리고 사(邪)를 행하는 것은 하늘의 이치를 위반하는 것이다. 악을 지어 선(善)을 지배하고 사(邪)로서 정(正)을 물리치니 어찌 하늘의 이치가 무너지지 않으리요.

231. 범상(犯上; 위를 범함)은 윗사람을 거역하여 잘못을 저지르는 것이다.

자식이 불효하고 신하가 직분을 다하지 않으며 아우가 형을 훈계하여 형제가 화목하지 못하고 부부가 싸워서 화목하지 못하는 것은 모두 윗사람을 범하기 때문이다. 이는 모두 백가지 화(禍)의 근본이 된다.

232. 역구(꾸짖어 거역함)는 이치에 역행하는 것으로서 관리를 꾸짖고 도덕을 꾸짖고 오래 사는 늙은이를 꾸짖어 인륜을 상(傷)하게 하는 것이니 마치 형제를 명령 즉, 양자로 삼는 도적과 같다.

※ 명령은 시경(詩經)에 나오는 말로서 나방이 나비의 요충을 길러서 제 새끼로 만든다는데서 온 말, 즉 가당치 않게 양자를 둔다는 뜻.

233. 복(福)은 선행(善行)으로 찾아온 경사(慶事)인데 육문(六門) 사십오호(四十五戶)가 있다.

234. 인(仁)은 사랑의 저울추와 같다.

사랑이란 사랑하지 않는 것이 없어야 하므로 혹 사사로운 사랑으로 편애(偏愛)하면 인(仁)이 아니라서 능히 사랑에 집중할 수가 없다.

인(仁)은 온화한 봄기운 같아서 치우침이 없이 만물을 피어나게 하는 것과 같은 것이다.

235. 어진 이는 사람을 사랑함에 있어서 착한 사람도 사랑하고 악한 사람도 사랑하므로 악을 버리고 선을 따르게 하는 권세가 있다. 사람을 평화롭고 온화하게 하여 남과 나쁜 관계를 맺지 않으며 남이 미혹(迷惑)하면 깨우쳐 주어 잘못에 빠지지 않게 하여 스스로 자신을 돌보도록 한다.

236. 호물(護物; 만물을 보호함)은 만물을 사랑하여 보호하는 것이다.

세상 천지간에 사람은 사람대로 물건은 물건대로 사랑하고 보호한다면 사람도 존재할 수 없고 물건도 존재할 수 없다. 밝은이는 만물을 포용하여 오직 사랑하는 마음을 가지고 있으므로 남이 잃으면 내 것을 잃어버린 것 같이 한다.

237. 체측(替惻; 슬픔을 바꿈)은 남의 불쌍한 처지를 내일처럼 여기고 걱정하는 것이다. 남은 불쌍한 처지를 예사롭게 보나 오직 밝은이만은 불쌍히 여기고 내 일처럼 근심한다.

238. 희구(喜救; 기쁘게 구함)는 남의 어렵고 급한 처지를

기쁘게 구하는 것이다. 남의 화급한 어려움을 구원해 줌에 공덕을 구하고자 이치에 맞지 않는 어렵고 난잡한 말만 늘어놓는 자도 혹 있지만 밝은이는 공덕을 구하지 않고 난잡한 말로 묻지도 않고 남의 화급함을 기쁘게 구해주며 만물이 어려워도 기쁘게 베풀되 능력이 닿는데까지 하고 멀리 떨어진 곳까지 베풀고자 생각한다.

239. 어진 자는 덕(德)이 있어도 어리석음에 교만하지 않고 부유해도 가난에 교만하지 않으며 존귀해도 비천한 것에 교만하지 않으며 남이 미색(迷色; 색에 빠짐)하지 않도록 염려해 주며 바른 말로서 화목한다.

240. 자겸(自謙; 겸손함)은 재덕(才德)이 있어도 자랑하지 않는 것이다. 속인은 작은 재주와 얄팍한 덕을 생색내어 드날리고자 하지만 오직 두려워 할 것은 짧은 해그림자가 집안을 뚫고 들어오지 못하듯 통하지 않는다는 것이다.

진실한 재주는 물에 잠겨도 헤엄치지 않는 것 같고 진실한 덕(德)은 뜨거운 열기가 타오르지 않음과 같다.

241. 양열(양보함)은 뛰어나면서도 뛰어나지 못한 것에 양보하는 것이다.

고루하게 명예를 구하는 사람은 오히려 명예를 훼손시키는 것이며 요란스럽게 이름을 날리고자 한다면 오히려 이름을 상하게 한다. 때문에 밝은이는 공덕이 있어도 공덕이 없는 사람에게 사양하고 상(賞)을 양보한다.

242. 선(善)은 사랑의 한 갈래이며 인(仁)은 어린아이이
다. 사랑을 심으면 착한 마음이 일어나고 인(仁)을 배우면
착하게 일을 한다.

243. 강개(慷慨; 의분이 북받침)는 선하고 의로운 것이다.

폭포(瀑布)가 급하게 떨어져도 땅에서 잔잔하게 흐르고 백
번을 두들긴 쇠는 물건에 이르러서 날카롭다. 이와 같이 강
개(慷慨)가 드높으면 즐겁고 즐겁지 않음을 따지지 않으며
이해(利害)를 따지지 않는다.

244. 불구(不拘; 다만)는 선(善)한 결정은 어떤 일에도 불
구하고 지켜야 한다. 성품이 착해 우유부단하면 영단(穎斷)
을 내리는데 오래 머뭇거린다. 그러나 선한 결정은 반드시
행해야 하고 구차하게 우유부단 해서는 안된다.

245. 원혐(遠嫌; 혐의와 멤)은 혐의 받을 만한 틈이 없는
것이다.

밝은이는 물건을 접함에 지혜가 짧아서 엉성해도 정성이
부족됨이 없고 눌변이 아닐지언정 마음에 거짓이 없다. 그
러므로 혐의 받을 틈이 없다. 이러한 것을 알지 못하는 선
(善)은 선이 아니다.

246. 성품이 착한 즉 끊고 맺음이 틀임이 없어서 결단력 있
게 행동하여 진퇴(進退)에 머뭇거림이 없고 좌우(左右)를 의

심하지 않으니 하늘의 이치와 사람의 일이 저절로 명백하다.

247. 선(善)한 사람은 선으로서 남의 근심을 대신한다.

남이 일을 망치면 그 부모처자를 편안히 해주며 집을 버리고 떠나는 사람은 따라가서 편안히 해준다.

248. 선(善)은 만물이 존재하는 것을 기뻐하고 망하는 것을 싫어한다.

그러므로 새그물을 방치하고 사냥을 슬퍼한다. 방치한다는 것은 하늘을 떨치고 나는 것을 보고 기뻐하는 것이고 슬퍼한다는 것은 다친 짐승이 언덕을 뛰지 못하는 것을 안타까워하는 것이다.

249. 공아(空我; 나를 비움)는 내가 나라는 생각을 하지 않는 것이다. 밝은 이는 무리 중에 있으며 무리를 위해서 수고하며 무리와 떨어져 있어도 남에게 후하고 자신은 박하게 하며 무리의 근심을 혼자 떠맡는다.

250. 양능(揚能; 능히 떨침)은 남이 능한 것을 능히 떨치게 하는 것이다. 밝은이는 남이 능한 것을 보면 먼저 마음으로 기쁨을 느끼고 널리 떨치도록 칭찬한다. 그리므로써 능한 자를 더욱 능하게 하고 능하지 못한 자를 본받게 하는 것이다.

251. 은건(隱愆; 허물을 숨김)은 남의 허물을 덮어주는 것이다.

밝은이는 남의 허물을 들으면 즉시 숨겨주고 발설하지 않는다. 이는 스스로 먼저 부끄러워하고 먼저 스스로를 경계하고 또 남이 허물을 지을까 두려워하므로써 한 사람 잃는 것을 천하 사람을 잃는 것 같이 하는 것이다.

252. 순(順)은 법도를 역(逆)하는 것이 아니다.

가난해도 강탈하지 않으며 곤란해도 무리하게 벗어나려 하지 않으므로써 하늘의 이치에 순응하는 것이다. 은혜에 보답함에 아첨하여 굽히지 않으며 위세에 굴(屈)하지 않는 것은 사람의 이치에 순응하는 것이다.

253. 마음이 안정되면 흔들리지 않으며 모함을 받아도 부드러움을 잃지 않으며 기(氣)가 안정도어서 어지럽히지 않으니 격분한 일을 하지 않는다. 이는 하늘의 덕(德)에 순응하는 것이며 천덕(天德)이 마음속에 곧게 서 있으므로 인덕(人德)을 밖에서 이루게 되는 것이다.

254. 침묵은 성품이 진실한 즉 고요하여 지식을 이루어도 침묵하는 것이다. 고요함으로 능히 통하여 어지러움을 물리친다. 이는 사람의 지혜에 순응하는 것이다. 사람의 안정된 지혜는 심령(心靈)이 관통(貫通)하여 가히 남의 스승이 될 것이다.

255. 예모있는 행동은 인간사(人間事)의 순리이다. 사람이 예모(禮貌)가 있는 즉 말을 하지 않아도 분쟁을 해결하게

되므로 감히 완력으로 방자하게 하는 일이 없어서 현명하고 선량한 사람들이 멀리서 스스로 찾아온다.

256. 주공(主恭; 공경)은 공경을 위주로 함이 순리라는 뜻이다.

한 동작 한 동작마다 조용히 공경함을 위주로 하여 일을 볼 때는 순리대로 함이 마치 넘치는 물그릇을 드는 것 같이 하고 사람을 접할 때는 무거운 물건을 꿰 찬 것처럼 무겁게 하며 근신(謹愼)하여 덕으로서 믿음을 이루고 덕으로서 명예를 이루는 것이다.

257. 지념(持念; 지닌 생각)은 지닌 마음을 표하는 것은 생각이 있기 때문이다. 사람의 마음이 고요하지 못하면 역시 기운이 순조롭지 못하고 마음이 안정되면 기운도 순조로워 스스로 이치를 찾아 도(道)를 쉽게 달통(達通)하게 된다. 그러므로 순리로서 덕을 아름답게 이루는 것이다.

258. 지분(知分; 분별하여 앎)은 마땅한 것을 알고 마땅하지 않은 것을 아는 것이다.

천도(天道)를 알아서 사람의 일에 부합되게 하며 만물의 이치를 알아서 사람의 이치에 서로 맞게 해야 한다. 앎은 곧 만물의 순리로운 이치를 앎으로서 백가지 일이 평화로워 마치 밤바다에 떠오른 달과 같다.

259. 해와 바람의 순조로움은 하늘의 순조로움이요, 기

(氣)와 소리의 순조로움은 사람의 순조로움이다. 그러므로 해와 달이 순조로운 즉 경사로운 징조가 때마침 강림하여 그 해에 공을 이루고 기(氣)와 소리가 순조로운 즉 신령(神靈)이 밝아져 덕(德)이 나타난다.

260. 수행하는 자, 스스로 수행(修行)하므로써 자신을 다스리는 것이며 남을 수행케 하는 것도 역시 수행이다.

천도(天道)를 닦아 도(道)로서 사람의 어리석음을 교화하여 도를 밝히 보게 한다. 악인을 교화하여 도로서 선(善)에 귀의하게 하니 허물을 공(功)으로 바꿈에 단비가 내리는 것과 같다.

261. 준(遵; 지킴)은 지킴이요, 계(戒)는 계율(戒律)인데 참전(參佺) 8계(八戒. 誠, 信, 愛, 濟, 禍, 福, 報, 應)가 있다.

새 옷 입은 자가 옷을 가지런히 하는 것은 오직 남루(襤褸)해질까 두려워서이고 새롭게 목욕하여 몸을 청결히 하는 자는 오직 몸이 더럽고 거칠어질까 두려워한다. 계율을 지킴에 옷을 가지런히 하고 몸을 청결히 하듯이 부지런히 스스로를 돌아보고 태만하여 방심하지 않아야 한다.

사람이 순조로우면 신(神) 역시 순조롭고 신이 순조로우니 하늘이 또한 순조롭다.

262. 온(溫)은 온화함이고 지(至)는 임하는 것이다. 밝은 이는 타인과 화목하고 온화롭게 말을 한다. 일을 순로롭게

하니 기(氣)가 부드러우며 재물과 화합함에 의(義)로서 온화하게 한다. 이와 같이 따뜻한 봄 날씨에 사람이 떠나지 않듯이 온화함이 떠나지 않아야 한다.

263. 물의(勿疑. 의심치 않음)는 내가 남을 의심하지 않으면 남이 나를 의심하지 않는 것이다.

내가 중화(中和; 치우침이 없이 온화함)로서 남과 만나면 남 역시 중화로서 대접한다. 따라서 내가 정성이 있으니 남이 믿고 남이 정성스러움에 내가 믿어 화기(和氣)가 엉기어 흩어지지 않는다.

264. 성사(省事; 일을 살핌)는 일을 지극 정성으로 하므로써 어려움이 사라지는 것이다.

중인(衆人)은 일을 함에 어려운 일이 많아서 곡절을 겪게 되어 제아무리 술수를 부려도 능히 일을 성사시키지 못한다. 그러나 오로지 밝은 이는 일에 집중하므로 태양이 잔설(殘雪)에 임하여 한 줌의 눈도 볼 수 없이 녹이듯 어려움을 스스로 사라지게 한다.

265. 진노(鎭怒; 분노를 억제함)는 노여움이 몸에 미치지 않게 하는 것이다.

선(善)하지 아니하고 믿음도 없으면 남이 반드시 나를 나무라고 혹 선하고 믿음이 있어도 잘못 성을 내는 경우가 있다. 덕(德)으로서 부드럽게 한 즉, 선이 아님이 없고 믿음 아님이 없다. 그러므로 남이 나를 믿어 잘못 성을 내는 경우가 없게 되는 것이다.

266. 자취(自就; 스스로 쫓음)는 자연스럽게 쫓아서 이루는 것이다. 사람이 욕심이 있으므로 분망(奔忙)하고 구하는 것이 있으므로 애련(哀憐)하다. 그러나 분망해도 얻지 못하면 욕심을 내지 않음만 못하고 애련해도 득이 없으면 구하지 않음만 못하다. 오직 덕으로서 온화하게 한 즉 훈훈한 화롯불이 방안에 있는 것 같이 된다.

267. 불모(不謀; 음모하지 않음)는 꾀를 내지 않고 남과 화합하는 것이다.

경사스러운 구름이 하늘에 저절로 조용히 모여들어 막히고 걸림이 없듯 밝은이는 스스로 처신하므로 남에게 불화(不和)롭지 않고 꾀를 내지 않은 까닭에 화합한다.

268. 봄에 나무를 심어 빨리 꽃을 보고자 하는 것은 너그러운 이치이며 해가 하늘 가운데서 사해(四海)를 밝게 비추는 것은 너그러운 형상이다.

이치와 형상이 구성(俱成)되면 밝은이의 도(道)에 가깝다.

269. 홍량(弘量; 큰 도량)은 성품을 씀에 크게 쓰는 법도이다.

부드러운 가운데 강함이 있는 까닭으로 강해 보이지 않고 온화한 가운데 굳셈이 있어 굳세게 보이지 않는다. 그러므로 부드러운 듯 하나 알고 보면 부드럽지 않고 온화한 듯 하나 알고 보면 온화하지 않아서 끝없이 굴곡이 없다.

270. 인(吝; 인색함)은 중하게 여기는 것이다.

짧게 참여하여 길게 되고 가볍게 참여하여 무겁게 되니 능히 화합하므로써 존재한다. 그러므로 남의 궁핍을 보고 내가 넉넉하지 않아야 하고 남의 슬픔을 보고 내가 즐기지 않아야 내가 편안하다.

271. 위비(慰悲; 슬픔을 위로함)는 남을 위로하는 것이다.

허물 있는 정사는 반드시 사람을 잃고 허물 있는 재물은 반드시 사람을 머물게 한다. 반대로 정사와 재물을 어루만진 뒤의 가벼운 허물은 기뻐하여 허물없이 맡긴다.

272. 보궁(保窮; 곤궁함을 도움)은 뜻을 얻지 못해 곤궁하면 능히 스스로 보전하여 뜻을 얻고 남의 곤궁을 도와야 한다. 너 그럽지 않으면 스스로 보전하지 못하고 남도 돕지 못한다.

273. 인자하고 너그러운 사람은 도량이 넓어서 넘어질까 망설임이 없다. 그러므로 선(善)을 보면 용기 있게 달려가는 까닭에 스스로 훌륭함을 만족히게 얻는다. 때문에 장중(帳中)에 가득한 바람과 같이 관인(寬仁)하다.

274. 정(正)은 바른 이치며 선(旋)은 돌이키는 이치다.

아랫돌은 가만히 안정되게 놓고 윗 돌을 돌리고 굴려서 어긋나지 않게 하므로써 움직이지 않는 까닭은 두 편의 중간에 단단함이 있어서 안정되기 때문이다. 사람도 이와 같이 거중(居中)에 인(仁)으로서 너그럽게 돌리고 굴리면 법규에 맞지 않음이 없다.

275. 인내하는데는 세 가지가 있다. 하나는 원인이 있어서 참고 둘째는 강요하여 참고 셋째는 걸림 없이 능히 참는 것이다.

원인이 있어서 참는 것은 결단력이 없고 강요하여 참는 것은 결단성이 없어도 결단할 수밖에 없는 것이고 걸림 없이 혼자 능히 참는 것은 너그러움이 없이는 불가능하다.

276. 장가(藏呵; 숨겨 둠)는 너그럽게 온화함으로써 꾸짖을 일을 숨겨두는 것이다.

약하면서 너그러우면 사람이 경계할 줄을 알지 못하고 부드러운 사람이 너그러우면 사람이 은혜를 알지 못하고 모질면서 너그러우면 사람이 반발한다. 그러므로 오직 꾸지람을 간직한 채 너그러워야 사람이 스스로 존경하여 복종한다. 대문에 어진 자는 능히 너그러워야 한다.

277. 온화하면서 정확하고 엄숙하면서 고요한 것은 기(氣)가 엄하기 때문이다. 사사로이 생각하지 아니하므로 재물을 사사롭게 하지 않는 자, 의(義)가 엄(嚴)하기 때문이며 정직하고 청렴결백한 것을 주장하는 것은 말이 엄하기 때문이다.

278. 병사(屛邪; 삿됨을 물리침)는 사악함을 물리치는 것

이다.

기(氣)가 엄한 즉 사기(邪氣)가 능히 생하지 못하고 의(義)가 엄한 즉 요사한 음모를 능히 듣지 않으며 말이 엄한 즉 요사스런 설득의 말을 용납지 않는다.

279. 특절(特節; 뛰어난 절개)은 특유의 높은 절개이다. 그 기상은 마치 눈 속에 푸른 소나무와 같고 그 몸은 바다 가운데 엄히 선 바위와 같다.

280. 명찰(明察; 밝게 살핌)은 엄숙하면서도 걱정스러운 것을 따지지 않으며 흩어짐을 살피지 않는다. 그러므로 어진이는 남과 걱정스러운 일이 없으며 흩어지지도 않는다.

281. 성품이 강한 자, 너무 엄하면 한 가정이 해체되고 성품이 유약한 자 너무 엄숙하면 육친(六親; 부모, 자식, 형제 등)의 마음이 멀어지니 오로지 강한 자가 엄하면 반드시 은혜롭고 유약한 자가 엄하면 은혜롭고 화합해야 강유(剛柔)가 없어진다.

282. 장(莊)은 위태로우면서도 빛나는 것이다.

기운(氣運)이 엄하고 안색이 엄숙히고 진실하지 않으면 성낸 것에 가깝고 의(義)로서 엄해도 안색이 엄숙하고 진실하지 않으면 애걸하는 것 같으며 말을 엄하게 하여도 안색이 엄숙하고 진실하지 않으면 시비하는 것 같다. 그러므로 씩씩하고 단정하면서도 엄한 기틀이 있어야 한다.

283. 스승이 엄하므로서 제자를 훈계하지 않아도 능히 스스로를 훈계하며 부모와 형이 엄한 즉 훈계하지 않아도 자식과 동생이 능히 스스로를 훈계하며 늙은이가 엄한 즉 훈계하지 않아도 가까운 이웃이 능히 스스로를 훈계한다.

284. 성품이 엄하지 못하면 용기가 없고 엄한 즉 용기가 있다. 용기 있는 자 선하지 못한 것을 보면 급히 물리치고 믿지 못할 것을 보아도 급히 물리친다. 그러므로 엄함은 용기의 근원이다.

285. 보(報)는 하늘이 악인에 보답하여 화(禍)로서 갚으며 착한 사람에게 보답하여 복(福)으로서 갚는 것이다. 갚음에는 六계 三十급이 있다.

286. 적(積)은 많은 수를 말하는 것이다. 덕(德)은 닦고 선(善)을 행함에 여러번 하여 쌓고 쌓으면 사람이 오래 감동하고 신(神)이 감동하고 하늘 역시 감동하여 가장 좋은 복을 얻게 된다.

287. 세구(世久; 항구적인 세월)는 여러 세월에 걸쳐 선을 행하는 것이다.

일년 자란 나무는 일년의 이슬을 얻고 십년 자란 나무는 십년의 이슬을 얻는다. 이슬을 거듭해서 받아 결실을 보면 차(次) 복이다.

288. 무단(無斷; 끊임이 없음)은 선을 행하는 마음이 간단

(間斷)없이 계속되는 것이다.

하룻밤에 세 편이면 천 권의 책을 읽을 수 있고 하루에 천 보(步)를 걸으면 만리에 달할 수 있다. 선도 역시 이와 같으면 그 복 또한 이와 같다.

289. 익증(益增; 이익을 더함)은 날마다 선을 행해 달마다 덕을 증가시키는 것이다.

단련하고 또 단련하면 마침내 보검을 완성하고 갈고 또 갈면 마침내 아름다운 옥이 된다. 선은 검광(劍光)같고 덕은 옥빛 같으니 그 복 또한 이와 같다.

290. 정수(庭授; 가정에서 줌)는 아버지가 선을 계속해 주는 것이다.

아버지가 선한데 아들이 악한 가정이 있고 아버지가 우매한데 아들이 현명한 가정이 있다. 아버지도 선하고 아들도 선한 집안은 신선하여 능히 아버지의 선을 자식이 계승함에 불을 꺼뜨리지 않고 계속해서 밝히는 촛불과 같이 그 복 또한 이와 같다.

291. 천심(天心)은 배움이 없어도 천심이 있어서 선을 지향하는 것이다. 그러므로 선을 말하면 그대로 따라 행하여 선한 일을 말해 주면 그대로 짓고, 선심(善心)을 말해주면 그대로 시행한다. 비록 어진 것을 배운 것은 없으나 선이 아니면 행하지 않으니 가히 그 복 또한 이같이 받으리라.

292. 자연(自然)은 저절로 선해지는 것이다.

배워서 문장을 지니고 벼슬에 매이고자 하더라도 선이 아니면 얻지 않고 덕을 닦아 선을 행하여 티도 없고 흠도 없이 하여야 가히 그 복을 받는다.

293. 중(重)은 일거(一擧)에 큰 선을 미치게 함은 정성이 있기 때문이다. 따라서 선은 용감하고 정성스러워야 하며 그러므로써 복을 얻는다.

294. 유조(有早; 어릴 때 있음)는 어릴 때부터 선을 행하는 것이다. 사람이 어릴 때 뜻을 세우지 않고 배움도 모자라면 지혜 구멍이 열렸다 닫혔다 하여 도량과 재간이 어두웠다 밝았다 한다. 그러나 능히 선하게 일하므로 그 복을 받는다.

295. 공실(恐失)은 선을 잃을까 두려워하는 것이다.

선을 알기를 보배처럼 생각하고 악을 보기를 도덕과 같이 생각하여 항상 보배를 도적에게 잃을까 두려워하며 스스로 보배를 꺼안고 보호해야 한다. 그리고 일심으로 도적을 누르고 보배가 있는 곳에 근접지 못하게 하므로서 복을 얻는다.

296. 면려(勉勵; 어려워도 힘씀)는 선행이 어렵더라도 힘써 선행하는 것이다. 선행이 어려워 잘 되지 않더라도 부지런히 선행에 힘쓰다 보면 조금씩 나아지며 더욱 힘써서 착하고 착해 지면 복을 얻는다.

297. 주수(株守; 뿌리를 지킴)는 선을 지키고 바꾸지 않는

것이다.

성품이 유(柔)하면 착해도 능히 선행을 드러낼 수 없고 성품이 좁으면 착해도 능히 선행을 수용하지 못하며 성품이 약하면 착해도 능히 선행을 바로 세울 수가 없다.

스스로 선을 지키기를 뿌리가 줄기를 지키는 것 같이 하여야 하늘의 기틀 즉 자신을 지켜주는 뿌리인 하늘의 복을 가히 얻게 된다.

298. 척방(斥謗; 헐뜯음을 배척함)은 착한 것을 헐뜯어서 해치는 행위를 배척하는 것이다. 성품이 편벽하여 한 가지 착한 것을 보고 백가지로 헐뜯으면 이를 배척하고 한 가지 착한 것을 듣고도 백가지로 헐뜯으면 이를 배척해야 하며 심하게 헐뜯으면 선(善)을 더욱 더하므로써 헐뜯음에 동조하지 않아야 한다. 천성(天性)이 이러하므로 어찌 그 복을 받지 않겠는가.

299. 광포(廣佈; 넓게 퍼뜨림)는 선행을 널리 퍼뜨리는 것이다.

착한 일은 남에게 들려주고 착한 말로 남을 찬양해야 한다. 그리고 착한 사람이 자신을 따르고 악한 사람이 자신을 희롱함을 알지 못하는 것은 천성이 순박하기 때문이므로 복을 얻는다.

300. 창(처음으로 일으킴)은 선행을 처음으로 일으키는

것이다.

물든 것을 없애려면 증발이 처음으로 일어나고 옷을 빨아 더러움을 없애려면 씻는 것부터 시작한다. 이와 같이 뉘우쳐서 악한 것을 없애려하는 것은 선행의 시작이다. 그러므로 혼탁한 몸을 벗고 마음을 씻어 맑은 물처럼 흐르게 하면 복을 얻는다.

301. 유구(有久)는 오랜 세월 선(善)을 쫓아 행하므로서 악을 제거하는 것이다.

성품이 악하면 남을 상하게 하고 마음이 악하면 남을 함정에 빠뜨리며 악한 욕심은 남을 해친다. 이와 같은 세 가지 악을 능히 없애버리고 선을 취하고 또 오랜 세월 선행하므로써 옛 악함이 돌아오지 않아서 비록 어린아이다운 착함이 어렵더라도 복을 얻는다.

302. 유린(有隣; 이웃과 함께 있음)은 이웃이 함께 착한 것이다.

양이 개와 어울리지 않으며 기러기가 제비와 모이지 않는 것이 이치다. 착한 사람은 착한 이웃이 있고 이웃이 착하지 않은 즉 이웃을 떠나 착한 덕(德)이 손상될까 두려워하면 복을 얻는다.

303. 기연(其然; 본래)은 본래 착한 것이지 악한 것이 아닌 것을 말한다.

개버들에 바람이 불지 않으면 언덕에서도 잎이 흔들리지 않고 고요하듯 사람의 성품은 착한 것이다. 혹 성품이 일었다 스러지는 물결 같이 선해지기도 하고 악해지기도 하지만 본래 선하지 안한 것이 아니다. 그러므로 악한 것을 돌이켜 진실하면 복을 얻는다.

304. 자수(自修; 스스로 닦음)는 스스로 제 몸을 닦아 선해지는 것이다.

남이 선행을 하도록 했다고 해서 내가 선행을 지을 것이 아니며 남에게 선행을 권고했다고 해서 내가 선행을 지은 것도 아니다. 스스로 수행하여 선을 행해야 한다. 그리고 남의 커다란 선행을 듣고 번번이 부끄러워하는 선량한 성품은 복을 받는다.

305. 불권(不倦; 게으르지 않음)은 선행을 게으르지 않게 하는 것이다.

부지런한 장인(匠人)은 그릇을 만들 때 매우 아름다워야 작업을 그치고 부지런한 의사는 병을 다 고치고 약이 필요 없을 때 치료를 그친다. 이와 같이 선행도 부지런해야 하며 선행을 찾아 선행을 즐기고 선과 일체가 되었을 때 그친다. 그러므로 선행을 부지런히 하는 사람이 복을 받는다.

306. 욕급(欲及; 이르고자 하는 마음)은 선에 이르고자 하는 마음이다.

성품이 우매하여 아는 것이 어두우면 비록 선에 이르고자 하나 착한 것이 무엇인지 알지 못한다. 그러나 오직 악한 것을 알고 악행을 짓지 않으면 진실한 성품이라 복을 받는다.

307. 영(盈; 꽉 참)은 십수(十數) 즉 완성이다.

악이 다해 구(九)에 이르면 당세(當世)에 악이 극에 이른 것이고 십(十)에 이르면 전세(前世)에 악했기 때문이다. 악이 꽉 차서 여지가 없으면 첫째가는 화(禍)를 입는다.

308. 습범(襲犯; 전의 범행을 받음)은 아버지의 악함을 계승하는 것이다.

앞집에서 불이 일어나면 또 뒷집에서 불이 나서 멸하지 않는 집이 없어진다. 이와 같이 아버지가 범한 악을 자식이 또 받아서 계속하니 두 번째 가는 화를 입는다.

309. 연속(連續; 계속함)은 악을 연속해서 주는 것이다.

도적질하는 것을 아버지로부터 들으니 흉악한 인간으로 자식을 가르치는 것이다.

아버지의 악함을 엿들음으로서 자식은 악하게 교육되고 아버지의 악함을 자식이 그대로 행하므로서 악은 계속되어 큰 화를 입을 것이다.

310. 유가(有加; 더함)는 악을 더해가는 것이다.

악어는 작은 물고기를 삼키지 않으며 이리는 남아서 도망가는 짐승을 쳐다보지 않는다. 이와 같이 가벼운 악은 멈추고 무거운 악만을 행한다 해도 곧 악을 더해 가는 것이니 화를 입는다.

311. 전악(傳惡; 악을 전함)은 악을 남에게 전하는 것이다.

자기의 악함을 고칠 줄을 모르고 남의 악을 고치라고 권고하지 않으며 도리어 우매하고 선량한 사람을 유혹하여 당(黨)을 만들어 자기의 악행에 협조케 하고 악을 정당화하여 우매하고 선량한 사람에게 떠맡기는 것은 진실로 악한 자가 악한 거짓으로 모함하는 것이니 가히 화를 입으리라.

312. 대(大)는 단 번에 크게 악을 저지르는 것이다.

작은 악을 저지르는 자 우매하여 자각(自覺)하기 어렵더라도 화를 입으며 대악(大惡)을 저지르는 자, 지혜로서 일시에 큰 악을 행하니 그 죄 신인(神人)을 관통하므로 화를 입는다.

313. 감상(勘尙; 심문함)은 벌을 주고 심문해도 고치지 않는 것이다.

한 번의 악은 징계하여 다스리고 다시 짓는 악은 심문하여 다스린다. 그래도 고치지 않고 종신토록 악을 저지르는 것은 악에 발광한 것이니 화를 입으리라.

314. 무탄(無憚; 거리낌이 없음)은 악을 저지르고도 거리낌이 없는 것이다.

악을 기뻐하여 사람을 파괴시키고 도(道)를 파괴시킴으로써 악에 처한 자신을 그래도 깨달아 사람을 두려워하여 스

스로 악을 숨긴다. 그러나 이미 악을 저지르고도 진심으로
두려워함이 밖으로 나타나지 않는 것은 악을 저지름에 진심
으로 기탄(忌憚)없이 하는 완고한 악은 화를 입으리라.

315. 취준(驟峻; 가파르게 몰아감)은 평소에 선량하다가
별안간에 악을 가파르게 저지르는 것이다.

어질면서 악을 저지르는 자 없으며 선하면서 악을 저지르
는 자 역시 없다. 그 원심(原心)이 불량(不良)하고 원성(原性)
이 불선(不善)하여 별안간 악행을 저지르는 것이므로 악이
감추어져 있었던 것이다. 따라서 화를 입는다.

316. 외선(外善; 밖으로 착함)은 밖으로 착하면서 속으로
악한 것이다.

말은 바르고 행동은 말과 부합되지 않고 행동은 바르게 하
면서 바른 말을 믿지 않는 것은 눈 덮인 함정에 악의 태(胎)를
가득히 쌓아둔 맹목적인 악이며 이 또한 화를 입을 것이다.

317. 소(小)는 작은 악이다.

지나친 허물은 악이며 큰 허물과 큰 악은 지혜가 몽매하
여 스스로 나타난다. 작은 악 역시 악이므로 화를 입는다.

318. 배성(背性; 성품을 배반함)은 본성을 버리는 것이다.

편협(偏狹)하고 옹졸함을 버리고 넓고 호방할 것이며 악을
시험 삼아서 이익을 거두면 이로 인해 사방에 뛰어다니며
어진 듯이 가장하여 악을 사서하면 악이 솟구쳐 올라 화를

입는다.

319. 단연(斷連; 끊지 않고 계속함)은 악을 끊으려 하다가 다시 악을 계속하는 것이다.

비밀리에 악을 행하다가 탄로 나자 두려운 마음에 악을 끊고 급히 조용해졌다가 다시 요사한 악을 모의하는 것이니 이에 화를 입으리라.

320. 불개(不改; 고치지 않음)는 남의 악을 알면 응당 고쳐주어야 함에도 고쳐주지 못하는 것은 이익을 위해 우매하게도 악이 들떠 화를 입는 것이다.

321. 권린(勸隣; 이웃에 권함)은 자기가 혼자 악을 짓는 것이 두려워 어질고 순박한 사람을 권고하는 것이며 자기의 권고에 양순(良順)한 사람이 복종하지 않으면 반대로 양순한 사람을 모함하는 것이다. 이와 같이 하면 자기의 악이 넘쳐나서 화를 입으리라.

322. 응(應; 응함)은 악하면 화(禍)로서 보답 받고 선(善)은 복으로 보답 받는다. 육과(六果) 삼십구형(三十九形)이 있다.

323. 정성은 인간사의 근본이며 응(應)은 하늘의 이치로서 화복(禍福)이 흥성하는 것이다. 두루 쌓은 인연으로 장래에 악인은 화(禍)가 내려 보답 받고 선인은 모든 복이 내려와 보답 받는다.

324. 밝은이는 큰 덕을 받아 대위(大位)에 처하여 하늘과

땅을 맡아 널리 사람을 교화한다.

325. 거유(巨有; 크게 있음)는 후덕(厚德)하여 넓은 땅에서도 결백한 자리에 위치하므로서 보화(寶貨)와 절연하고 우수(憂愁)에 젖지 않고 비참함도 없는 것이다.

326. 상수(上壽; 높은 목숨)는 생명을 기르는 법도가 있어서 신선의 골격으로 몸이 변화하는 것이다.

빛나는 태양의 빛을 잡아당겨 붓고 이슬을 마시며 건강한 기운이 치맛바람에 휘날리는 따뜻한 맛과 같은 감미로움을 누리며 학(鶴)과 같은 백발의 동안으로 수(壽)를 늘린다.

327. 한 집이 화하여 열 집이 되고 열 집이 화하여 백 집이 되어 자비로움과 효도가 날개처럼 열리고 화목함이 수풀처럼 늘어서서 풍족히 먹고 입고 다니며 글 읽는 소리 밤낮이 없어야 한다.

328. 강령(康寧; 건강하고 편함)은 길(吉)한 집안에서 태어나 짝이 없을 만큼 영특하고 장년에 파리한 비단처럼 신체가 맑고 건강하며 늙어서 안락(安樂)하고 감미로워 괴로움에 들지 않고 괴로움을 듣지도 않는다.

329. 선안(仙安; 편안한 신선)은 참전(參佺. 366가지 본문의 경)의 법도를 이루어 명산(名山)의 주인으로 크고 높은 뜻을 숭상하여 뜻에 승(勝; 괴로움을 이김)하므로서 맡은 바 직분에 결실을 거두고 길러진 백발에 수(壽)를 다하고 대 우

주 공간으로 날아오른다.

330. 세습(世襲; 이음)은 높은 전통을 세습하기 위해 문무(文武)의 재주를 품고 장수와 재상의 소임을 맡아 공덕을 일세(一世)에 펴고 이름을 천국에 떨치는 것이다.

331. 혈사(血祀; 진실한 제사)는 도(道)가 높고 덕(德)이 무거워 하늘을 대신해서 교(教)를 세우고 사람을 교화하는 규범을 만들어 만세의 스승이 되는 것이다.

332. 종(倧; 上高의 神人)을 중히 하는 것은 나라의 주체다. 전(佺; 신선 즉 인간의 완성)을 중히 하는 것은 백성을 교화하는 것이다. 어려움을 다스리는 근본이 모두 이에 인하므로써 나라가 흥한다. 밝은이는 산천의 기(氣)를 점차 배양하여 신선(佺)이 되어 흥하게 다스리어 하늘과 강이 먼저 맑고 신선(佺)이 되어 교화를 행하므로 백악(白岳)이 먼저 신령하다.

333. 복중(福重; 복이 중함)은 곧 크게 영광스러운 작록(爵祿; 벼슬과 봉급)으로 대대로 부귀가 끊기지 않고 영준한 재상이 집안에서 계속 나와 집안을 빛낸다.

334. 화려한 집과 수려한 집안에 기(居)하면서 금과 옥백을 쌓아두고 상업은 문전성시를 이루어 교역(交易)으로 날로 번창하니 한 세상 안락하며 남의 송사도 없다.

335. 저명(著名)한 선비로서 사람을 두루 가르치는 스승으로 일하니 살아서는 맑은 덕이 있고 죽어서는 아름다운

절개가 있다.

336. 현명한 후손이 태어나서 가난한 문중을 다시 부흥시키고 귀한 이름을 나타내며 부귀를 얻어 육친(六親)이 화락하고 친족(親族)이 감은(感恩)한다.

337. 운(運)이 왕성한 때에 기도로서 운이 두루 미치게 하니 이웃과 화평하고 온 마을에 칭송하여 믿고 모두 따르며 나무를 심고 밭을 일구고 가법(家法)이 높다.

338. 흉사(凶事)는 물러가고 길사(吉事)가 생(生)하니 구태여 구하지 않항도 경사로워 자녀가 만당(滿堂)하여 종신토록 즐겁고 기쁘다.

339. 세세토록 학업을 닦으며 붓과 먹을 상접(相接)하니 청렴하게 복을 얻어 편안하고 우아하게 스스로 거(居)하여 속세의 티끌을 떠나 만물 밖에서 소요(逍遙; 걸림이 없음)한다.

340. 몸이 담백한 즉 복이 응하니 모든 사람은 덕을 이룰 것이며 천하에 본성을 잃은 사람이 하나도 없게 된다. 백성(百姓)이 한가지라도 법을 위반하지 않으면 밝은 국체(國體)를 거두고 서로간에 인정이 절실하여 만물의 힘을 두르고 보호하여 즐거움을 뭇사람과 더불어 취하는 것을 표식으로 삼는다.

341. 일생(一生)에 시비 없고 일생에 질병이 없고 늙어서 자손을 거두어 부양받고 어진 벗과 세월을 보낸다.

342. 창고를 관리하는데 여유가 있는 것은 오곡(五穀)이 충만하고 정성과 믿음으로 일하기 때문에 쌀을 사들이고 파는데 스스로 얻은 권세로서 하여 액이 없다.

343. 환난(患難)이 없어진 까닭에 곤란하고 욕된 환난이 없다. 텅 비었으므로 곤란과 욕됨 그리고 악이 모여들지 않는다.

344. 방해(妨害)는 물러나 흩어지고 이익은 따른다. 이익의 경중(輕重)은 노력이 크고 작음에 달렸다.

345. 재앙이 물러나 소멸되어 구름 걷힌 푸른 하늘같아서 모든 착한 사람의 아내는 지아비와 함께 화합하여 복을 누린다. 그리고 지아비 없는 착한 여인은 자손과 화목하여 복을 누린다.

346. 계영(戒盈; 경계함이 가득 참)은 밝지 못한 것은 무리를 위해 악을 멀리하는데 태만하기 때문에 경계함이 가득 찼다. 혈구(자로 잼 즉 사람을 생각하고 살펴서 바른 길로 향하게 하는 도덕상의 규칙)로서 안정해야 한다.

347. 화(禍)가 가득 찬 즉 패하고 천지의 기운이 고요하다가 질풍폭우(疾風暴雨)에 천뢰(天雷)가 대발하여 벽력이 동반함에 전신(全身)이 불타 없어진다.

348. 악한 귀신이 몸에 붙어서 어떤 일을 경영함에 다 이룰 때쯤에 저지시키고 구한 이익이 장차 성사될 쯤에 파괴시키고 말을 하면 반드시 비방 받게 하며 무슨 일에나 행동

하면 반드시 남의 분노를 사게 하여 마음을 태우고 혀를 문 드러지게 하니 종신토록 되는 일이 없다.

349. 산업(産業)은 풍비박산되고 자손은 서리 맞은 낙엽 같고 부부는 외롭게 백발이 되어도 긴 한숨이다.

350. 세상의 산업으로 종신토록 업을 보존할 수 있다. 그 러나 자녀가 없으면 제사가 끊어진다.

351. 먼 객지에서 떠돌다가 세월만 가고 돌아오지 못하다 가 황량한 거리에서 죽어간들 누가 돌보랴.

352. 악이 크면 그 응보 또한 커서 형상은 수치스러운 그 림자가 가득하며 일 백 귀신이 침입하여 화가 끊이지 않아 서 죽어서는 이름도 동시에 없어진다.

353. 늙은이는 스스로 하나에서 아홉까지 지극하고 젊은 이는 하나를 지어 아홉에 지극하다. 그러나 노소가 아울러 졸병이 되어 칼날에 해를 당한다.

354. 흐르는 물에 집을 잃고 불이 새어나와 집을 잃고 떨 어지는 물에 목숨을 잃고 타는 불에 몸을 상한다.

355. 험한 곳에서 도적을 만나 기업 자금을 잃고 집에서 도적을 만나 잔혹하게 재산을 잃는다.

356. 절영(絕嶺) 길은 숲속에서 맹수(猛獸)의 공격에 해를 당한다.

357. 많은 젊은이가 영어(囹圄; 감옥)의 몸이 되어 형벌에

고통 한다.

358. 매양 불리한 천후(天候)를 만나니 바쁜 몸은 혼란에서 벗어나지 못하고 종신토록 깨달음을 얻지 못한다.

359. 길(吉)한 땅은 스스로 멀고 흉한 땅은 스스로 가까워 임한 혼란에서 벗어나지 못하며 일에 쫓겨 종신토록 깨닫지 못한다.

360. 많은 사람이 함께 위험한데 유독 한사람에게만 위급이 미치고 열 사람이 함께 거(居)하는 중에 재앙은 유독 나에게만 미친다.

361. 가난으로 스스로를 보호하지 못하고 궁(窮)함에서 스스로 벗어나 살고 싶어도 종신토록 얻는 것이 없다.

362. 일생에 질병(疾病)은 많고 네 계절은 질서를 잃어 연향초(풀이름)는 시들어 자라지 못한다.

363. 일일이 패망하고 하나라도 성취되는 것이 없다.

364. 처도 없고 자식도 없어 혈혈단신이 외로워 동쪽 회오리바람에 서쪽으로 떠밀려 간다.

365. 의지할 곳도 없고 살 곳도 없이 길기리에서 걸식해도 구제해 줄 사람도 없다.

366. 아버지의 화를 자식이 받고 모든 악한 사람의 아내는 지아비와 함께 화를 입으며 지아비 없는 악녀는 자손이 함께 화를 입는다.

참전요체

신선 계율기 366가지에서 사람이 살아감에 꼭 마음에 새기고 지켜야 할 교훈만을 수록하였다.

먼저 존경과 숭배함에 있어서

'사람이 천신(天神)을 존경하고 받들면 천신 역시 사람에게 정기(精氣)를 내려 주시나니 배고픈 갓난 아이에게 젖을 주고 추운 몸에 옷을 입혀 주는 것과 같이 한다.'

하고 말하므로서 천신(天神)에게 먼저 존경하고 숭배할 것을 가르치고 있다.

그리고 말하기를

'사람이 하늘의 조화를 알지 못하면 곧 하늘이 사람에게

입힌 이치를 모르는 것이니 어찌 자신의 타고 난 성품과 목숨이 어디서 왔는지 알겠는가.'

하므로서 사람의 성품과 목숨의 근원이 하늘임을 밝히었다. 그러므로 하늘로부터 받은 성품과 목숨을 오래 보존하기 위해서는

'엄숙하고 공경하면 기(氣)가 바로 서고 마음을 편안하고 깨끗이 할 수 있으니 물욕(物慾)을 짓지 아니하고 하늘의 이치를 거울처럼 반영해서 어두운 곳을 비취게 되므로 하늘에 계시는 성령이 돌볼 것이다.' 하고 말했다.

생활하는 집안에 대해서는 이렇게 가르치고 있다.

'깨끗하고 맑게 한 집안은 천신을 존중하여 받드는 곳이니 밝은 날을 택해서 더러운 냄새와 부정한 것들을 말끔히 치우고 언행을 삼가 시끄럽지 않은 가운데 번잡하게 생활규범을 갖추지 않고 살림도구는 보화로운 것보다 청결하고 소박함이 중요하다.'

오늘날 소위 문명이란 이름으로 꾸며진 가정의 어러 도구들은 실로 보화에 버금가는 값진 것들이다. 그것은 장엄한 문명의 일면으로서 개인의 교만함 내지 욕구 충족의 산물이다. 그러나 그런 곳에는 천신이 임하지 않고 오직 맑고 깨끗하고 소박한 곳에 임한다고 하였으니 다같이 생각해 볼 일이다.

마음에 있어서 말하기를

'바른 마음이 곧 천심(天心)이다. 그러나 눈, 코, 입, 귀, 생식기의 작용에 희롱당해 하늘의 이치를 알지 못한다. 의식(意識)은 천심(天心)으로부터 명령을 받지 않고 욕심에 따라서 망령된 것이 움직여서인즉 이에 천명(天命)을 어기게 된 것이다. 그러므로 공덕을 거두지 못하고 바람에 가지가 흔들림에 뿌리까지 흔들림과 같다.

바른 마음의 천심을 갖고자 한다면 먼저 망령된 마음의 밭을 갈아 엎어서 저울처럼 형평을 유지해야 한다.'

이 문장에서 마음에 대한 깊은 철학이 응집되어 있음을 본다.

사람의 마음이 하늘 마음이요, 하늘 마음이 사람의 마음이니 예로부터 민심(民心)이 곧 천심(天心)이라 하였다. 그러나 온갖 욕망에 치우친 사람의 감각기관은 티없이 맑은 물을 폐수가 오염시키듯 천심을 더럽힘으로서 망령된 마음이 의식(意識)을 일으켜서 천명을 거역하였다는 것이다. '바람에 가지가 흔들리니 뿌리까지 흔들린다.' 함은 바람은 감각기관으로 받아들이는 욕심의 대상들이며 가지는 마음이고 뿌리는 천심(天心)이다. 뿌리는 근본을 뜻하므로 사람의 본성 즉 천심이다.

이렇게 본성이 망령된 마음에 미혹되었으니 본래 하늘로

부터 왔던 마음이었음에도 하늘과 통하지 못한다. 그 때문에 하늘은 저절로 사람과 인연을 끊어버리는 것이다. 마치 집을 떠난 자식이 타향에서 방탕함에 빠져서 부모와 인연을 끊은 것과 같아서 나중에 화가 미칠 때 보호받을 수 없는 것처럼 사람 또한 온갖 재화에 구원받을 길이 없어지는 것이다.

따라서 하늘과 소통될 수 있는 본성이 천심을 갖고자 한다면 잡초처럼 마음을 더럽히고 있는 욕망을 뿌리째 갈아엎어야 하는 것이며 그리하면 마음이 평등하여 치우침이 없어져서 미워하고, 증오하고, 시기하고, 질투하는 등의 괴로움이 없어진다. 괴로움이 없으면 자연히 오래 산다.

'마음이 바르지 않은 즉 온갖 번뇌가 교차되어 정기(精氣)가 굳어져서 기(氣)가 쇠퇴하고 밝은이는 순수하고 윤택하다.'

하는 대목에서 망령된 마음이 많으면 빨리 죽는다는 사실을 밝히고 있다.

온갖 번뇌가 교차된다는 말은 세상사 온갖 희로애락이 쉴 새없이 마음으로부터 일어나고 사라짐이다. 한 번 마음이 망령된것에 요동하여 욕망을 찾아서 몸을 떠미면 그 즉시 육신의 기(氣)도 따라서 흩어져 나간다. 그리고 욕망을 채우고 몸 속으로 회귀할 때 마음은 오염의 기(氣)를 끌고 천심을 더럽히고 육신도 더럽히니 마치 먼지를 뒤집어 쓴 사람이 씻지도 않고 안방에 들어오는 것과 같아서 몸과 마음이 함께 썩어서 오래 살지 못하는 것이다. 그러나 천심은 더럽히지 않아서 썩지 않고 썩지 않으므로 오래 살게 된다.

뿐만 아니라 신(神)과 같이 행동하게 되는 바

'바른 마음으로 심령이 텅 비면 텅 빈 중에 이치로운 기(氣)가 저절로 생하여 천계(天界)를 마음대로 주유하고 작게는 티끌 속에도 들어갈 수 있고 신령을 손바닥 보듯 환하게 알아서 만물의 정령을 깨우치니 지나간 일과 장차 올 일을 거울보듯 알수 있다.' 하고 말하였다.

정성(精誠)에 대해서 이르기를

'신에게 정성이 지극한 사람은 몸 속의 신령이 응해서 가슴에 접어둔 온갖 응어리를 추워서 굳어진 것을 따뜻함으로 풀어 주듯 한다.' 하였다.

사람의 소원성취를 말함인데 신에게 정성이 지극하다 하는 것은 자식이 어버이를 섬길 때 밖에서는 나쁜 짓을 하면서 효도한다며 온갖 것을 다 해다 바치고 잘 대접하므로 어버이로부터 재산을 물려받으려 하는 것과 같은 것이 아니다. 진실한 효도는 바른 마음으로 위하고 정성으로 받드는 것이니 신에 대한 정성도 이와 같아서 본성인 천심으로 공경하고 정성을 다해야만 원하는 일체를 다 얻을 수 있는 것이다. 그러므로 마음이 바르지 않으면서도 신에게 정성으로 빌기만 하면 다 성취할 수 있는 것처럼 가르치는 자는 물론 이려니와 그 말에 따라 그리 행하는 자도 잡된 귀신을 섬기는 것처럼 허망한 일임을 알아야 한다.

사람이 진실하면 정성도 진실하고 거짓되면 정성도 진실이 아니어서 하늘과 내 속의 신령이 응하지 않는 것이다.

그러므로 말하기를

'쉬지 않는 정성을 본받음으로서 어두운 밤에 밝은 달이 떠오름과 같이 맑아질 것이며 정성의 힘을 쉬지 않고 행하므로서 한 손으로 만근을 들어 올리게 된다. 그러나 비록 정성이 저절로 일어난다 하더라도 인생의 흥하고 망하는 일에 정성이 미혹되면 그 결과는 알 수 없다.

마음에 정성이 일념으로 있으면 밖의 세상사가 싹트지 못한다. 이런 까닭으로 가난하고 천한 것이 정성을 방해하지 못하고 부귀가 정성을 혼잡스럽게 하지 못하나니 하늘과 신령이 저절로 응해져서 이루지 못함이 없다.'

그리고 또 말하기를

'하늘의 이치를 역행하면서 혹 열심히 기도하는 사람이 있거나 하늘의 이치가 어렵다 하여 기도로서 빨리 알고자 하는 자는 천리(天理)를 역행함이니 아무 것도 응답 받을 수 없다.'

효(孝)에 대해서는 이렇게 가르친다.

'한사람의 효(孝)는 능히 한 나라를 감동시키고 천하를 감동시키니 지극한 정성이 아니고서야 어찌 하늘을 감동시키 겠는가. 사람이 감동하면 역시 하늘도 감동한다.

사람의 자식은 부모의 마음을 편안하게 하여 항상 부모의 마음을 기쁘게 해야 하나니 편안한 부모의 마음을 먼저 살 펴서 알면 성서러운 구름이 집을 감돌아 뻗힌다.'

또 말하기를

'부모에게 근심걱정이 있으면 자식은 마땅히 근심걱정을 없애드려서 편히 할 것이며 근심 걱정하는 것을 감추어 부 모가 듣고 알게 해서는 아니되며 몸이 쇠잔하여일어서지 못 하면 지성으로 모시어 만족하게 해 드려야 한다. 그리고 부 모의 명이 있거든 자식은 필히 받들어 행해야 하며 부모의 명은 자애로운 명이니 엄하게 재촉할 때는 자애로움을 표하 지 않는다.' 하였다.

의(義)에 대한 가르침은 이러하다.

'무릇 의는 큰 믿음으로 부응하는 것이니 사사로움이 없 고 굽어짐이 없어야 한다. 바르게 뜻을 세우고 공(公)으로서 일을 할 때에는 사랑하고 미워함이 없어야 하며 만물을 대 할 때에 결백하면 이익에 욕심이 없어지고 사랑도 미움도 없어진다. 대나무를 불태우면 마디에 소리가 나며 불타서 재가 되지만 절개는 소리도 없고 불에 타지도 않나니 대나무에 비할 것인가.

흐르는 물을 일거에 돌이키지 아니하고 의로운 사람은 한 번 허락하면 그 마음을 바꾸지 않는다. 의는 친하다 하여 가깝고 친하지 않다 하여 배척해서는 아니 된다. 오로지 마음을 합하고 불의는 친해도 버려야 한다. 환난을 당하면 의를 온전하게 지키기 어려운데 중생은 의를 버리고 밝은이는 몸을 버린다. 바른 사람이 나를 믿으면 나 역시 또한 그를 믿을 것이며 바른 사람이 나에게 의롭게 하면 나 역시 그 사람에게 의로울 것이며 바른 사람이 어려움을 겪으면 나는 응당 그 사람을 구원하여야 하고 속이지 않는다 해도 편협된 말은 옳지 못하다. 작은 절개는 버려도 신의는 온전히 해야 한다.'

약속을 말한다.

'정대한 약속을 이룸에 간사한 인간은 약속을 희롱하고 의심하며 장차 끊어버리지만 밝은 이는 성실한 믿음으로 처음의 약속을 지키나니 사람의 성품이 신의를 지킴에 매사에 질서가 있고 이치를 위배하지 않고 바쁜 일 때문에 약속을 어기는 것은 생각이 미혹된 것인즉 달이 구름을 헤친 뒤에야 밝은 줄을 알 듯 믿음이 적은 자는 어려움을 겪은 뒤에야 약속을 지킨다. 약속을 할 때는 귀중한 보물을 다시 보듯 살피고 이미 한 약속은 늘 마음에 두고 때에 이르러서는 있는

힘을 다해야 한다.'

또 말하기를

'이익 때문에 약속을 배반하면 신의가 없고 사랑을 이유로 약속을 배반하면 사랑은 있으나 신의가 없다. 한 사람의 신의가 숭고하면 한 나라의 믿음이 빛나고 천하가 신의에 따르느니라.' 하였다.

충(忠)에 대해서는 이렇게 말하고 있다.

'임금이 알아줌에 의로서 성의를 다하고 도를 닦아 하늘의 이치로움으로 임금에게 보답해야 하나니 정사를 맡은 자는 임금이 신하를 믿고 맡긴 것이니 신하는 임금을 대신해서 정치를 하되 나아가서 뛰어난 인물을 구해서 쓰고 자신보다 어진이가 있으면 간곡히 고해 그 임무를 자신과 바꾸도록 해야 한다. 어진이는 임금에게 추천해서 집에 머무르지 않도록 하고 있는 재물은 개인의 영광보다 전체를 위해서 써야 하며 재주가 없으면 친척이라도 천거하지 말 것이며 나라가 안락하여 우환이 없더라도 마음에는 나라 생각을 품어서 늙음도 잊고 늙음이 찾아오는 것도 잊어야 한다.'

사랑은 대단히 상식적이고 보편적으로 가르치고 있는 바, 말하기를

'사랑은 만물을 포용하여 버리지 않는다. 가깝다 해서 보

면 일백이요, 멀다 해서 보면 오십 보 밖에 되지 않는다. 내가 춥고 더우면 남 역시 춥고 더우며, 내가 배고프면 남 또한 배고프고 내가 어쩌지 못하면 남도 어쩌지 못한다. 그러므로 타인을 나와 같이 생각해야 한다.' 하고 말하였다.

이치로운 성품에 대해서는

'신령한 본성은 천리(天理)를 머금어 천리로서 사람을 머금는다. 정욕(情慾)에 쌓여서 심하면 폐기되니 하늘의 이치는 침묵하고 신령한 성품은 파괴된다. 그러므로 혼란을 피하고 고요함으로 깨달아야 한다. 늘 마음을 편안히 할 것이니 지나치게 안락함은 본성이 사라지고 좁으면 뜻이 멸한다. 편안하지 못하면 급한 일을 당해서 요사스러운 요물에 미혹당한다. 사람의 성품은 본디 착한 것인데 다만 잡다한 물욕이 부글부글 끓어올라서 천성보다 승하게 되었나니 천성이 뒤집어져 없어진 것이다. 그러므로 본성을 잃을까 늘 두려워해야 한다.'

교육에 대해서는

'풀잎이 이슬에 젖지 아니하면 줄기가 시들고 어린 아이가 가르침에 불복하면 늙어서도 어리석다. 그러므로 식물을 가꾸고 키움으로서 큰 나무가 되듯 교화로서 어린 것을 번성하게 해야 한다. 사람이 배운즉 백가지 행실의 근본을 얻고 배우지 못한 즉 목수가 먹줄이 없는 것과 같다.' 하였다.

몸에 대해서는

'몸은 영혼이 거주하는 집이며 몸을 부리는 마음의 처소이다. 모든 것이 진실한 마음이 아닌 것은 고요한 천성이 몸으로부터 방장한 기운이 일어나서 악한 것을 향하여 진리를 해치기 때문이다. 그러므로 몸을 부지런히 닦아서 천성을 잃지 않아야 한다.' 하였다.

지혜를 말함에 있어서는

'지혜는 지식의 스승이고, 재능의 스승이며, 덕의 벗이다. 지혜로 능히 통달하여 재능으로 판별하고 덕으로서 감화시킨다. 하늘의 이치를 밝혀서 천도를 기술하려는 자 사람의 욕심을 미리 제거하여 천리(天理)를 세울 것이다. 마음을 모아 새기는 자 수행으로 닦아 준비해야 하나니 하늘이 세운 준비를 대신하기 때문이다.'

음식을 먹음에 대해서도 이렇게 말한다.

'호랑이가 고기를 중하게 여기다가 함정에 빠지고 물고기가 미끼를 중하게 여기다가 낚시에 걸리나니 이 모두 입의 탐욕 때문이라. 입 때문에 몸을 상실하면 영혼이 붙어 살 곳이 없다. 그러므로 자신을 구제할 만큼 가려서 정한 음식을 먹어야 한다.' 하였다.

이하는 응보에 대한 교훈이다.

먼저 속임수에 대해서는

'속임수는 본성을 태우는 화로와 같고 몸을 내리찍는 도끼와 같다. 스스로 속이는 행위를 깨달으면 다시 속이지 말아야 하며 한 번 속이면 씻을 길이 없나니 늘 경계해야 한다. 특히 골육을 속이는 자 하늘의 벌이 따르리라. 필을 잡고 문장으로 농락하거나 입으로 어질고 선한 사람을 모질고 흉악하게 모함하여 선악을 전도시키면 하늘이 결코 용서치 않으리라.' 하였다.

제사(祭祀)를 바꿈은 무서운 재앙이 있을 것이라 하였으니

'남의 제사를 바꿔지냄이니 인륜의 이치를 스스로 어긋나게 함이어서 다 죽으리라.' 하고 말하였다.

사람을 상하게 함을 말함에 있어서

'악인이 사람을 상하게 하는 것을 하늘은 분노하여 천둥번개로 경고히고 위협한다. 그레도 악인이 회개히지 않고 악행을 저지르면 음으로 양으로 벌을 내리게 되리라.' 하였다.

끝으로 이렇게 맺어진다.

'밝은 이는 큰 덕을 받아서 대위에 오르고 하늘과 땅을 맡아 널리 교화하며 후덕하여 보화와 절연하고 비참한 일도

당하지 않으며 신선의 골격으로 몸이 변할 것이며 빛나는 태양의 빛을 잡아당겨서 붓고 이슬을 마시며 학과 같은 백발의 동안으로 수를 늘린다. 그러나 밝지 못한 이는 천지의 기운이 질풍폭우에 천뢰가 대발하여 전신이 불타 없어지리라. 악한 귀신이 몸에 붙어서 행동할 때마다 남의 분노를 사고 혀를 문드러지게 할 것이며 황량한 벌판에서 죽어간들 누가 돌보랴! 노소가 아울러 칼날에 해를 당하고 아버지의 화를 자식이 받고 악한 사람의 아내는 지아비와 함께 화를 입을 것이며 지아비 없는 악녀는 자식이 함께 화를 입으리라.' 하고 말하였다.

예언기

예언에는 네 가지 유형이 있다.

하나는 대각(大覺)을 얻은 성인이 과거와 현재와 미래를 천안(天眼)으로 둘러보고 눈 앞에 나타난 현상을 말한 것이다. 가장 수준 높은 대지 혜자의 심안(心眼)은 태양과 달과 별을 바로 눈앞에서 손으로 어루만질 수도 있으며 천만세 전과 미래세의 일을 그림처럼 밝혀볼 수 있다. 석가모니와 원효가 이에 속한다.

둘은 역(易)의 이치를 완벽하게 터득하면 천지자연의 이치를 깨달아보고 과거와 현재와 미래를 내다볼 수 있다. 무수한 별들의 운행과 천지기운의 조화를 관찰하고 도력으로 불가사의한 능력을 나타내는 것이다. 큰 도인이었던 토정 이

지함과 격암 남사고 그리고 감결을 남긴 정공(鄭公, 鄭興)의
예언이 그러하다. 도인은 세간에 자취를 남기지 않은 특성
이 있어서 역사에 그 이름이 남지 않으나 남긴 글은 일부가
규장각에 소장되어 있어서 알려졌던 것이다.

셋은 수준높은 신과 대화할 수 있는 능력자의 예언이다.
일반적인 무속인은 조상신 또는 산신 등인데 능력면에서 미
래세를 내다보는 안목이 근시적이나 수준높은 신은 현재와
미래를 대단히 넓고 먼 일까지 내다보는 능력이 있다.

넷은 꿈에서 본 예언인데 이는 어느 특정적인 한 두 가지
일에 국한되고 먼 미래까지 보여지는 것은 아니다.

그러므로 이 장에서는 대각자와 대도인의 예언만을 기록
하되 분량이 많으므로 중요한 예언만은 수록하였다. 한 마
디 한 마디 읽고 마음에 새기는 중에 다가올 미래세를 대비
해 어떻게 살아야 할지 깊이 느껴지는 바가 있을 것이다.

원효 예언기

〈원효비결〉은 이렇게 시작된다.

'하늘에는 오성(五星)이 있고 땅에는 오행(五行)이 있나니
하늘에는 오성의 기운이 자리 잡아 있고 산과 강에는 오행
의 기운이 내달린다.'

하늘은 수성(水星), 화성(火星), 목성(木星), 금성(金星), 토

성(土星)의 오성이 분리되어 머물고 있다는 것은 하늘을 구성하고 있는 기(氣)의 본질을 말한 것으로서 일체 생명의 요소이며 색깔과 성질과 맛 등 모든 것의 근원이며 오제(五帝)로서 천하대장군으로 표현하기도 하였다.

땅은 하늘의 오성과 화합하여 생명의 모습을 드러내게 하는 다섯가지 기운으로서 오령(五靈)이며 지하여장군으로 표현되어 있다.

오성과 오령을 먼저 언급한 것은 일신삼위(一神三位)의 만물 창조와 소멸의 근본을 드러내 보인 것이라 할 수 있다. 그것은 삼신오제론(三神五帝論)으로서 만물을 생산시키는 삼신의 현상(現像)인 것이다.

'기(氣)가 땅에서 움직이는 것은 하늘의 아름다운 모습이니 이로 말미암아 사람의 기(氣)가 성립되었느니라.'

이것은 하늘의 모습이 곧 땅의 모습과 다름이 없다는 것이며 천지(天地)의 기운을 아울러서 사람이 태어났음을 말하였다.

'일곱으로 사물을 다스리는 요긴한 곳에서 흘러나와 시작과 끝이 없이 통하나니 땅의 덕을 위에 싣고 하늘의 빛은 아래에 넘치느니라.'

사물을 다스리는 일곱의 긴요한 곳은 북두칠성을 말함이다.

북두칠성은 일신삼위(一神三位)의 근원인 북극의 삼원(三元. 자미원, 태미원, 천시원)으로부터 받은 시작도 끝도 없는 무궁한 빛의 근원으로서 태양은 북두칠성을 중심으로 120년간 한 바퀴를 돌며 달과 오성(五星)은 태양을 중심으로 운행하여 모든 것은 七로서 변화한다. 그래서 '칠회제신제'라 하여 일주일에 한 번씩 하늘에 제사지내던 고대 한민족의 풍습이 있었거니와 오늘날의 일 주일이 그로부터 비롯된 것이다. 따라서 칠성은 태양을 비롯한 일체를 다스리는 곳으로서 사람과 만물의 생명과 행운을 주관한다. 그 때문에 사람이 죽으면 일곱 번을 묶고 칠성판을 깔며 북향하는 것이니 성스러운 칠성의 곳으로 그 영혼이 가기를 염원하는 의식(意識)인 것이다.

사람의 팔자(八字)에 칠성신(七星神)이란 것이 있다. 참으로 신묘한 칠성의 능력을 깨달을 수 있는 기(氣)의 표시글자로서 이 신(神)이 있으면 사람의 덕을 항상 입는 것은 물론 같은 조건에서 큰 사고가 일어나도 결코 상하는 법이 없다. 그래서 예로부터 늘 행운이 따르는 사람에게 '칠성줄을 타고 났다.'하고 말하였던 것이며 민간신앙으로서 칠성을 모시던 풍습이 수천년간 이어져 왔다.

그러므로 옛 사람들은 하늘의 성스러운 빛이 땅에 넘쳐서 사람과 모든 생명이 복을 받음에 그 덕을 사모하여 항상 잊지 않았던 것이다.

'음과 양이 쓰여서 아침이 왔나니 음과 양이 서로 봄으로 복록의 귀함이 영원하고 음 · 양이 높이 타오르느니라.'

'음양이 쓰여서 아침이 왔다.'는 것은 세상이 처음으로 시작되었음이 음 · 양으로 인한 것임을 말한 것이고, '음 · 양이 서로 봄으로 복록의 귀함이 영원하다.'는 것은 세상 만물의 이치가 음 · 양으로 이루어졌기 때문이다.

음 · 양의 화합은 영원한 진리이다. 영원한 사랑과 평화와 생명의 근원인 것이다. 그러나 물질문명은 화합할 수 없는 상극(相剋) 현상으로 끝없는 투쟁의 역사가 반복되어 왔던 것이니 음 · 양이 화합하는 만고의 진리를 인간 자신이 배반했기 때문이었다. 따라서 자연과 더불어 무소유의 삶을 공유하고 음 · 양 화합의 덕을 사모했던 원시(原始) 시대가 더 아름다웠으리라.

'음 · 양이 높이 타오른다.'는 말은 상극의 원한이 쌓인 하소연의 소리가 아니라 지극히 사랑하는 조화와 기운이 하늘에 타오르는 것을 의미한다. 그것은 하늘과 땅이 불멸의 조화로움으로 아름답게 교류하는 모습이다.

'악착스럽게 붙은 역귀를 마음으로부터 떨어져 나가게 해

야 하나니 하늘과 땅에는 위태로운 곳이 있느니라. 땅의 기
운이 왕성한 곳에 기운이 엉켜 쌓여 있도다.'

역귀(疫鬼)란 전염병을 퍼뜨리는 귀신이다. 여기서 말하
는 전염병은 오염된 마음이 한없이 음 · 양 화합의 본성 기
운을 상극하여 훼방놓고 따라다니는 것을 의미한다. 그러므
로 이러한 기운을 떨쳐내야만 재앙에서 벗어날 수 있는 것
이다. 하늘과 땅에 위태로운 곳이 있다는 말은 사람의 마음
이 오염된 사물이 있는 곳에서 미혹된다는 것이고 미혹된
이 마음은 상극의 원혼이 되어 하늘과 화합할 수 없는 것이
므로 끝내는 하늘로부터 화를 입게 된다는 뜻이다. 그러므
로 신령한 기운이 왕성한 땅이 있는 곳을 찾아야만 오염되지
않을 것이니 그 곳이 곧 새로운 시대의 땅 낙원인 것이다.

'만물이 조화롭게 생하고 신령한 기운이 왕성하게 응하며
귀한 복이 사람에게 임하나니 가까운 곳에 그 모습이 그려
져 있느니라.'

이 문장은 새로운 세상의 모습을 표현한 것이다. 음 · 양
이 화합하여 상극없는 조화로움이 무한이 생해지고 이에 하
늘의 신령한 기운이 저절로 응해지니 어찌 사람의 삶이 아
름답지 않겠는가. 가까운 곳에 그런 세계의 모습이 그려져
있다 함은 후천선경(後天仙境)의 설계가 머잖아서 완성된다

는 뜻을 담고 있다.

　'모름지기 위와 아래가 서로 화합하여 교류하니 일체가
됨이라 모든 기(氣)가 조화롭게 변화하느니라.'
　후천선경은 천상천하(天上天下)가 상생의 기운을 타고 대
립하지 않고 화합하니 하늘과 땅의 기운이 함께 부딪침이
없이 질서 정연하게 변화되어 간다는 뜻이다. 그것은 기의
상극 현상으로 일어나는 천둥 번개가 사라지고 땅에서는 투
쟁이 없어져서 천지의 운수(運數)가 한없이 순조롭게 진행
됨을 말하였다.
　여기까지의 문장은 하늘과 땅의 아름다운 이치를 밝힌 내
용이다. 다만 오염된 사람의 마음으로 인한 상극 현상이 천
지의 상생의 기운을 깨뜨리는 것이니 이에 새로운 시대의
바람직한 모습을 나타내 보였다.
　다음으로 이어지는 문장은 인간의 대립적 현상으로 인한
나라의 운명을 예언하고 있다.

　'나라의 조정이 변천되니 왕씨 영웅이 출현한 조정이다.
송악 400년에 불교 사업이 성행하고, 봄 가을에 원 나라 바
람이 부니 과연 조공을 드려야 하고 나라는 약해지고 백성
은 겁탈당하나니 하늘은 강건하고 땅은 유약해 짐이라.'

신라가 망하고 고려 왕조가 일어날 것을 예언하였으며 새 시대의 왕조는 왕씨 영웅이라 하였으므로 정확하게 태조 왕건을 지칭하였다. 그러나 봄 가을에 몽고족의 원 나라가 침범할 것이라 하였는데 봄 가을이란 고려 왕조의 초기와 말기를 의미한다. 그러므로 고려 개국 이후 계속된 몽골족의 침략으로 조공을 바쳐야 했으며 그로 인해 나라는 약해지고 백성들은 몽골의 백성들에게 수없이 겁탈 당하였다. 그러므로 송악에서 시작된 고려 왕조는 400년에 시들어지고 이성계의 조선이 건국되었던 것이다.

'하늘은 강건하고 땅은 유약해졌다.' 는 말은 매우 중요한 의미를 갖는다. 하늘이 굳세다 함은 한민족의 시련의 역사를 상징해 주는 것이다.

인류의 역사와 문명이 처음으로 시작되고 진리의 원류인 한민족은 초기 단군의 왕조시대 이후로 전 중국 대륙에 진출해 있던 동이(東夷)는 수없는 살상을 하였으며 전 세계에 아리안(Arian)의 이름으로 미개한 원주민을 정복해온 죄값이 남아있었기 때문이라 할 것이다. 그러므로 한민족의 겁악을 하늘은 강건한 태도로 시련을 주었던 것이니 조선조와 육이오 동란의 비극이 그래서 계속된 것이리라.

'푸른 별이 한가롭게 빛날 때 귀한 색이 윗그릇이 되느니라. 아름다움으로 능히 구제한다며 출현하더니 문을 숭상하고 무를 천대하여 왜군이 침략하여 8년간 창생은 도탄에 빠지고 임사(壬巳) 지간에 강산은 초토화 되고 골육상쟁에 사색(四色)이 무색(無色)이라.

경술(庚戌)의 말기에 왜가 침범하여 땅을 병합하니 해와 달이 빛을 잃게 되나니.'

푸른 별빛이 한가롭게 빛날 때가 언제인가? 바로 이성계가 명나라를 침공한다며 출병하였다가 위화도에서 야밤에 회군하여 고려를 멸망시키던 때이다. 귀색(貴色)은 귀인(貴人)이니 제왕(帝王)의 밑에 귀한 신분을 가진자로서 이성계를 말함이고 윗 그릇은 제왕이 된다는 의미이다. 그리고 쿠데타를 일으킨 자의 명분은 항상 국가와 민족을 위한다는 미사여구를 다 동원하므로서 자기 합리화를 시킨다. 그래서 미제능출이라 하였고 명분 없는 조선의 역사는 권력기반을 위하여 무(武)를 천하게 하고 문(文)을 숭상하므로서 조선 국력은 쇠퇴해지고 끝내는 임진란 8년의 참화를 불러온 동기가 되었다. 임진(壬辰)년과 계사(癸巳)년 사이에 상산은 초토화 되었던 것이다.

임진왜란이 지난 뒤에는 국가를 위한 명분도 없이 개인의 감정에 의한 사색당파 싸움에 민심은 흉흉해지고 국력은 더욱 쇠퇴해졌으며 경술년에 나라의 주권을 빼앗기게 되었으니 또 다시 왜침으로 인한 국토병합의 비운을 맞이했던 것이다. 그러므로 어찌 해와 달이 빛을 잃는 것에 비유되지 않겠는가.

'기미년에 나라 중간에서 강산을 진동시켰으니 빈손으로 방방곡곡에서 33인이 어찌할 것인가 병자(丙子)년에 천시(天市)의 담장이 열리리라. 왜가 망하는 조짐이 나타나고 정축(丁丑) 6년에 왜가 중국을 침범한다. 을유(乙酉)년에 가을이 오나니 왜적은 스스로 물러가리라.'

기미(己未, 1919)년에 3.1 독립운동이 천하를 진동시켰다. 그러나 33인과 만백성들은 나라에서 맨손으로 왜적의 총칼 앞에 저항하였으니 엄청난 비극이 초래되었다.

이 때를 당하여 병자(丙子, 1936)년에 드디어는 천시(天市)가 개원(開垣)되었으니 바로 꼭꼭 받아 두었던 하느님의 집 빗장문을 열고 천하의 운세를 바로잡고자 하여 인간 세상의 한풀이 한마당으로 해원케 한 다음 새로운 세상을 건설하려 하였던 것이다. 이에 일본이 패망의 조짐이 나타나기 시작한 정축(丁丑, 1937)년에 중국을 침범하여 6년 간을 온갖 악행을 다 저지르다가 을유(乙酉, 1945)년에 힘을 잃고 스스로 물러남으로서 한민족은 해방되었던 것이다.

'외뿔 땅이 갈라지는데 금목(金木)이 위로 타오름에 나라

가운데에 삼팔선으로 나뉘어진다. 기축(己丑, 1949)년에 나
라 기운이 시들어졌음이라. 이제 삼신(三神)의 집 빗장문이
다 열리니 하늘이 한민족에게 그 빛을 내려 주게 되리니 태
을진인(太乙眞人)이신데 바로 하느님으로서 사방에 옳다고
주장하는 제왕들의 군사가 넘치게 하므로 남쪽에 살길이 생
기나니 경인(庚寅, 1950)년 신묘(辛卯, 1951)년에 형제가 서
로 싸우게 되느니라.'

외뿔은 대륙에서 뿔처럼 바다 쪽으로 튀어나온 한반도이
다. 이곳이 삼팔선으로 양분되는데 미, 소, 중, 일 네 나라가
각기 자기 주장을 내세우며 간섭하므로 남북이 갈라지고 동
족상잔의 유래없는 참화가 일어나게 되었다. 그러나 이 시
기에 삼원(三垣) 즉 삼신(三神) 하느님의 모든 집의 담장이
열리므로서 한 민족의 위대한 역사가 다시 시작된다는 것이
니 바로 새로운 세상의 건설이 서서히 시작되는 것이다. 그
러므로 태을진인 즉, 하느님이 사람의 몸으로 다시 현신하
여 실질적인 천지공사를 시작하게 되는데 나타난 시기에 대
해서는 뒤에 언급되고 있다.

'경자(庚子), 신축(辛丑)에 남쪽에 박씨가 난을 일으키고
경술(庚戌), 신해(辛亥)에 남북이 서로 충돌하며 유혈을 방
망이로 씻어야 하고 임자(壬子), 계축(癸丑)에 살 곳을 찾지

않고 어쩌랴. 음기가 변하여 창궐하니 팔괘가 끊게 된다. 다섯 빛이 광명하게 빛나도다. 갑인(甲寅), 을묘(乙卯)에 흐르는 기(氣)가 내려오니 만물이 자연에서 변화되고 무오(戊午), 기미(己未)에 자미성이 지극히 빛나게 되나니라.'

이 문장은 5.16 쿠데타가 일어남을 예언하였다. 그리고 유신으로 인한 나라의 혼란과 물질문명에 의한 자연의 파괴를 지적하였으며 1978년에서 1979년 사이에 하느님의 빛이 지극하게 빛나기 시작하였음을 말하였다. 이 때가 유신헌법으로 나라가 극도로 혼란할 때였으며 대통령의 죽음으로 이어진 시기이다.

'동방에서 시작한 백성에게 하느님이 임하시리라. 만물에 덕을 입히시리니 3세에 금관을 쓴 분이시니라. 하늘 기운이 사람에게 돌아오고 해와 달이 다시 비추이도다. 진인(眞人)이 세상에 나시어 만물을 하느님의 도(道)로서 다스리시며 푸른 용 칠수가 천제의 말씀을 갖추고 하느님의 집 담장이 열리나니 그 소식이 십구 정미(丁未)에 세상에 널리 알려질 것이며 그 굳셈이 세상을 덮을 만큼 크게 전개되리라 그러므로 감히 돌이 한가로울 수 없도다. 기이한 명인(名人)이 오래 은둔할 수 없나니 한민족의 땅에 옥과 같은 초목이 돋아나서 가득히 보필하여 온 세상에 음지를 다 함께 밝게 비추이리라.'

여기에서는 한민족의 수난의 역사는 끝나고 새 시대를 맞
이함을 말한 것으로서 진인(眞人)의 몸으로 하느님이 한반
도 땅에 출현하므로서 온 세상을 아름답게 꾸미고 다스린다
는 내용을 담고 있다. 이 예언은 여러 예언서에 공통으로 주
장하고 있는 내용이거니와 동,서양 내지는 여러 종교에서조
차 동방의 나라에 하느님이 사람의 몸으로 출현할 것이라
예언하고 있다.

감결 예언기

「감결(鑑訣)」에서 말한다.

금강산에 오른 정공(鄭公)이 말했다.

"천지는 음·양이 먼저 있어서 이루어졌도다."

이에 심(沁)이 말하기를,

"산수의 법이 기이하구려."

정공이 말했다.

"곤륜산으로부터 이어온 산맥이 백두산에 이르고 그 기운
이 평양에 이르렀으나 평양은 천년의 운수가 지나고 송악으
로 옮겨져 오백년 도읍이 될 만한 땅이지만 요사스러운 중
과 궁녀가 난을 꾸미니 땅 기운이 쇠퇴해져서 하늘의 운수
가 한양으로 옮겨지리라."

심이 말했다.

"내려온 산맥의 운수가 금강산으로 흐르고 태백산과 소백산에서 산천의 기운을 모아 계룡산으로 흘러가나 정씨의 팔백 년 도읍지로다. 원맥은 가야산으로 흘러가니 조씨의 천년 도읍지요 전주에는 범씨의 육백년 도읍지며 송악에 되돌아와서 왕씨가 다시 일어날 것이다."

삼각산 백운대에서 정공이 말했다.

"때에 이르면 지각이 있는 사람은 살고 지각이 없는 사람은 다 죽을 것이다."

심이 말했다.

"언제 그럴 것인가?"

정이 말했다.

"너의 자손 말년에 궁중의 과부가 제 맘대로 하고 어린 왕이 나라 일을 맡으니 장차 나라 운세가 잘못될 것이다. 홀몸으로 의지할 데가 없어서 집집이 급제하고 사람마다 진사가 되니 뒤에 어진 사람이 비방할 것이다. 임신년에 병사를 일으키고 계룡산의 돌이 희게 되고, 청포에 대나무가 희어지고, 초포에 조수가 있어 배가 다니고 누런 안개와 검은 구름이 사흘 동안 가득 차 있고 혜성이 진성 근처에서 북두칠성 사이로 들어가서 자미원을 범하고 북두성이 꼬리별에 이르고 남두칠성에서 마치면 대중화(大中華), 소중화(小中華)가 함께 망하리라."

심이 말했다.

"삼각산이 규봉이 되고, 백악이 주산이 되고, 한강이 허리 띠 같이 두르고, 계락산이 청룡이 되고, 안현이 백호가 되고, 관악이 안산이 되고, 목맥이 남산이 되었도다."

정이 말했다.

"네 명의 도둑이 들어와서 도둑질하나 두 번은 중흥할 것이요, 관악산이 안산이니 왕궁이 세 번 화재가 날것이요, 단우가 불꽃이 일어날 것이요, 뒤에서는 근심하고 아래에서는 질서가 문란해지고 아전이 태수를 죽일 것이며 삼강오륜이 없어지도다."

심이 말했다.

"우리가 서로 마주하고 있으나 무슨 말을 못하겠는가? 신년(申年) 봄 3월에 인천 부평 사이에 밤에 배 한 척이 들어오고, 안성 죽산 사이에 쌓인 송장이 산과 같고, 여주 광주 사이에 사람의 그림자가 끊어지고, 수성 단성 사이에 흐르는 피가 강을 이루고 한강 남쪽 백 리에 닭과 개 짓는 소리가 없어지고 사람의 그림자가 끊어지리라."

정이 말했다.

"장차 이 일을 어찌할 것인가?"

심이 말했다.

"몸을 보존할 땅이 열 군데가 있으니 풍기 예천이요 처음

이며, 안동 화골이 둘이며, 개령 용궁이 셋째며, 가야는 넷
째며, 단춘은 다섯째요, 공주 정산 마곡이 여섯째요, 진천
복천이 일곱째며, 봉화는 여덟째요, 운봉 두류산이 아홉째
며 태백산이 열 번째라."

심이 말했다.

"곡식 종자를 태백산과 소백산에서 구할 것이니 이 열 곳
은 병화가 없고 흉년이 들지 않고 백의적(白衣賊)을 만나면
혼인하여 형제처럼 다정하게 지내리라. 태백산과 소백산 사
이에 영원한 즐거움이 있나니 금강산 서쪽과 오대산 북쪽은
열두 해 동안 적의 소굴이 될 것이며 9년 수해와 12년 병란
이 있을 것이다. 어떤 사람이 피할 것인가? 10승지에 들어
가는 사람이 살 것이다."

가야산에 이르러 정이 말했다.

"뒷사람들이 지각이 있으면 먼저 10승지에 들어갈 것이니
가난한 사람은 살고 부자는 다 죽으리라."

연이 말했다.

"왜 그런가?"

정이 말했다.

"부자는 돈과 재물이 많아서 섶을 지고 불에 들어가는 것
과 같고, 가난한 사람은 어디간들 가난하고 천하게 살지 못
하겠는가? 그러나 지각이 있는 사람은 그때를 보아서 행하

여야 한다."

심이 말했다.

"황해도, 평안도 두 서쪽 땅은 3년 동안 천리지경에 사람의 집에서 밥짓는 연기가 나지 않을 것이며 동쪽 강원도는 대단히 꺼린다."

정이 말했다.

"산과 강의 기세를 보고 천 년 후의 일을 자세히 알 수 있다."

심이 말했다.

"도둑이 전주에서 일어나 충청도의 진(津), 화(華) 사이로 병선 만 척이 강을 가로 막을 것이니 이것이 큰 근심이로다."

정이 말했다.

"그것이라면 큰 걱정이 아니다. 만약 말세에 이르면 아전이 태수를 죽임에 아무 거리낌이 없고 위아래 분별이 없어지고, 강한 자의 변이 연이어 일어나서 필경에 임금은 어리고 나라는 위태하여 의지할 데가 없을 즈음에 제대로 국록을 먹는 신하는 죽음이 있을 뿐이로나….

말세의 재앙을 자세히 말하리라. 9년의 큰 흉년에 백성들이 나무껍질을 먹을 것이요, 4년간 염병이 사람의 목숨 반은 뺏을 것이요, 사대부의 집안은 인삼으로 망하고, 벼슬아치는 탐욕으로 망할 것이다."

연이 말했다.

"후세의 미련한 사람의 눈으로 용문산을 은신할 곳이라 하리라. 기운이 한양에 빼앗겼기 때문에 용문산 가운데의 기세는 모두 죽은 혈이므로 후세 사람들이 만약 이 산에 살면 오대산 동쪽의 도둑들이 찾아올 것이나 1년이 못가서 만명의 생명이 재가 되고 말리라."

정이 말했다.

"대개 세상에서 몸을 피하려 한다면 산에도 이롭지 못하고 물에도 이롭지 못하나니 너른 들판이 가장 좋다."

(들판은 곧 십승지 마음을 일컬음이다.)

격암 예언기

「격암유록(格庵遺錄)」에서 말한다.

'세상의 마지막이 될 때는 진리가 아닌 것이 진리인양 크게 번성하리니 비도덕적인 것을 경계해야 하느니라. 만 가지 진리는 오직 하늘의 뜻을 알고 일심(一心)으로 완성에 이르러야 한다.'

'서방의 교와 동방의 교가 하나로 묶어지리라. 세계 문명의 발원지가 어디에 있는가? 그곳에서 세상의 모든 것을 교화시켜서 통합하므로 세상의 이치가 막힘이 없이 순환되리라.'

'어리석은 자들이 쓸데없이 속리산 계룡산을 찾아드나니 입산하여 수도하는 자 반드시 죽을 것이다. 산 속에서 피난처를 찾지 말고 네 마음속에서 찾으라 그곳이 곧 피난처이니라.'

'서쪽과 남쪽에서 건너온 뱀 같은 종교와 참 진리의 종교가 말세에 이르러 함께 편안히 있을 것이다. 이 때 불연히 한 성인이 조선 땅에 현신하니 그가 곧 태을진인(太乙眞人)이로다.'

'온 세상의 나라 중에서 가장 고고한 땅이 조선이라. 나비가 꽃을 찾듯 만방의 족속들이 모여 노래하고 춤추며 오리라. 음과 양이 화합하여 삼계(三界)가 다 아름다운 지상선경(地上仙境)의 날이 오리라.'

'오! 비통하도다 성인의 수명이 짧았었나니 무수한 무리들 속에 출생함이여 인간이 무심하여 원한이 맺히도다.
불이 날아서 땅에 떨어지니 세상은 혼돈 속에 빠지는구나. 천하의 세계가 불 속에 휩싸이니 천 명의 조상이 대가 끊어지는 도다.
불에 휩싸인 천하는 안개처럼 검은 연기로 뒤덮히고 목숨은 가을 바람에 낙엽과 같이 되나니 십자(十字)를 믿는 집이

혼돈에 빠짐이여 4년간을 어찌 살아남을 것인가?'

'병화가 오고가나 어찌 쉬는 날이 없으리요. 사람의 겁액이
해원되리니 하늘에 제사지내는 곳은 마귀가 빼앗아가서 행세
하나니 진실한 신의 진리는 숨어서 세상이 알지 못하도다.'

'하느님이 새 세상을 만들고자 하시니 삼신께서 맡으셔서
운을 펼치시는 도다. 신유(申酉)에 사방에서 병화가 일어나
고 술해(戌亥)에 사람이 수없이 죽으리라. 인묘(寅卯)에 천
지공사를 바르게 하심을 알라. 진사(辰巳)에 성인이 출현하
시고 오미(午未)에 즐거움이 당당하리로다.

삼계(三界)의 성스러운 이를 알지 못하니 복 없음을 탄식
하노라. 이것은 서쪽의 종교인의 마음 때문이다. 서쪽의 운
은 일백 조상 중에 후손이 하나만 남으리라 용에게 뱀이 발
동하여 덤비는 것 같으니 마귀가 진리의 땅에서 난동을 부
리는 도다.

옛날 닭이 트게 울던 곳에 진리로움이 있었으나 사람이
만든 죄로 스스로 화를 받았으니 한탄한들 어쩌리요.'

'석가모니 운세가 있었으나 삼천 년 미륵이 출세하여 닭
이 크게 우는 나라에서 운세를 펼치리니 삼위일체 하느님께
서 편히 쉴 곳이로다. 옛적부터 이런 예언이 글로써 비장되
어 있었으나 머리를 숨기고 꼬리를 감추어서 그 글을 깨닫
지 못하노라.'

'술로서 본성을 잃지 말 것이니 모두 원통하게 죽으리라. 음란하여 낙태시키거나 사생아를 버리면 비록 도덕군자를 찾을지라도 그 원한을 무심히 보리라.'

'말세에는 진심으로 수행하여 성인이 계신 진리의 집으로 들어가야 하나니라. 도둑질한 자는 필연코 가장 먼저 흉악을 받아 늙어서 죽지도 살지도 못하게 되리라. 말세에 목숨을 보존하려거든 진실한 마음을 가질 것이요, 그래야만 구원을 받으리라. 관직에 있는 자 청렴하고 정직하지 못하면 다 죽을 것이다. 사람이되 짐승과 같나니 하루 속히 깨달아야만 죽을 자 가운데서 살아날 수 있으리라.'

'말세에 이르러 좋고 나쁘고 간에 동쪽을 모두 믿고 의지하여야만 하나니 동쪽을 배반하는 자 반드시 죽으리라.'

'하늘에는 현묘한 이치가 있으나 그 뜻을 알기가 몹시 어려우니 누가 있어 깨달을 수 있으랴. 그 중에서도 일곱 가지가 있으니 한결같은 일편단심이요, 재물을 탐닉하지 않고 검소하게 삶이요, 명예를 탐착하지 않음이요, 나라를 사랑하고 자연을 소중히 하는 것이요, 힘껏 노력하며 요행을 바라지 않음이요, 진리를 깨닫도록 교화하는 일이요, 경거망동하지 않아야 하는 것이니라.

또 열 가지 피해야 할 것이 있으니 배반하지 말 것이며, 겉과 속이 다르지 않아야 할 것이며, 양심을 바르게 쓸 것이며, 지나친 욕심을 내지 말 것이며, 다투지 말 것이며, 게으르지 말 것이며, 망령되게 행하지 말 것이며, 불륜을 저지르지 말 것이며, 성내지 말 것이며, 남의 재산을 사취하지 말 것이니라. 이 모두 말세에 해를 입으리라.'

'말세에 환난이 일어나는 조짐이 어떠한가?

때 아니게 눈이 가득 쌓일 것이니 그때는 이른 가을이로다. 환난이 온 뒤에 통일은 되고 진인이 나타날 것이며 이때로부터 사람은 영세불멸해 지리라.

진인(眞人)이 나타날 조짐은 어떠한가?

몸이 성하지 않은 자가 많을 때로다.

이 세상의 종말이 왔을 때 어디로 피해야 하는가?

귀신도 모르게 종말은 오리니 피난처는 오직 하나 진리를 행하는 착한 마음뿐이로다. 빈 곳에 실(實)이 있나니 빈 마음이 곧 진리이니라.'

'진인께서 현신하시면 흩어진 종교와 사상이 다시 합일되어 하나의 진리로 나타나리라.

부모 같은 하느님의 기운이 온 세상에 비춰어서 진리로 구원 하나니 하느님의 모습이 텅 비어 없는 것 같으나 텅 빈 그곳에 영원히 살아 계시느니라. 사람도 이 같이 빈곳에 처하면 영원한 생명을 얻는도다.

마음이 밝으면 어린이, 젊은이, 늙은이 할 것 없이 하느님의 보호하심이 크니 앞날은 해와 달처럼 빛나리라.

서방은 그때에 종말이 와서 운이 끝나고 해뜨는 동북방이 중심이 되나니 어지러운 세상을 통합할 것이로다.

하느님께서 해뜨는 곳에 내리시면 아무도 범접치 못할 것이요, 열두 나라가 다투어 조공을 바치니 창고에 보물이 가득히 쌓이리라. 환난이 오거든 오직 동방이 살길이라. 세상 나라 사람들은 입을 꿰매고 있듯이 아무 말 말라.'

'진,사(辰,巳)에 동쪽 나라 큰 바다 모퉁이에 천하를 합일하시려고 진인께서 출현하시나니 마귀를 진멸하실 것인데 산속으로 들어가서 수도하면 죽고 마음의 밝음 속으로 들어가면 영생(永生)하리라.

영생의 물은 금수강산에 있나니 마르지 아니하고 한 모금만 마셔도 영생한다. 진인이 교화하면 목마름이 없으리라.'

'죄 있는 자 진멸되리라. 죄에서 벗어나라. 진리를 모르면 짐승이라. 사람이 짐승인데 어찌 죄에서 벗어날 것인가.'

'우리 천손민족이 환난을 극복하고 십승지 진리에 나아가게 하리니 명심할 것이다. 하느님의 현묘하고 신통한 공부를 하여야 하리라. 진사오미(辰巳午未)로 가는 길은 한없이 즐거우니 당당하게 걸어갈 것이요, 온 세상이 진리의 중심

이 되리라.'

'때를 놓쳐서 십승지에 들어가지 못하면 다 죽을 것이라. 세상의 모든 종교가 하나되지 않으면 십승지에 들어가지 못한다. 지혜, 지식이 아무리 깊어도 십승지에 들지 못하면 영생할 수 없으리라.

가지가지 종교와 사상과 온갖 나라들, 만법은 하나로 돌아옴이니 합일되어 지상선국(地上仙國)이 될 것인데 악마의 짓으로 만들어낸 사람을 죽이는 것들이 큰 화가 되는도다.'

'십승지 진리의 곳에 나아가는 길은 아리랑 고개와 같나니 진리를 버리고 가노라면 하늘 동네에 이르기 전에 병이 나서 죽으리라. 하늘 도읍에 가는 제일 좋은 법이 무엇인가? 도(道)가 바로 그것일세.'

'호랑이의 성질은 소나무가 울울한 숲 속이라 환난을 피한다면 숲으로 가니 어찌 그 곳이 피난처인가.

개의 성질은 집에 있음인데 눈이 온다며 좋아 날뛰다가 죽으리라.

소의 성질은 들에 있음인데 마귀를 보고 들에 있지 아니하고 미쳐 날뛰다가 죽으리라.'

'사람이되 사람 같지 아니하나니 사람이 옥 같이 보이나 옥이 아니며 금 같으나 물에 뜨는 차가운 쇳조각 같은 금이

라 진실한 금을 쫓아야 영원한 생명이 있느니라.'

'말세는 진실하고 착하지 못하고 상극함 때문이라. 사람들이 지나치게 완고하여 내 것만 옳다 하고 주장하여 서로 싸우니 굶어 죽고 병들어 죽는 자가 많도다. 화합하여 진심으로 도에 나아가라 그리하면 살길이 생기리라.

말세에 열 집에 한 집만 살아남을 것이다. 진실하게 진리를 닦는 자만 살리기 때문이라. 진인께서 쭉정이는 바람에 다 날려 보낼 것이로다.'

'한 분 진인께서 먼저 출현하여 매우 중대한 일을 이루고, 다시 뒤에 한 분 진인이 출현하시니 이때 마귀에게 항복받고 극락선경이 펼쳐지리라.'

'아랫사람으로부터 존경받지 못하는 자, 관직을 탐하고 나라 일을 그르치는 자, 부귀를 탐내는 자, 황천길을 막을 방도가 없으며 아직도 옛 글에만 매여 실천하지 않고 선비 노릇만 하는 자 모두 불귀의 객이 되리로다.'

'사방 네모진 곳을 잘 살펴보라 마귀의 함정이 있나니 진인께서 출현하시기 전에는 사악한 마귀들이 날뛰리라. 모가 진 곳은 팔방이니 곧 네 모퉁이라.'

(모퉁이 각진 곳은 진(辰), 술(戌), 축(丑), 미(未) 방으로서

음기(陰氣)가 발동하는 곳이므로 모서리에 앉지 말고, 잠자지 말고, 일하지 말며, 업을 세우지 말며, 더러운 것을 놓지 않아야 한다. 만약 어기면 반드시 해가 따른다.)

'오시는 분은 진인(眞人)이시니 하느님이시라. 부모가 없으시고, 성(姓)도 없으시고, 이름도 없으시며, 후사가 없으시다. 스스로 부모요, 그 진체로서 성(姓)도 없으시고, 이름도 없으시며, 후사가 없으시도다. 스스로 부모요, 그 진체로서 성(姓)이요 이름이며 천하 만물이 그 자식이니 이 분께서 천상천하의 대도(大道)를 세우시리라.'

'악마가 사라지고 사람은 영생불멸을 누리리니, 지상(地上) 선국(仙國)이 어디메뇨? 성인군자(聖人君子)의 나라 한국이라. 천지가 열린 이래 처음으로 만나는 극락세상 삼팔(三八) 목(木)운에 황제께서 처음으로 출현하시나니 옛 시절 악했다 하여도 성인(聖人)이 출현할 때 뉘우치고 십승지를 찾으면 영생할 것인데 세상 사람들이 모르니 어찌할꼬! 말세에 성인을 보아도 알아보지 못하니 창생을 구제코자 하시는데 몰라서야 되겠는가?'

'하늘이 무너지고 땅이 갈라지리라. 그러나 솟아날 구멍

은 진리라. 성인(聖人)의 말을 거역하고 비웃는 자 하늘의
재앙과 땅의 징벌을 면하지 못하리라.

생사문(生死門)이 있나니 사문(死門)으로 들어감은 마귀를
쫓음이요 생문(生門)은 성인의 도를 따름이로다.

무릇 세상의 일을 눈으로 보면서도 그 참 이치를 알지 못
하니 천지개벽의 마지막 날을 어찌 알까?

진인께서 바른 도(道)를 펼치시는데 어리석은 중생은 마귀
의 왕을 따르도다.'

'하느님께서 하늘과 땅의 기운을 모아 다시 사람의 몸으
로 오시어서 구원하려 하실 때 온갖 마귀들이 사람의 마음
을 빼앗나니 미혹되지 말지어다.

성인(聖人)을 모르고 스스로 군자(君子) 행세하는 자, 간사
하게 사람을 미혹시키나니 어리석게 꼬임에 빠지지 말지니
라. 성인께서 일 하실 때는 소리 없이 하시는데 간사한 무리
들은 큰 소리로 나타내 보이니라. 얄팍한 재주를 부림에 믿
고 광신하는 어리석은 자들 지옥을 어찌 알 것인가?

'믿음을 이유로 집안일을 소홀히 하며 삿된 교에 광분하
는 자, 어느 곳에서 살 길을 찾을 것인가?

항상 시도 때도 없이 천당 천당하고 천당을 찾는데 지옥
을 아는 자가 천당을 아나니 수행 공부한 자라야 깨달아 볼

수 있느니라. 그러지 아니하고 천당만 찾는 자는 지옥간 뒤
에 알리라.'

'하늘과 땅의 모든 정기(精氣)가 조선으로 돌아오는 구나.
세상이 열린 뒤에 처음으로 진리를 시작한 곳이니 세상의
중심이라. 하늘 꽃이 활짝 피는 땅 이곳이 만민족의 부모의
나라인 것을 알라. 왕 중의 왕이 계시느니라.'

'천지에 죄지은 요사한 마귀가 사람의 마음을 흐리게 함
에도 알지 못하는 자 천하에 복 없는 사람이로다.'

'상스러운 기운이 한국 땅에 가득 차서 오색 구름이 하늘
을 덮을 때 성인(聖人)께서 세상을 차별없이 하실 것이며 큰
복을 내리실 때를 잊지 않도록 늘 깨어 있으라.'

'심오한 이치로 스스로 키우는 곳이 극락일세. 말세에 썩
은 무리들이 세상을 뒤틀어지게 휘저어 놓으나 믿음으로 하
늘에 제사지내고 성심으로 섬기면 극락에서 살리라. 순수한
마음으로 하느님을 깨닫지 못하면 죽을 것이며 과거에도 인
간 세상에 오셨다가 가신 뒤에 말세운에 다시 오심은 어리
석은 중생을 화합시키려 하심이라. 은혜로운 진리의 말씀
새길지라.'

'동 · 서양의 모든 도(道)가 한국 땅에서 통일될 것이며 삼

교(三敎)에 제아무리 빠져도 정도(正道)가 없으니 경전에 쓰인 글도 쓸모가 없도다.

공·맹자 읽는 선비 진리와 바른 도를 알지 못하면 쓸모 없도다.

아미타불 외는 자 바른 도를 알지 못하면 쓸모없도다.

서학(西學)의 종교에 물들어 바른 진리 편답시고 떠드는 자 바른 도를 알지 못함에 쓸모없도다.

하느님의 진리는 소리도 없고 냄새도 없으시니 사랑이 깊으셔서 한 사람의 생명이라도 천지와 같이 중하게 여기시느니라.'

'군사부(君師父)는 일체 하나니 스승을 배신하고 괴롭히는 자 빈천하게 될 것이며, 스승의 나라를 배신하고 괴롭히는 나라 또한 빈천하게 되리라.'

'인간은 말세운을 당하면 삼강오륜이 무너지고, 조상을 모르고 혈통을 모르게 된느데 하느님은 그런 자의 목숨을 끊으시리라.

나라를 해치는 자 탐관오리이니 백성을 괴롭히는 자 죽으리라.'

'하느님을 빙자하여 재물을 긁어모으는 자 가장 먼저 죽으리라.

혹 십자 마귀를 숭배하는 자 다 죽으리라.

나를 죽이는 자 누구인가? 세상사에 제 것만 아는 자라.

나를 살리는 자 누구인가? 오직 마음을 닦고 도(道)에 나아가는 것이라.

나를 돕는 자 누구인가? 사람을 닮았으되 그 실은 사람이 아닌 하느님이시라.

하느님은 나와 같은 피가 흐르나니 주인과 종이 아니라 할아버지와 손자 같이 정답도다. 한 분 진인(眞人)을 모시고 진리를 따르려 하면 여러 어리석은 사람들이 비웃을 것이다. 그러나 꿇어 앉아서 말씀을 듣고 충실히 따르면 영생을 얻을 것이니라.

사람이 마귀를 따르는데 어찌 살기를 바라는가? 속히 마음을 고치고 짐승의 무리들로부터 벗어나라.

말세에 착한 사람 몇 명이나 되겠느냐?

아, 현묘한 도(道)를 깨달아 십승지에 들어갈 이가 몇이나 될까?

토정 예언기

'사람이 원하는 것이 네 가지가 있으니 하나는 마음이 신령스럽기를 원함이며, 둘은 밖으로 부귀(富貴)를 원하는 것이며, 셋은 귀하게 되기를 원하는 것이며, 넷은 굳세기를 원한다.

신령스럽기는 마음을 비우는 것보다 신령함이 없으며 부자는 욕심내지 않는 것보다 더 부자가 없으며 귀하기는 벼슬하지 않는 것보다 귀한이 없으며 굳세기는 다투지 않는 것보다 굳셈이 없다.

신령하지도 않고 마음을 비우지도 못함은 어둡고 어리석은 자이며, 다투지도 않고 굳세지도 못함은 나약한 자이며, 욕심내지도 않고 부자가 되지도 못함은 빈궁한 자이며, 벼

슬하지도 못하고 귀하지도 못함은 천한 자이니라.

비웠으되 능히 신령하고, 다투지 아니해도 능히 굳세고, 욕심내지 않아도 능히 부귀한 자가 오직 대인(大人)이로다.'

'관직에 나아가는 길은 자기를 알아주는 사람으로 말미암으나 말세에 가서는 그 지기(知己)가 재앙을 주느니라.

어찌해서 그런가?

재물을 사용하는 것은 본래 나쁜 것이 아니지만 나라의 재앙은 재물을 쓰는 데서 나오는 것이며 본래 벼슬이 나쁜 것이 아닌데도 벼슬아치의 재앙은 권세에서 나옴이며 보배를 가지는 것이 나쁜 일이 아닌데도 필부의 재앙은 보배를 가진데서 나오며 지기(知己)는 본래 음흉하지 않으나 그로 인해 사(邪)에 빠지기 때문이다.'

'적다는 것은 없다는 것의 시작이다. 적게 하고 또 적게 하여 다시 적게 할 것이 없으면 마음은 비어져서 신령하게 되느니라.

신령함이 비추이면 밝음이 오고, 밝음은 지극한 정성이 된다. 성인(聖人)의 도(道)는 늘 가운데를 취하는데 가운데에서 화평함이 나오고 화평함은 평등하고 공평함의 아버지가 되며 생명의 어머니다. 정성스럽고 정성스러워서 안이 비었고 넓고 넓어서 밖이 없는 것이다.

밖이 있다는 것은 적음의 시작이다. 작아지고 또 작아져서 사물에 얽매이게 되면 나만 있고 타인이 있다는 것을 모르고 타인이 있다는 것을 알지만 도(道)가 있다는 것을 알지 못한다.'

'원통한 백성이 많으면 원통한 기운이 하늘과 땅 사이에 가득차서 해와 달과 별이 재앙을 알리어 온갖 병이 극성하니 실로 두렵도다.'

'하늘에는 일월성신(日月星辰)의 변이가 있고 땅에는 기운이 남고 모자람이 있나니 그러므로 나라의 흥망성쇠의 운도 항상 있는 것이다.

내 비록 재주가 없으나 하늘을 우러러 보고 땅을 굽어 살펴보니 한양은 500년을 넘기지 못하리라. 병란이 신자진(申子辰)년에 있고 인신사해(寅申巳亥)에 형살(刑殺) 있으니 이때 피난해야 할 때로다.'

병인정묘(丙寅丁卯)에 곤륜산이 막혔으니 하느님이 거처하시는 자미원(紫微垣)의 흰 기운이 석달간 하늘을 가리고 화기(火氣)가 중원에 있으니 청 나라의 운이 쇠퇴하고 상스러운 구름이 중국 남경에 모여드는 곳으로 보아 명 나라의 운이 다시 열릴 것이다.

만약 소중화(小中華)를 논하자면 때로는 풍년이 들기도 하고 때로는 흉년이 들기도 하니 근근히 보전하리라.'

'경신신유(庚申辛酉)운은 오성(五星)이 서로 합하고 뭇 별이 거꾸로 흐르니 산이 무너지고 물이 넘칠 것이며 독한 기운이 온 나라에 퍼질 것이라. 너희들은 산과 내에 가지 말고 더러운 곳에 가지 말지니라.'

'갑인을묘(甲寅乙卯)운은 임금이 죽고 하늘의 별이 빛을 잃으며 삼각산이 울고 남산이 흔들릴 때 뱀이 독을 내뿜으리니 상극(相克)하여 푸른 하늘이 기운을 잃도다.'

'무진기사(戊辰己巳)운은 궂은비가 하늘을 덮고 작은 별들이 빛을 크게 발하니 진리의 말씀이 양식보다 나으리라.'

'경오신미(庚午辛未)운은 하늘에서 불이 뿜어져 내리고 땅이 진동하며 해와 달이 빛을 잃고 화성(火, 불)이 남쪽에서 빛나며 장례행렬이 서쪽에서 보이고 요괴스러운 기운이 감돌면 필시 병란이 일어날 것이다. 이때 복의 기운이 동쪽에 보일 것이다.'

'임신계유(壬申癸酉)운은 오랑캐의 배가 오고가고, 사해 (四海)가 분주하며 대궐에 연기와 불꽃이 하늘을 뒤덮으니 낮에도 음흉한 귀신이 나다닐 것이다.'

'무인기묘(戊寅己卯)운은 하늘 가운데서 진동하는 소리가 있을 것이다.'

'경진신사(庚辰辛巳)운은 별이 하늘 언덕에 떨어지고 마 침내 기운이 변하여 변란이 일어나고 질병의 대란이 일어날 것이다. 이때 호랑이가 먼저 오고 홍수와 가뭄이 오고 민심 이 흉흉하여 원망하는 소리가 하늘을 찌를 것이다.'

'임오계미(壬午癸未)운은 갑자기 군란이 일어나서 여 군 주가 몸을 피하고 동과 서에 군사가 들고 일어나니 객이 주 인이 되고 나라의 큰 스승은 푸른 바다에 종적을 감추니 처 량한 신세에 따르는 사람이 없구나. 부자가 먼저 망하니 후 회가 막급이요 살아 있는 영혼은 흩어지고 삼강오륜이 끊어 지며 하늘의 재앙은 계속되어 그 해독을 이찌 말로 다힐 수 있을 것인가?'

'갑신을유(甲申乙酉)운은 자미성의 흰 무지개가 동쪽에서 조그맣게 빛이 걸쳐 있으니 나라에 변괴가 일어난다. 상복

을 입는 참사가 남과 북에 불같이 일어나는구나.'

'병술정해(丙戌丁亥)운은 하늘의 재앙이 수시로 변하여 굶어 죽는 자가 끊이지 않는다. 서로 짓밟고 사람을 해치니 몇이나 살아남을 것인가? 여기에 가뭄이 극심하여 시체가 개천과 구덩이를 메울 것이다.'

'갑진을사(甲辰乙巳)운은 우뢰와 같은 북소리와 함성이 멀리서 들려오고 바람과 구름이 까맣게 몰려오니 장차 어찌할 것인가?'

'무인신묘(戊寅辛卯)운은 장군이 붕기하여 시국에 대처할 것이로다.'

'임진계사(壬辰癸巳)운은 푸른 옷과 흰 옷이 함께 서남쪽에서 침략하니 이때 정도력이 바다에서 군사를 거느리고 양쪽을 막아내는 장군이 되었도다. 갑오(甲午)년 음력 섣달에 금강을 건넌즉 천운이 태산같이 돌아오고 이때 왜는 멸망되고 정도령을 돕는 이씨(李氏)는 제주로 들어간다. 그러나 불과 사오년(四五年) 운수라 너희들은 잊지 말아야 할 것이니라.'

'마땅히 궁궐은 크게 다시 흥할 것이며 남쪽 문을 고쳐 세우고 오랑캐의 돈이 통용될 때 군자(君子)가 가야 할 시기가 되었음이라. 만약 요동의 동북방으로 들어가지 않으려 하면 마땅히 삼척부의 크고 작은 기지에 힘써 곡식을 쌓아두면 필히 구원해 줄 사람이 있을 것이다.

10년 후 다시 풍기 소백산 및 금계 위에 이주해 놓고, 을 미(乙未)년에는 다시 공주 용흥 서옥봉 아래로 이주해 놓으면 이곳이 곧 대도시라.

이씨의 운에 세 가지 비밀스러운 글자가 있나니 송(松)이 요 가(家)이며 전(田)이니라 송은 왜적의 침입인데 이롭고 가는 오랑캐의 침입에 이롭고 전은 말세의 흉측한 일에 이로우리라.

9년 흉년에는 곡식의 씨앗을 삼풍에서 얻을 것이요. 12년 병란에는 사람의 씨앗을 양백(兩白)에서 구하되 이는 정씨이니라.

비록 널리 중생을 위하여 십승지를 가리켜 보이지만 혹 먼저 어려움이 있거나 혹 뒤에 어려움이 있나니 앞뒤를 잘 모르고 들어가면 필시 화를 입으리라. 삼가고 삼가야 하느니라. 오직 이로운 것은 궁궁(弓弓)이니라. 궁궁이란 진리의 말씀을 배가 고픈 듯이 받아들이는 것이니라.'

'내가 지도를 얻어서 금강산에서 기운을 바라보며 뿌리를 찾아서 삼척부에 이르러니 신술(申戌)에 다섯 가지 기운이 냇물처럼 흘러들어 가니 소울음 소리를 물고 들어서 태백산을 보니 백 여리 깊은 숲 속에 사람의 집이 없고 크고 작은 활과 같은 터가 있는지라. 다시 태백산맥의 근원이 천봉막학의 병풍 좌우에 있고 이름난 내와 신령한 땅이 앞과 뒤를 두르고, 용이 서쪽에서 스스로 서북쪽으로 나뉘고, 다시 북쪽으로 맥이 흐르다가 동북쪽으로 또 나뉘었으며 남쪽과 북쪽 좌측에서 정북쪽으로 세 갈래 열리었도다. 태을(太乙) 신인(神人)이 그 문을 지키고 청룡이 그 골짜기를 둘러서 화기(和氣)가 창창하여 참으로 절묘하니 그 모양이 활시위를 당긴 듯하고 그 몸이 목성(木星)과 같으니 목(木)씨 성을 가진 자가 거주할 곳이로다.'

'계룡산이 한 차례 진동하여 검은 돌이 희어지고 한강물이 붉어져서 공주에 이르게 되니 그때 그대는 가히 알게 되리라.
이런 일이 있은 후에 방씨, 우씨, 두씨 성의 장수가 서로 그 주인인 진인을 좌우에서 도우니 동서를 다 아우르리라.

석가모니 예언기

석가(釋迦)는 사가(Syaka)의 음역(音譯)으로서 석씨 가문 (釋氏家門)이며 태양의 잔손을 뜻한다. 모니(牟尼)는 역시 무니(Muni)의 한자 음역인데 신선(神仙) 또는 어진 사람(賢者)이란 뜻의 인도 언어이다.

석가모니는 본래 인도의 원주민이 아니었다. 그가 태어난 곳 또한 히말라야산 기슭이거니와 그 곳의 원주민들이 한민족과 매우 흡사한 면이 있고 자치기, 공기놀이 등의 민속이 그대로 보존되고 있는 것으로 보아 동북에서 이주해간 민족의 후예임이 분명한 것이다.

기원전 1800년을 전후한 시기에 중국의 서남쪽에 위치한 코카사스(Kocasas) 산맥으로부터 말을 타고 활을 가진 소수의 정예 부대가 불현히 나타나서 희말라야의 산록에서 발원한 인더스강을 점령한 다음 인도 대륙 깊숙이 흐르는 갠지스강을 따라 들어가며 분포해 있던 원주민 드라비디안 (Dravidian)족과 문다(Munda)족을 지배하여 소위 인더스 (Indus) 문명을 발생시킨 아리안(Arian)족의 후예가 곧 석가모니인 것이다.

아리안족의 생활풍습은 하늘과 땅에 제사 지내며 자연을 숭배하고 조상을 숭배하며 혈육에 대한 집착력이 강하며 가부장적이며 최초로 활을 가진 민족으로 역사는 전하고 있다.

그들은 한 갈래는 티그리스와 유프라데스강을 지나서 메소포타미아 문명을 발생시켰으며 또 한 갈래는 유럽으로 들어가서 유럽 문명을 발생시킨 불가사의한 민족이었다. 그런데 세계사(世界史)는 그런 민족에 대해서 다만 코카사스 산맥으로부터 왔다는 기록만 하고 있을 뿐 그 이전의 경로는 말하지 않는다. 하늘에서 떨어졌는지 땅에서 솟아 올랐는지 더 이상 언급하지 않고 있는 것이다.

왜 그럴까?

코카사스 산맥에 아리안족이 은거했다는 지점에는 분명하게 한민족의 생활 풍습과 생활도구 내지 일반적인 문명이 일치하고 있다는 사실이 이미 확인되었음에도 세계의 역사학자들은 말하지 않고 있다. 그것은 아마도 한민족의 옛 사

서를 모조리 세계의 열강들이 다투어 약탈해간 것과 연관이
있지 않을까?

한민족의 옛 사서에 천황께서 웅족을 괴롭히는 흉폭한
범족을 사해(四海) 밖으로 쫓아 내었다는 기록이 있거니와
아리안의 상징문자는 만(卍) 자(字)이다. 이 문자는 을자(乙
字)를 겹쳐 놓은 것으로서 천궁(天宮)으로부터 온 세상을 밝
히고 생로병사를 주관하는 하느님의 권능의 표시이며 태을
(太乙)이라고도 하고 진인(眞人)의 본 모습이라 할 것이다.
그래서 지극히 성스러운 기운의 표현이기 때문에 한자로 상
스러울 만자(卍字)라 하거니와 한민족의 문살 모양이 바로
이 문자인 것이니 집집마다 하느님의 상스러운 기운이 들어
오기를 소원하는 의미가 있는 것이다.

이 문자가 오늘날 불교의 상징처럼 되어 있으나 불교의
상징은 수레바퀴임을 알아야 한다.

독일의 히틀러가 만(卍)를 거꾸로 써서(卐) 국기로 사용하
였는데 게르만민족을 천손민족인 아리안족이라 자처하며
선택된 신의 종을 자처하는 유태인을 무자비하게 학살한 사
건은 널리 알려진 역사의 비극이거니와 전후 독일에서 이
문자의 뿌리를 찾아 고고학자들이 전 세계를 두루 답사한
결과 지금의 중국 땅 동북 지역의 내몽골에서 비로소 그 기
원을 발굴해 냄으로서 사실(史實)이 확인되었다.

그런데 지금의 내몽골이 어디인가? 바로 고대 한민족의 고구려 땅이며 그 이전은 부여 땅이며 또 그 이전은 단군 조선 땅이며 배달국 땅이며 한국 땅이 아니던가?

역사는 이렇게 진실을 밝혀 주는데 세계의 역사학자들은 그렇다 하더라도 한민족의 역사서는 어찌해서 이것을 외면하고 있는 것일까?

아무튼 아리안의 저 위대한 역사는 석가모니라는 대성인(大聖人)을 배출하였으며 인도의 민족종교로서 민중 깊숙이 굳어진 바라문교의 시원(始源)이 되었다.

바라문은 지배족으로서 최고의 귀족이며 브라흐마(Brahma)라는 유일신을 두고 있거니와 바라문(Bramun)과 브라흐마(Brahma)의 한자 음역은 범(梵)이다.

범이란 말은 바라문이 쓰는 언어이며 석가모니의 불교 언어이다. 이 언어는 한민족이 이름 붙인 호랑이의 순수한 고대 언어이다. 그런데 석가모니는 범천(梵天)족의 후예로 기록되어 있는바 즉 천손민족인 범족의 후예라 하였으니 그가 곧 한민족의 후예인 것이다. 따라서 인도에 한민족의 생활 도구인 디딜방아, 옹기 등이 있거니와 천하대장군, 지하여장군이 집 대문 앞과 마을 앞에 수호신으로 세워져 있는 곳도 있으며 특히 범어 지역인 앙골라 팔리에는 한민족의 언어가 아직도 여러 가지 남아 있음을 볼 수 있는 것이다. 그리고 인도의 활이 한민족의 국궁(國弓)과 같고 귀족의 묘지 또한 고인돌 선돌의 전통이 그대로 이어져 오고 있는 것으로 보아 힌두교와 한민족 종교의 일치성도 결코 우연이라 할 수 없는 것이다.

이렇게 볼 때 석가모니 부처의 교설이 한민족의 삼신(三神)의 가르침과 다름이 없으니 석가모니 그 자신이 조상이 가르친 진리에 대해서 깊은 깨달음을 얻었다고 보아야 한다.

옛 기록에 의하면 석가모니 부처 보다 매우 오랜 이전에 한국에 상세칠불(上世七佛)이 있었다 하였는데 상세칠불이란 세계의 문명이 처음 시작된 때에 나타난 일곱 부처를 말함이다. 그것은 한민족의 한인 한국시대에 차례로 나타난 일곱 본 한인 하느님의 현신과 일치한다. 그러므로 이 일곱 부처가 곧 석가모니의 깨달음의 종조(宗祖)가 될 것이며 불교의 원조라 할 것이다.

석가모니는 스스로 불법(佛法)을 설하면서 제자들에게 이렇게 말한 바가 있다.

'지금도 해중금강(海中金剛)에서는 오래 전부터 법기(法起)라는 보살이 삼천(三千)의 제자들을 거느리고 법을 설하는데 마치 물처럼 흐르고 있느니라.' 하였던 것이다.

그리고 그는 한 예언을 남겼으니 바로 한민족의 땅에 오게 될 미륵부처에 대한 것으로서 금강경의 정신희유분(正信

希有分)에 미래세(未來世)에 오게 될 최고의 성인(聖人)에 대해서 가르친 내용이 바로 그것이다.

정신희유(正信希有)란 바르게 믿음으로서 희망하고 바라는 바가 이루어진다는 뜻이다.

바르게 믿는다는 것은 그 마음에 차별적인 생각을 하지 않는 것이다. 본래 나는 본성이 깨끗하여 마치 맑은 거울과 같은 데 사물을 봄으로서 거기에 탐착하여 분별의식(分別意識)이 생겨서 나 외의 것을 차별하게 되었던 것이니 이 상대적인 마음을 진리로서 걷어내면 모든 원하는 바를 다 성취할 수 있다는 믿음을 가지는 것이다. 그리고 그러한 믿음은 대성인(大聖人)의 가르침을 바르게 믿고 따름으로서 길이 간직하여 버리지 않게 된다. 그래서 지혜가 매우 뛰어난 제자 수보리(須菩理)가 석가모니 부처에게 이렇게 물었다.

"세존이시여, 바르지 못한 중생이 여래가 하시는 말씀들을 듣고 진실로 믿음을 가지고 행하겠습니까?"

부처가 말했다.

"수보리야, 그렇지가 않다. 여래 멸후 후 오백세에 계율을 지키고 닦은 복된 이가 있으리라. 이 진리를 마음에 능히 믿음으로 내게 할 것이니 진실로 이 사람을 당연히 알아야 한다. 이 사람은 첫 번째 부처, 두 번째 부처, 세 번째 부처, 혹은 네, 다섯 번째 부처가 아니니라. 선(善)의 뿌리를 심어야 할 이도 아니니라. 그러므로 헤아릴 수 없이 천만 부처가 있는 곳에 모든 선한 뿌리가 심어져 있고 진리를 일념으로 믿음을 생멸하게 되리라."

수보리는 석가 멸후 후세에 과연 부처의 진리를 올바르지 못한 어리석은 중생이 믿고 따르겠느냐고 물었다. 그러나 부처는 그에 대한 대답보다도 부처 자신이 죽고 난 후 오백세 즉 오백년이 다섯 번 지난 뒤(2500년, 서기 2000년경)에 선(善)의 뿌리를 심을 필요도 없는 무량한 곳에 모든 착한 것을 심은 보살(신령들)들이 있는 그 처소에 있는 이가 나옴으로 일체 중생이 믿음을 낼 수 있도록 할 것이며 단 믿음이 없는 중생은 오염된 마음을 멸하여 믿음을 내게 할 것이라고 하였다.

그리고 그 사람은 처음의 부처니 네 번째 다섯 번째 부처니 하고 말할 수 있는 것이 아니라고 하였다. 이 말은 세상에 나타날 대성인이자 하느님에 대한 표현이라 할 것이다.

선근(善根)을 심을 필요가 없다 함은 선(善) 그 자체이기 때문이며 일불 이불 삼불 사오불이 아니라 함은 일체를 표현한 한 몸 부처이기 때문이다. 그러므로 미래세에 나타날 것으로 믿어 의심치 않는 미륵불이 바로 석가모니가 말한 후 오백 세에 나타날 인물인 것이다.

미륵불은 이름이 다른 하느님이며, 진인이며, 정도령이며, 대성인이다.

맺음말

사람들은 난세가 오면 너도 나도 미륵불 혹은 하느님을 찾는다. 그 마음속에 구원받고 싶은 간절한 소망이 담겨 있기 때문이다. 그리고 그 믿음은 오랜 역사의 흐름 속에 민중의 확실한 희망으로 자리 잡아 왔다. 그 까닭은 여러 성인의 예언이 있었던 데서 비롯되었으며 그리고 허망하지 아니하고 진실된 논리로 면면히 이어져 왔기 때문이다.

안락한 삶을 누리고 부귀와 명예의 욕망에 치우쳐 있는 사람들은 말할 것이다.

'참으로 이해할 수 없다. 나는 내가 원하는 일에만 충실하여 그것을 성취하면 그 뿐이다.' 라고.

그러나 예언서에는 분명하게 그런 말을 할 사람이 있다는 것까지 예언하고 있다. 그리고 때에 이르러서 후회하게 될 것이라고……

　나는 이렇게 말한다.

　'예언서에 지적한 가르침이 삿되거나 거짓되지 아니하여 사람이 믿고 따를 만한 진리가 있지 아니한가? 그리고 그것을 믿고 따름이 바른 삶이다. 어찌 버리고 생명의 끝을 맞이할 수가 있으리오?'

　나는 지금까지 천(天), 지(地), 인(人), 신(神)을 사유(思惟)하고 예언을 밝히어서 역사와 도(道)의 흐름을 역행하지 아니할 것을 널리 주문하였다. 이로서 할 바를 다했다는 긴 안도의 숨을 내쉬고 『천손전경』을 맺는다.